Richard Marceau

JUIF
UNE HISTOIRE QUÉBÉCOISE

D1492786

Éditions du Marais
Montréal, 2011

À Lori, Michel et Olivier

TABLE DES MATIÈRES

Avant-propos

Ce livre a failli s'intituler *Le mauvais Juif*.

Pourquoi?

Simplement parce que, dans un courant bien représenté dans l'intelligentsia québécoise, un bon Juif est un Juif toujours critique d'Israël, voire antisioniste (c.-à-d. qui souhaite la disparition de l'État d'Israël).

C'est le cas d'un lecteur d'une importante maison d'édition du Québec.

Introduit lors du lancement du livre *Entretiens* de Gilles Duceppe, il se hâta de me parler de ses amis juifs antisionistes belges. Je devinai tout de suite où il se situait sur la question du conflit au Proche-Orient.

Je lui envoyai tout de même mon manuscrit. Il le jugea « *merveilleusement bien écrit* », mais trop pro-Israël, ce qui ne cadrait pas dans sa vision du monde et donc, il m'annonça qu'il ne voulait pas le publier.

Je suis donc un mauvais Juif.

Et je revendique ce titre.

Je suis un partisan de l'État d'Israël. Bien que je n'hésite pas à critiquer telle ou telle décision du gouvernement qui le dirige à une époque ou à une autre, je suis d'avis que les réalisations de ce petit et jeune (à peine 63 ans) État sont impressionnantes.

Je suis d'avis que l'État d'Israël est l'aboutissement quasi miraculeux d'une longue histoire d'un peuple victime de discriminations, de persécutions, de tentatives d'extinction à travers l'histoire. C'est d'ailleurs ce qui explique sa centralité dans l'identité juive de la très grande majorité des Juifs de la

Diaspora, peu importe leur niveau de pratique religieuse.

Je crois aussi que l'État d'Israël est un morceau de l'Occident libre dans une région où nos valeurs (libertés, droits de la personne, égalité de l'homme et de la femme, protection des minorités, etc.) sont à ce jour – mais peut-être est-ce en train de changer? - toujours irrecevables.

Et que notre sort – en tant que civilisation – est intimement lié à cette petite démocratie sise à l'est de la Mer méditerranée.

Prologue : Le plongeon

Ottawa, septembre 2004

Il faisait très beau ce jour-là. Un matin ensoleillé et frais de septembre. Une belle journée pour naître. Ou pour re-naître. Accompagné de Lori, ma femme, j'allais au-devant du changement. J'allais réaliser le changement le plus important de toute ma vie.

Moi, Richard Marceau, Québécois « de souche », longtemps agnostique, de famille catholique pratiquante, éduqué par des prêtres à Québec, souverainiste convaincu, député du Bloc québécois, je m'apprêtais, en toute conscience et après une démarche volontaire et réfléchie, à devenir juif.

J'entrai dans le centre communautaire juif pour m'immerger dans le mikvé, un bain rituel, un acte symbolique qui représente la renaissance d'un converti. Il faut y entrer comme on est né : nu, sans bijou, sans verre de contact, sans maquillage. Et dans mon cas, nouvellement circoncis.

Seul dans le vestiaire, je vivais chaque seconde avec une intensité rare et précieuse. Avant de me rendre au bain, tout en me déshabillant avec soin, mes pensées se télescopaient, des souvenirs affluaient, des questions sans réponse se bousculaient.

En changeant de religion, est-ce que je reniais une partie de mon identité ou est-ce que j'allais plutôt l'enrichir? Comment ma famille, mes amis, mes relations allaient-ils réagir? Quel regard allaient-ils poser sur moi, le Juif?

Comment mon père, catholique pratiquant, allait-il prendre la chose? Je pensais à ma mère, à ma sœur, à mes frères.

Est-ce que mes électeurs de Charlesbourg allaient accepter d'être représentés par un député juif? Est-ce qu'en devenant juif, je mettais un terme à ma carrière politique? Est-ce que j'allais être en mesure de poursuivre la tâche que je m'étais donnée, à savoir de garder vivant le rêve de René Lévesque?

Je me souviens. Oui, je me souviens du 1er novembre 1987. Ce jour-là demeure pour moi un enchevêtrement de tristesse et d'exaltation. C'était le jour de ma naissance politique.

La tristesse m'avait noué l'estomac quand j'entendis à la radio que René Lévesque était mort. Impossible! Le rêve ne pouvait s'arrêter là, avec la mort de cet homme à la fois si humble et si fier, si petit et si grand. L'indépendance ne pouvait mourir avec lui.

Bien que trop jeune à l'époque pour l'avoir vraiment connu comme Premier ministre, je sais qu'un grand homme est mort, qu'un puissant symbole de fierté nationale nous a quittés.

L'exaltation, ce sentiment d'appartenir à un groupe, ce rattachement émotif qui plus tard me poussera à rejoindre le peuple juif, je le ressens alors m'envahir. Je ressens cette fibre québécoise, cette soif de liberté, ce besoin de m'impliquer, de faire la différence.

À l'annonce des funérailles nationales à la Basilique de Québec, je vais voir le directeur des études de la section collégiale du Petit Séminaire de Québec (que je fréquente), l'abbé Pierre Dupont. Je lui demande, avec toute la force de la candeur qu'on a à 17 ans, si je peux assister à cet événement historique. Il me répond qu'il sera sûrement difficile d'arranger cela, mais qu'il allait regarder. Je devais aller le revoir le lendemain.

Comme prévu, le lendemain, je me présente à son bureau. Il me demande : « *Avez-vous déjà servi la messe?* » Je lui réponds que oui, bien que mon expérience en la matière fut en réalité plutôt limitée. Il m'invite alors à aller voir un prêtre dans la Basilique. Celui-ci me regarde, il jauge mon gabarit, puis il me tend une aube d'un blanc immaculé. « *Bon*, me dit-il, *vous allez servir la messe.* »

C'est ainsi qu'à 17 ans, je joue un rôle – d'accord, un rôle très mineur, mais un rôle tout de même... – dans un événement marquant de l'histoire du peuple québécois.

Je me souviens d'avoir été marqué par la ferveur de la population du Québec en entier. Par le sentiment qu'il y avait un « avant» et un « après » cette journée marquante. Je me souviens de m'être dit que le rêve d'indépendance de ce petit peuple francophone d'Amérique ne pouvait mourir avec le grand homme. Trois jours plus tard, j'adhérais au Parti québécois.

J'en avais fait du chemin depuis. J'étais maintenant député, un député souverainiste siégeant à même le Parlement du Canada, élu à trois reprises sous la bannière du Bloc québécois.

J'ai fini de me déshabiller complètement. J'étais nu comme un ver, comme au premier jour. Délaissant ma pudeur, je sortis du vestiaire et je me dirigeai vers le bain, autour duquel m'attendaient trois hommes.

Je suis entré dans l'eau et ai prononcé les prières de circonstance. Une dernière prière en hébreu, puis je sors de l'eau, du mikvé, du bain rituel juif. J'ai un nouveau nom[1] : *Yisrael ben Avraham.*

Ce nom, je l'ai choisi après mûres réflexions. Il n'est pas anodin. Bien entendu, il fait référence au peuple d'Israël, auquel j'appartiens dorénavant.

C'est aussi le nom d'un petit État d'à peine 63 ans, résultat d'une renaissance inédite d'un peuple ancien sur sa terre ancestrale, un petit État auquel je suis maintenant lié spirituellement, culturellement, de façon presque organique. Mais c'est surtout un nom qui veut dire quelque chose : *celui qui lutte avec Dieu*[2].

J'embrasse ma femme, qui est bouleversée, qui pleure de joie, d'une grande joie semblable à celle que nous éprouvons au moment d'une naissance. Et c'est bien de cela qu'il s'agit : une naissance.

Ce qui m'avait amené là, moi, un petit gars de Québec, né catholique, éduqué par des prêtres, à ce moment, je ne sais pas. Toutefois, pour bien en comprendre toute la signification, pour bien en mesurer toutes les conséquences, il fallait que je les vive. Il fallait que je plonge. J'ai plongé.

J'ai plongé et j'en suis ressorti toujours moi-même. Richard Marceau, toujours le même homme. Mais j'en suis aussi ressorti changé. Fondamentalement. Pour toujours. J'ai plongé et je suis ressorti juif.

Juif.

Moi

1. Un p'tit gars de Québec

À Québec, juste en face du cimetière où René Lévesque repose, de l'autre côté de la rue qui porte maintenant son nom, il y a un cimetière juif, le plus ancien encore actif au Canada[3]. Il porte le nom de *Beth Israël Ohev Sholom*. Ainsi, quand je suis à Québec, il me suffit de traverser le Boulevard René-Lévesque pour me recueillir sur l'une et l'autre de mes identités.

Malgré cette présence ancienne du monde juif (depuis le 18e siècle), rien à Québec ne me prédisposait à devenir juif. Hormis le cimetière, la présence de cette communauté était invisible pour moi au temps de mon enfance.

Je suis né à Québec, dans une famille catholique. J'ai grandi dans une ville de banlieue, à Charlesbourg : piscine dans la cour, hockey l'hiver, baseball l'été.

La souche familiale est installée au Québec depuis presque 400 ans. Mon ancêtre, François, est débarqué en Nouvelle-France en 1635, en provenance du Poitou. Mes fils constituent ainsi la 11e génération de Marceau en Amérique.

Mon père, en l'honneur de qui je suis prénommé, était fonctionnaire au gouvernement du Québec. Ma mère, Michelle, secrétaire de formation, est restée à la maison plusieurs années pour s'occuper des 5 enfants à sa charge.

Je suis le premier enfant biologique né de l'union de mes parents. Mais, alors que je n'avais que 6 mois, mes parents ont décidé d'accueillir en foyer nourricier deux jumeaux de 8 ans : Gaétan et Réjean.

Je me demande encore aujourd'hui ce qui a pu les motiver à agir ainsi. Il est sûr et certain que moi, avec mes enfants à 6 mois, je n'aurais jamais été capable de faire entrer dans ma vie deux garçons de 8 ans d'un coup. Mais mes parents l'ont fait, me donnant ainsi mes 2 premiers frères. Et mes premiers gardiens.

Deux ans après moi, la vedette de la famille, ma sœur Karina venait nous rejoindre. Athlète de niveau mondial, communicatrice hors pair, journaliste télé ayant marqué les endroits où elle est passée, je crois pouvoir affirmer qu'elle a forgé son caractère fonceur auprès de ses 4 frères qui la « martyrisaient » autant qu'ils la protégeaient.

Finalement, le petit dernier, Jonathan, 7 ans plus jeune que moi, est le plus généreux de la famille. Doux, attentionné, il est celui qui cherche la médiation, la conciliation. Je suis donc issu d'une famille québécoise que l'on pourrait qualifier de traditionnelle.

Mon éducation aussi a été traditionnelle. Y compris mon éducation religieuse. Cela veut dire, bien entendu, cours de catéchèse à l'école primaire. Mes parents étant catholiques pratiquants, tous les dimanches, obligation m'était faite d'aller à la messe. Une cérémonie que je connais encore par cœur, contrairement à bien des catholiques et des Juifs pour leur propre service!

Parce qu'étant un excellent lecteur, et – à cause de mes parents – catholique pratiquant, j'ai été un des deux élèves choisis pour lire les Écritures à ma Première communion en 2e année. De même, ma Confirmation a été un événement important pour moi et ma famille. J'en ai d'ailleurs encore les photos, me montrant dans un horrible habit safari en polyester. Toute ma famille élargie était présente, y compris les membres qui habitaient à l'extérieur de Québec.

J'ai commencé mon secondaire comme j'avais fait mon primaire : à l'école publique. Ayant toujours été bon élève, mais manquant de défis, j'ai eu une première année de secondaire assez… turbulente. En fait, je parlais trop, je m'agitais, je dérangeais les autres, j'étais « baveux ». Je l'ignorais à l'époque, mais il s'agissait d'une belle préparation en vue de mon séjour à la Chambre des communes!

Mais le directeur de l'école, lui, ne le savait pas. Vers la fin de l'année, il a fait venir mes parents et leur a fortement... disons... « recommandé » de m'envoyer à l'école privée afin de me donner un défi à la mesure de mes habiletés académiques. Un défi assez exigeant pour m'obliger à travailler en classe, plutôt que de chahuter.

Cependant, mes parents n'étaient pas riches et avec cinq enfants à la maison, l'école privée, ça demandait des sacrifices importants. C'est ainsi que mon père allait travailler en autobus plutôt qu'en voiture et moi, j'allais au Petit Séminaire de Québec, une école fondée en 1668.

Tous les matins, nous prenions l'autobus ensemble, lui assis en avant, et moi, en arrière. Mon père avait en effet la délicatesse de me laisser seul, de façon à m'éviter la gêne, compréhensible pour un adolescent, d'être accompagné de son père. Surtout devant toutes ces filles qui fréquentaient les Ursulines.

Le Petit Séminaire était alors la plus prestigieuse école secondaire de Québec. Situé dans le Vieux-Québec, ses murs et son environnement étaient imprégnés d'histoire. Cet environnement instillait des émotions qui allaient tranquillement faire vibrer la fibre nationale en mon for intérieur.

Le Petit Séminaire était réservé aux garçons et dirigé par des prêtres catholiques. Le niveau académique était très élevé et les possibilités d'activités sportives nombreuses et bien organisées. J'ai notamment joué – et adoré jouer – au football dans l'équipe du Petit Séminaire, dont les parties avaient lieu sur les plaines d'Abraham, autre lieu chargé d'histoire.

Pour la première fois aussi, j'ai commencé à m'impliquer socialement, à me rendre compte que la vie, c'était beaucoup plus que simplement se préoccuper de soi. C'est ainsi que j'ai commencé à m'impliquer à la coop de l'école et fut élu responsable de l'album des finissants de cinquième secondaire, réalisation dont je suis encore fier.

Une emphase importante – on le comprend aisément – était mise sur le développement spirituel des élèves. Je reçus donc une intense éducation catholique traditionnelle, à la maison comme à l'école. J'étais un p'tit gars de Québec, privilégié à bien des égards, mais en somme, juste un p'tit gars bien ordinaire.

Dans le dictionnaire, à côté de la définition de jeune Québécois de souche, francophone et catholique, on aurait pu tout aussi bien mettre ma photo!

Ayant adoré mon expérience au Petit Séminaire, j'ai décidé d'y poursuivre mes études collégiales. Bien que toujours situé dans un lieu majestueux, j'ai alors commencé à étouffer, malgré mes nombreuses implications sociales et malgré les nombreux prix et nominations au Gala de fin d'année qui venaient avec. J'avais besoin d'autre chose, de respirer un autre air.

J'ai alors décidé de terminer mes études collégiales à un cégep public, François-Xavier-Garneau. C'est à ce moment-là que j'ai commencé à vraiment me donner pleinement dans deux domaines qui allaient me passionner jusqu'à ce jour : la politique et les affaires internationales.

Le cégep Garneau était alors un lieu de bouillonnement intellectuel, social et politique. Moins rebelle que le cégep de Limoilou, mais moins sage que celui de Sainte-Foy.

À un moment où le Parti québécois était loin du sommet de sa popularité et où la souveraineté semblait en berne, j'ai fondé une cellule du PQ. J'ai commencé à beaucoup m'impliquer au sein du parti, devenant membre de l'exécutif de Charlesbourg, participant aux campagnes de financement et organisant des manifestations en faveur de la loi 101, et ce, à une époque où la Cour suprême s'en donnait à cœur joie, charcutant l'œuvre de mon héros, René Lévesque. Ce fut de belles années de militantisme qui allaient beaucoup me servir quelques années plus tard.

C'est aussi à cette époque que j'ai eu le goût d'explorer le monde par moi-même, ce qui m'a amené en France pour la première fois à l'occasion d'un programme d'échange sous les auspices de l'Association Québec-France. C'était en 1989, l'année du bicentenaire de la Révolution et je ne m'en suis jamais remis : on peut me compter, depuis ce temps, parmi les amoureux de la France.

Je travaillais à l'Office de tourisme de Châtellerault, à 80 kilomètres au sud de Tours. J'en ai profité pour assouvir ma soif d'histoire en allant à Colombey-les-Deux-Églises pour voir La Boisserie, dernière résidence du général de Gaulle, ainsi que le cimetière où il repose.

J'ai arpenté Paris, visité la capitale de l'Europe encore en construction, Bruxelles, et la métropole de l'ex-Empire britannique, Londres. Je m'en suis mis plein les yeux et j'ai attrapé la piqûre du voyage, me promettant d'étudier à l'étranger un de ces jours.

Le petit gars de Québec était grand, maintenant. Il avait vu du pays, fait de la politique. En regardant en arrière, en me remémorant mon enfance et ma jeunesse, je ne peux que remercier mes parents. Ils nous ont toujours encouragés, ils nous ont poussés à aller au bout de nos rêves, de nos idéaux et de nos convictions profondes. J'y pense souvent quand je regarde mes deux garçons. Mais là, j'anticipe.

J'avais bien étudié, j'avais vu du pays et fait de la politique. Mais je n'avais pas encore connu l'amour de ma vie.

⚜✡

2. Le coup de foudre

Un jour, la foudre m'a frappé.

Deux yeux verts, superbes, ont happé mon regard. L'amour impossible s'est jeté sur moi. Je n'ai pu résister à cette force étrange qui m'a envahie; c'était tellement romantique et incroyable. J'en ai encore des frissons quand j'y pense aujourd'hui. Je ne crois pas avoir rien ressenti de plus fort depuis ce jour. J'avais 21 ans, c'était le coup de foudre et elle s'appelait Lori.

Qui aurait dit que j'allais trouver l'amour au fin fond de l'Ontario?

Je m'en souviens comme si c'était hier et pourtant, tout ça s'est déroulé en 1991. À l'époque, je faisais mon droit à l'Université Laval et, bien franchement, je m'ennuyais. J'avais fait mes études secondaires et collégiales avec sérieux et là, à l'aube de ma vingtaine, j'avais besoin d'aventure. J'ai ainsi postulé pour un programme d'échanges avec la Faculté de droit de l'Université de Western Ontario, située à London.

Lors du tout premier cours auquel j'allais assister, en entrant dans la classe, nos yeux se sont croisés et ça a fait : ouf! dans mes tripes. Qu'elle était belle! Elle m'a raconté, plus tard, que la fille assise à côté d'elle lui avait dit :

« *Le gars là-bas, il n'arrête pas de me regarder.* » Et Lori de penser : « *Non, il me semble que c'est moi qu'il regarde.* » Évidemment que c'était elle que je regardais! Je la dévorais des yeux.

Malgré ce coup de foudre, mes premières impressions de la personne étaient plutôt négatives. À une question du professeur de droit du travail : « *Qui est contre les syndicats?* » Elle fut la seule à répondre, avec assurance, qu'elle était contre les syndicats. J'ai su plus tard que la campagne de syndicalisation dans la PME que son père avait fondée à partir de rien avait été particulièrement vicieuse et avait laissé un goût amer à toute la famille.

Quelque temps plus tard, nous nous sommes présentés et c'est allé très vite. Lori, qui avait alors 29 ans et qui était plus sûre d'elle que je l'étais à 21 ans, m'a demandé, de but en blanc : « *Veux-tu venir souper avec moi?* » Et là j'ai vraiment été idiot, j'ai demandé : « *Pourquoi?* » Ce à quoi elle a répondu : « *Pour parler* ». Moi, encore plus idiot : « *Parler de quoi?* » Elle m'en veut encore…

Par chance pour moi, elle est passée outre et nous sommes allés souper ensemble. C'était le 10 octobre 1991, la fin de semaine de l'Action de grâces. Tout a cliqué et en sortant du resto, nous avons loué un film. Un film vraiment mauvais, mais c'était sans importance. Ce n'était qu'un prétexte pour être ensemble. Pour le reste, permettez que je tire les rideaux.

Lori était alors âgée de 29 ans et moi de 21 ans; elle était anglophone, j'étais francophone; elle était juive, j'étais catholique de tendance agnostique; elle était de Toronto et moi de Québec. Tout nous séparait en apparence et les pronostics de nos entourages respectifs sur la durée d'une telle relation n'étaient pas très optimistes. Mais ce n'était pas notre avis. Nous sentions bien que les liens devenaient de plus en plus forts.

Le premier obstacle à franchir, je croyais alors, c'était la famille et le judaïsme de Lori. Elle est alors une Juive fière, mais laïque et non pratiquante. La pratique de son judaïsme se limite à un repas familial pour marquer le Nouvel An juif (Rosh Hashana), le jeûne de Yom Kippour et les *seders* (repas festifs pour la Pâque juive). Un peu comme nombre de catholiques québécois dont la pratique religieuse se limite à fêter Noël et Pâques. Mais elle est culturellement très juive, et très attachée à Israël, où elle a vécu quelque temps au début de la vingtaine.

Notre relation s'approfondissant, pour mieux la connaître, elle et ses origines, je me suis tourné vers ce que je connais : les livres. En anglais comme en français, l'histoire du peuple juif, l'histoire de l'État d'Israël, les croyances de ce peuple particulier, les interdits alimentaires, etc. Je voulais être prêt lorsque j'allais rencontrer sa famille.

Je n'avais pas à m'en faire : lors de ma première rencontre avec sa mère, celle-ci me servit des crevettes, pourtant interdites selon les lois alimentaires juives! La famille et le judaïsme n'allaient pas être les obstacles que je craignais.

Au contraire, fréquenter une femme d'une autre religion, d'une autre langue, bref, pour le petit gars de Québec, d'un autre monde, répondait à mon désir de découvertes. La différence d'âge ne nous importait pas du tout.

Lorsque vint le temps de décider si nous allions nous marier, je fis savoir très clairement à Lori qu'il était hors de question que je me convertisse. Bien que n'étant plus pratiquant, alternant entre un athéisme rigide et un agnosticisme ouvert, je ne voulais aucunement joindre les rangs d'une autre communauté religieuse.

Si Lori voulait transmettre son héritage judaïque à d'éventuels enfants, je n'y voyais aucun inconvénient. L'important, pour moi, était que leur langue d'éducation soit le français. Et c'est l'entente que nous avons conclue : nos enfants seraient des francophones juifs maîtrisant aussi l'anglais et exposés à la culture chrétienne dominante de ce Québec où nous allions habiter.

Et nous étions bien dans ce compromis. Jeune couple, nous avions un arbre de Noël éclairant notre demeure en décembre et allumions une *hanoukkiah*[4] pour célébrer la fête des Lumières, *Hanoukka*. Nous mangions du pain azyme[5] pour la Pâque juive et échangions des chocolats pour les Pâques chrétiennes. Nous échangions nos vœux pour les fêtes juives et catholiques, en français et en anglais.

Nous aimions cette atmosphère cosmopolite, interculturelle, bigarrée.

Et tout naturellement, c'est ce que nous voulions transmettre à nos enfants. Concrètement, cela voudrait dire que nos enfants ne seraient pas baptisés, et que, si c'étaient des garçons, ils seraient circoncis selon la tradition juive et qu'ils iraient à l'école française.

Mes premières connaissances de la civilisation juive me sont venues de mes nombreuses lectures de jeunesse. Fou de livres, grand lecteur, je dévorais journaux, magazines, dictionnaires, encyclopédies, biographies historiques, traités historiques à une vitesse phénoménale. Mais je ne m'intéressais pas plus au monde juif qu'au monde grec, hindou ou latino-américain.

Et tout cela était bien entendu à travers le prisme d'une vision catholique et québécoise, pour laquelle les Juifs avaient tort spirituellement en ne reconnaissant pas la divinité de Jésus, tort politiquement au Québec en étant massivement fédéralistes et anglophones, et tort géopolitiquement en empêchant la création d'un État palestinien.

Je portais attention à ces questions par curiosité intellectuelle, pas plus, mais pas moins qu'à d'autres enjeux. Ceci est d'autant plus vrai que ce n'est pas à Charlesbourg que je pouvais rencontrer beaucoup de gens de la communauté juive. Bref, pour moi, les Juifs, Israël, le judaïsme, c'était somme toute théorique. Ce qui ne m'empêchait pas d'avoir des opinions bien tranchées. Bien tranchées, mais, j'allais m'en rendre compte plus tard, mal informées.

Le fait de vivre, désormais, avec le judaïsme incarné par ma propre femme, ça changeait drôlement les perspectives. Si Lori avait voulu que toute sa parenté assiste à une fête, comme ce fut le cas pour moi, par exemple, au moment de ma confirmation, c'eût été impossible. La parenté de Lori a été décimée dans les camps nazis en Pologne et en Allemagne. Du côté de sa mère par exemple, seuls ses grands-parents, partis au Canada avant la guerre et un oncle, retrouvé en Sibérie – où il avait fui – après la guerre, avaient échappé à l'horreur.

Mes perspectives changeaient donc. Un nouveau monde s'ouvrait à moi. Un monde avec une histoire plurimillénaire, à la fois douloureuse, exaltante et passionnante. Ce nouveau monde, j'allais le découvrir avec Lori, ma femme. Car, bien entendu, 20 ans plus tard, le coup de foudre dure toujours. Nous avons battu tous les pronostics pessimistes sur notre union.

3. Les regards étrangers

Lorsque je suis débarqué à London, Ontario, en 1991, la politique canadienne et québécoise était en plein bouillonnement. L'échec de Meech avait provoqué une crise politique et le Québec semblait en voie de faire la souveraineté. Robert Bourassa donnait l'impression de pencher de plus en plus vers l'option souverainiste et les sondages indiquaient qu'une forte majorité de Québécois était prête à voter « oui » à un éventuel référendum.

À la même époque, des drapeaux du Québec étaient brûlés et piétinés à Brockville, en Ontario, tandis que bien des Canadiens se défoulaient sur le Québec en accumulant les faussetés, les clichés, les insultes aussi lors de la commission Charest, qui essayait de réparer les pots cassés par l'échec de Meech. Et puis, il y avait eu la crise d'Oka.

Je n'ai jamais été un souverainiste revanchard. Personne ne m'a jamais dit : « *Speak white!* » Ma conception de la souveraineté a toujours été positive, fondée sur la conviction que la nation québécoise peut, si elle le désire, avoir son propre État, de façon à se gouverner elle-même. Je n'ai jamais carburé au ressentiment ou pensé que la souveraineté était un projet dirigé contre le Canada ou contre les Anglais.

Mais là, pour la première fois, j'étais confronté, dans certains cercles, à une franche hostilité contre le Québec et à toutes les demi-vérités, toute la méconnaissance de notre réalité. Et ça faisait mal, très mal. La plupart des Québécois ont vécu ces émotions, à un moment ou l'autre de leur vie. J'allais m'en souvenir, plus tard, lorsque ce fut ma fibre juive qui allait ainsi être attaquée.

Le meilleur exemple, c'est encore la crise d'Oka de 1990. Une descente de la SQ dans la réserve avait mal tourné et l'armée canadienne intervenant pour assiéger la réserve autochtone, l'histoire a rapidement fait le tour du monde et les dérapages médiatiques ont déboulé.

Pour donner un exemple, dans le journal français *Libération*, un journaliste écrit qu'un autochtone a été tué, alors qu'en fait, c'est un policier de la SQ qui fut tué. Certains médias internationaux laissent entendre que cette crise se résume à un Québec un peu raciste contre de pauvres autochtones sans défense.

Il y eut jusque Mgr. Tutu, héros de la lutte antiapartheid, arrivé d'Afrique du Sud pour semoncer ce Québec (et Canada) qu'il compare à l'Afrique du Sud de l'apartheid[6].

Pourtant, n'importe quel observateur le moindrement attentif se serait vite rendu compte que la lutte d'une partie de ces autochtones armés jusqu'aux dents tenait plus du banditisme que d'autre chose. Outre les droits ancestraux, le trafic d'armes, d'alcool, de tabac et de drogue étaient aussi au centre de ce conflit. Le désormais célèbre Lasagne n'était pas un autochtone de la réserve d'Oka, mais plutôt un habitant de Brooklyn et un bandit patenté.

Les citoyens de Châteauguay, aux prises avec le blocage d'un pont et toute cette violence armée, avaient bien raison d'exiger des pouvoirs publics qu'ils rétablissent la paix et l'ordre, quoique les débordements de la foule en colère demeurent inexcusables.

Au Canada, la commission Charest qui tentait de sauver l'épave de Meech en entendait de toutes les couleurs à propos du Québec, certains allant jusqu'à s'opposer à la clause de société distincte de peur que le gouvernement du Québec n'oblige les femmes à faire des bébés!

Je ressentais un fort sentiment d'injustice en entendant et en lisant toutes ces déclarations méprisantes envers mon peuple. Ça aussi, j'allais m'en souvenir, plus tard, quand ce serait au tour d'Israël de subir le même sort : caricaturé comme le grand méchant loup juif qui s'attaque à la pauvre brebis palestinienne.

Cela dit, ça ne m'empêchait pas d'aller en quelque sorte me lancer moi-même dans la gueule du loup en allant étudier à London, Ontario!

Ce serait la première d'une longue suite d'épisodes où j'allais devenir, en quelque sorte, un porte-parole du mouvement souverainiste et du Québec à l'étranger[7]. Quel plaisir!

Je dois dire qu'à l'Université, je fus bien accueilli. J'ai même créé une cellule bloquiste, ce qui n'était pas si évident. Il fallait d'abord recueillir un nombre suffisant de signatures, ce que je fis avec des expatriés du Québec, mais aussi avec quelques Canadiens anglais ouverts d'esprit. C'est ainsi qu'il existait une cellule bloquiste à Western Ontario, mais pas du NPD, dont les militants avaient été incapables de recueillir un nombre suffisant d'appuis!

Ce séjour au cœur du Canada anglais m'a permis de connaître et aussi d'apprécier cette nation. Je m'y sens encore très à l'aise aujourd'hui et si des préjugés anti-Québec persistent toujours, la très grande majorité des Canadiens avec qui j'ai été en contact sont respectueux envers le Québec.

Bien sûr, la réalité québécoise demeure encore trop largement méconnue des Canadiens et c'est en bonne partie explicable par la barrière de la langue. Mais quand on se donne la peine d'expliquer ce que nous sommes, comme je l'ai fait sans relâche depuis mon séjour à Western, nous sommes – malgré quelques pochettes d'intolérance – généralement bien accueillis.

Depuis ces années au Canada anglais, je me suis toujours donné comme tâche d'expliquer que, loin d'être intolérant, le Québec est au contraire une société ouverte et accueillante.

Il est quelques fois difficile pour un Canadien anglais de comprendre que de vouloir défendre l'identité québécoise, que de désirer que cette petite nation à majorité francophone demeure originale, distincte et francophone (objectif qu'ont partagé et partagent encore tous les gouvernements qui se sont succédés à Québec, fédéralistes comme souverainistes) n'est pas un objectif exclusiviste.

Jamais, non plus, n'ai-je hésité à démontrer que le mouvement souverainiste porte un projet généreux, porteur d'avenir. Ce que je faisais alors comme étudiant en droit, je l'ai fait comme député souverainiste à la Chambre des communes.

Évidemment, le fait que même les fédéralistes du Québec, qui ne partagent évidemment pas le projet de faire du Québec un pays, reconnaissent que celui-ci est quand même un projet légitime est un argument de poids qui, assez bizarrement, est peu connu au Canada anglais.

À la suite de ce séjour en Ontario et ayant terminé mes études de droit, je rêvais d'étendre mes connaissances à d'autres sujets, et de parfaire ma formation hors du Québec et du Canada. J'hésitai entre la France, la Grande-Bretagne et les États-Unis.

Après des recherches intensives, deux institutions m'attirèrent particulièrement: la *John F. Kennedy School of Government* de l'Université Harvard et l'École Nationale d'Administration (ÉNA) en France. Les deux écoles étaient d'un très haut niveau, attiraient des élèves du monde entier, et assuraient une formation solide.

Venant de passer plus de deux ans dans le monde anglo-saxon en Ontario, je décidai de tenter ma chance à l'ÉNA. J'y fus reçu alors que je travaillais pour un important et réputé cabinet d'avocats de Montréal. J'ai ainsi décidé de mettre en veilleuse une carrière juridique qui s'annonçait prometteuse pour l'aventure d'un séjour européen au sein d'une grande école française.

Fondée par Charles de Gaulle au lendemain de la Seconde Guerre mondiale, *alma mater* des Présidents français Valéry Giscard d'Estaing et Jacques Chirac, des premiers ministres Laurent Fabius, Michel Rocard, Édouard Balladur, Alain Juppé et Lionel Jospin, de nombreux ministres, hauts fonctionnaires, ambassadeurs, dirigeants d'entreprises, l'ÉNA m'attirait par sa réputation et son caractère très franco-français.

Québécois, fier francophone, admirateur de Charles de Gaulle, sensible à l'histoire et à la grandeur de la France, amoureux du legs qu'elle laissa au peuple québécois, je me plongeai dans la vie française avec un délice sans gêne. J'y fis la connaissance de la crème de la crème française, dont plusieurs préparaient leur entrée et leur scolarité à l'ÉNA depuis leur jeune adolescence.

Et je me liai aussi d'amitié avec une trentaine de non-Français membres de la même promotion que moi, la Promotion Marc Bloch.

Mon séjour européen me permit de visiter la plupart des pays de ce continent, de devenir assez ferré sur le sujet de la construction européenne, de bien connaître l'administration française. Je fus en mesure d'observer et, dans une infime mesure, de participer aux débats politiques français.

Il y avait une forte curiosité envers le Québec, d'autant que mon séjour coïncidait avec l'année référendaire. Je me fis une fois de plus porte-parole du Québec et des souverainistes, expliquant sans relâche les ressorts du mouvement souverainiste, balayant le malentendu qui laissait croire aux Français que ce mot – souverainisme – faisait référence à une mouvance de droite un peu réactionnaire, comme c'est le cas des souverainistes français.

Mon séjour à l'ÉNA incluait un stage en préfecture que j'ai fait à Chambéry, en Savoie. La majorité des étudiants étrangers étaient placés dans des fonctions plutôt symboliques, sans être véritablement intégrés à l'institution républicaine. Étant Québécois, je n'étais pas tout à fait un étranger. Je fus donc au cœur de l'action étatique, notamment dans le domaine de la sécurité.

Et l'automne 1995 fut particulièrement chaud, en raison d'une campagne terroriste islamiste déclenchée le 25 juillet à la station de Métro Saint-Michel à Paris, qui fit huit morts et une centaine de blessés. De juillet à octobre 1995, les Français furent plongés dans la terreur. En tout, il y eut huit attentats ou tentatives d'attentat, 10 morts et plus de 200 blessés[8].

Je commençai mon stage (en préfecture) de l'ÉNA peu de temps après et j'ai vu de l'intérieur non seulement la menace que l'extrémisme islamiste représente pour les sociétés occidentales, mais aussi ses conséquences sur la vie des citoyens qui veulent simplement avoir la paix, bâtir leur vie, vivre.

Le plan antiterroriste Vigipirate fut mis sur pied avec une forte mobilisation policière et militaire. C'était encore plus vrai dans un département frontalier comme la Savoie. Et en France, les préfectures sont au centre de l'application des décisions de l'État.

Il fallait voir, *de visu*, la crainte du prochain attentat, l'horreur de ces actes gratuits, qui ciblaient les civils innocents, femmes, enfants, vieillards, sans discrimination. Des actes de terreur pure. Six ans avant le 11 septembre 2001…

De plus, l'automne 1995 fut aussi chaud d'un point de vue social. Ce fut le point d'orgue de fortes mobilisations sociales, d'importantes grèves et d'énormes manifestations.

Il y avait deux ministres de Savoie (Hervé Gaymard et Michel Barnier) et chacune de leur présence se transformait en aimant pour les grévistes. De plus, Chambéry étant un point de jonction important du système ferroviaire, les manifestations y étaient importantes et nombreuses.

Les CRS (compagnie antiémeute de la Gendarmerie) y furent très actifs. J'étais non seulement aux premières loges comme spectateur, j'étais au cœur de la réaction de la République à tous ces événements.

En plus d'un solide bagage académique, mon séjour à l'ÉNA m'aura permis d'acquérir, dans la pratique, une connaissance de la réalité de l'État, de la sécurité et de l'ordre public. Confronté au terrorisme islamiste dès 1995, j'étais préparé à affronter, comme législateur, les suites du 11 septembre 2001.

Et contrairement à une grande majorité de Québécois, qui n'ont jamais été directement confrontés au terrorisme, je comprenais l'état de terreur dans lequel était plongée une population aux prises avec la barbarie islamiste.

Après un séjour très enrichissant pour moi, il était temps de rentrer chez nous. Je savais de plus en plus clairement ce que j'allais y faire. Il fallait reprendre le flambeau et faire aboutir le rêve de René Lévesque. J'allais faire de la politique.

L'occasion allait se présenter plus tôt que prévu.

---

4. Deuil et politique

En novembre 1996, alors que je suis encore en France, je reçois un appel : ma mère est gravement malade et on craint pour sa vie. Bouleversé, je saute dans le premier avion et je rentre chez nous. Je passe alors des heures et des heures à l'hôpital avec les membres de ma famille.

Tout en accompagnant ma mère, luttant pour sa vie, je m'engageai aussi dans la bataille politique à temps plein. Malgré les encouragements de ma mère qui me disait d'y aller, ce fut très difficile de mener ces deux combats en même temps. J'en gagnai un, mais je perdis l'autre, le plus important.

Ma mère s'éteignit, à l'âge de 49 ans, la nuit du 12 mars 1997, laissant une famille dévastée. Quatorze ans plus tard, nous ne nous en sommes toujours pas remis. Elle était l'ancre de la famille. Son centre de gravité.

Si je m'étais engagé dans la bataille politique si rapidement, c'est que le député du Bloc québécois dans Charlesbourg, Jean-Marc Jacob, s'était lancé en même temps dans l'élection municipale et il avait été défait sévèrement. En refusant de renoncer à son poste de député et ayant essuyé une solide rebuffade, j'étais d'avis qu'il ne devait pas être le candidat du Bloc aux prochaines élections.

J'allai faire un tour au Conseil national du Parti québécois et recontactai mon réseau souverainiste pour assurer de mon soutien celui ou celle qui allait se présenter contre Jacob à l'investiture. Mais personne ne voulait y aller, car affronter un député sortant, qui disposait déjà d'une équipe et de moyens importants, ce n'était pas gagné d'avance, loin de là.

C'est alors que, en décembre 1996, du haut de mes 26 ans, j'ai décidé de me lancer et d'affronter le député sortant du Bloc dans une investiture épique.

Celle-ci eut lieu le soir du 28 avril 1997. Il y avait 1 000 militants présents dans la salle et l'atmosphère était survoltée. Il y avait un certain suspense, on savait bien que le résultat serait serré, mais finalement, je l'emportai par une courte majorité.

Il fallait être un peu baveux sur les bords, diraient certains. D'autres parleraient plutôt d'audace et de détermination. Il s'agissait sans doute d'un mélange de tout ça. Enfin, j'étais bel et bien le candidat du Bloc québécois, un parti souverainiste et je poursuivais mon vieux rêve de suivre les traces de René Lévesque.

Des élections générales hâtives avaient été déclenchées la veille par Jean Chrétien, qui voulait manifestement profiter de l'arrivée toute récente de Gilles Duceppe (moins de trois semaines auparavant) à la tête du Bloc québécois pour faire des gains au Québec, à l'occasion d'un déclenchement-surprise. Il est passé bien près de réussir, mais, après un début de campagne très laborieux, Gilles s'est ressaisi, et nous avons sauvé la mise avec une récolte honorable de 44 députés sur une possibilité de 75.

De mon côté, ma seule déception fut l'absence de ma mère qui n'avait pu assister à ma victoire. J'aurais tellement voulu l'avoir à mes côtés à ce moment-là, moi qui étais élu député à 26 ans seulement!

Il y avait cependant beaucoup d'ouvrage qui m'attendait. J'héritais d'un exécutif de circonscription divisé et je devais rebâtir une organisation et une équipe. J'ai eu la chance d'être épaulé par des employés d'un dévouement, d'une loyauté et d'une fidélité exceptionnels. Dans la circonscription, mon équipe était composée principalement de deux « vieux loups » de la politique (Jean-Pierre Cyr et Vicky Fortier, auxquels est venue s'ajouter Mara Aprile). Et à Ottawa par le très versatile, efficace et ineffable Patrick St-Jacques, dont la compétence en a fait un des meilleurs adjoints parlementaires de la Colline et certainement le plus drôle, aussi.

Dans la circonscription, je pouvais compter sur un groupe de militants, de bénévoles hors pair, ce qui a fait du Bloc de Charlesbourg une machine politique puissante et efficace, ce qui n'excluait pas le plaisir malgré un travail sérieux et acharné. J'apprécie et prends au sérieux tous ces gens qui militent dans les partis politiques, gardant un souvenir agréable et ému de mes propres années de militantisme.

Représenter les gens de ma circonscription a été un des plus grands honneurs qui m'ont été faits. Je leur serai toujours reconnaissant de m'avoir élu trois fois.

Évidemment, un député ne doit pas ses victoires au seul mérite de sa propre équipe. Nous voudrions tous pouvoir dire que nos victoires sont le fruit de notre seul travail, mais la réalité de la politique moderne, c'est que les chefs et les campagnes nationales prennent beaucoup de place.

Je me souviens encore du Gilles Duceppe hésitant de 1997. Il s'est de beaucoup amélioré lors des campagnes de 2000, 2004, 2006 et 2008, campagnes pendant lesquelles il a atteint le statut d'homme politique de première catégorie. L'hécatombe bloquiste de 2011 est due à des facteurs beaucoup plus profonds que sa performance pendant cette campagne.

Dès le départ, ça a cliqué entre Gilles et moi. S'il est un grand conteur de blagues et un homme politique doté de beaucoup d'humour, Gilles est surtout un travailleur infatigable, discipliné et détestant le manque de rigueur, qui en attend autant de ses collègues.

Sa réputation de dirigeant de fer est exagérée, mais il est vrai qu'il supporte difficilement la paresse et les opinions superficielles et que dans ces cas-là, il pouvait être cassant. Voyant que je partageais ces inclinaisons, il m'a accordé de plus en plus de patinoire et la confiance allant sans cesse en grandissant, nous avons développé au fil des ans une très belle collaboration qui s'est tranquillement transformée, au cours des années, en solide amitié.

Malgré sa défaite aux élections fédérales de mai 2011, Gilles Duceppe a encore beaucoup à offrir au Québec, dans tout poste qu'il choisira d'occuper.

En plus de notre travail d'opposition, le Bloc québécois dirigé par Gilles Duceppe devenait également un laboratoire d'idées et nous étions fortement encouragés à faire des propositions sortant des sentiers battus. Critique au Solliciteur général, j'étais préoccupé par l'emprise du crime organisé au pays et je compris rapidement qu'un des talons d'Achille de ces organisations, c'était le blanchiment d'argent.

Or, les mafieux adoraient le billet de 1 000 $, qui était devenu un outil indispensable pour leurs grosses transactions. Il était en effet commode pour échanger de grosses sommes en toute discrétion. En fait, c'était comme si ce billet avait été conçu exprès pour les transactions illégales.

Avec mon adjoint, Patrick, nous avons monté une campagne pour l'élimination de ce billet. Nous avons travaillé dur et après des mois et des mois, l'évidence sauta aux yeux de tous et du gouvernement, qui n'avait plus le choix. Éliminer ce billet de 1 000 $ ne coûtait rien et portait un rude coup aux mafieux. Si aujourd'hui, il n'y a plus de billets de 1 000 $ en circulation et que quelqu'un le regrette, cette personne doit s'en prendre à Patrick et à moi.

J'ai aussi réussi à faire adopter par la Chambre des communes le principe du renversement du fardeau de la preuve pour les gens trouvés coupables de gangstérisme. Ainsi, un membre du crime organisé trouvé coupable de gangstérisme par un tribunal a aujourd'hui le fardeau de prouver que ses biens n'ont pas été acquis à travers son activité criminelle. Sinon, il les perdra.

Encouragé par ces campagnes réussies, enhardi, je m'attelai à une question plus ambitieuse : l'intégration économique nord-américaine. Même si ça sortait de mon champ d'action comme critique, cette question m'intéressait depuis longtemps. Observateur de longue date de l'intégration européenne, je m'appliquais à comprendre l'intégration nord-américaine, cruciale pour l'économie québécoise.

Or, je découvris que l'intégration économique entre le Canada, le Québec et les États-Unis était plus importante qu'entre les pays européens. Pourtant, l'Europe avait adopté l'euro, une monnaie commune. Au Canada, nous sommes aux prises avec une monnaie qui, à l'époque, végétait à 60 ¢ face au dollar américain, ce qui était nuisible à notre compétitivité. Les entreprises avaient cet avantage artificiel, celui d'une monnaie faible qui faisait en sorte qu'il n'était pas nécessaire d'innover et d'exceller pour obtenir des parts de marché. Cela rendait aussi très coûteux l'achat de matériel de production à la fine pointe de la technologie.

Et quand le dollar se mit à remonter, il le faisait beaucoup trop rapidement et à la manière d'un yoyo, ce qui déstabilisait nos entreprises exportatrices. Aujourd'hui, le dollar canadien est dopé par le pétrole albertain et quand le dollar canadien monte, c'est que le prix du pétrole monte aussi. Il y a une inadéquation très nocive entre la valeur du dollar canadien et les économies manufacturières du Québec et de l'Ontario. Et c'est sans parler des coûts de transaction liés au change ou des effets de l'instabilité des taux de change.

Il me semblait que nous devions lancer le débat sur la monnaie et viser la création, dans l'avenir, d'une monnaie commune pour les Amériques. J'en parlai à Gilles, qui fut tellement enthousiasmé qu'il lança lui-même le débat au cours d'un point de presse sur le bilan de la session un peu avant Noël 1998. Il avait alors lâché une véritable bombe à Ottawa et à Bay Street. Pour bien des Canadiens, en effet, le dollar, c'est plus qu'une monnaie, c'est une icône nationaliste, un symbole de fierté et d'indépendance face aux États-Unis.

Je m'attelai alors à faire avancer le débat, à la Chambre des communes et partout où c'était possible. Si les réformistes de l'époque avaient reçu avec une certaine ouverture d'esprit cette idée nouvelle, il en est allé tout autrement des libéraux, qui déchiraient leur chemise devant cet affront. Pour eux, le débat était tout sauf rationnel. Mais bientôt, bien des experts, économistes, financiers et pilotes d'industrie trouvaient l'idée de plus en plus intéressante. Il y eut des échos jusqu'au Sénat américain.

Ce débat sur une éventuelle monnaie commune des Amériques se poursuit encore aujourd'hui. En fait, depuis la dernière crise financière et la dégradation du dollar américain qui demeure la devise de référence pour le commerce mondial, plusieurs responsables et notamment le président de la Banque de Chine militent pour l'adoption d'une monnaie de référence mondiale, qui pourrait par exemple être composée d'un panier de devises.

Ceci étant dit, pour ce qui est de la monnaie commune, l'essentiel, c'est que le débat ait été lancé et que les portes soient ouvertes sur l'avenir.

Après quelques années comme critique au Solliciteur général, mon chef m'offrit une belle marque de confiance en me nommant critique à la Justice, un des dossiers les plus importants. Pendant cinq ans, j'ai eu à composer avec des questions complexes et parfois très émotives telles que la prostitution, la décriminalisation de la marijuana et surtout le mariage des conjoints de même sexe.

Le débat sur le mariage des conjoints de même sexe fut particulièrement important pour moi. Il m'amena à vraiment réfléchir sur les libertés individuelles, le rôle de l'État dans la protection de celles-ci, le rôle (formel ou informel) de la religion dans la chose publique et l'importance du respect des opinions de chacun, même – et surtout – si elles sont diamétralement opposées.

Je tire de cette expérience une certaine fierté, car malgré mon jeune âge et une expérience somme toute limitée, je n'ai pas trébuché une seule fois[9]. Au passage, j'ai su défendre des convictions profondes en protégeant les droits et libertés dans le respect des croyances de chacun.

Élu député à 26 ans, je représentais la jeunesse au sein des partis souverainistes. Mais je n'étais pas seul. Avec moi, au Bloc, il y avait quatre autres jeunes élus de moins de 30 ans : Bernard Bigras, Pierre Brien, Caroline St-Hilaire et Stéphan Tremblay. Nous formions une belle équipe, chacun avec ses forces et ses intérêts. Notre présence démontrait que le mouvement souverainiste n'était pas le mouvement d'une seule génération, mais aussi, en raison de nos positions, qu'il fallait qu'il s'adapte au nouveau siècle.

Nous n'étions pas non plus homogènes dans les positions que nous défendions. Je me souviens entre autres d'une tournée des cégeps et universités à travers tout le Québec que nous avons effectuée et des discussions stimulantes qui ont occupé non seulement nos rencontres avec des centaines d'étudiants du Québec, mais nos longues heures en voiture ou en avion, de même que les repas que nous partagions.

Bernard Bigras, défait en 2011, s'est taillé à la Chambre des communes une solide réputation dans le domaine de l'environnement et du développement durable. Je ne crois pas que sa contribution au débat public soit terminée, loin de là.

Pierre Brien, souverainiste de centre droit, est un des hommes les plus intéressants avec qui il m'a été donné de discuter. Après un passage de la scène fédérale à la scène provinciale au sein de l'Action démocratique du Québec (au sein de laquelle il a occupé d'importantes fonctions), il est comme de nombreux jeunes de notre génération, qui cherchent leur place sur l'échiquier politique, entre un mouvement souverainiste (Parti québécois et Bloc québécois) de centre gauche et des idées de centre ou de centre droit qui sont les leurs. Le Québec gagnera beaucoup le jour où Brien retournera en politique active.

Caroline St-Hilaire, femme passionnée, après plus de 10 ans à Ottawa, a décidé de suivre les traces de son père et de faire le saut en politique municipale. Elle est maintenant mairesse de Longueuil, gérant la cinquième ville en importance au Québec.

Finalement, Stéphan Tremblay, l'homme qui s'est fait connaître pour avoir sorti à bout de bras son fauteuil du Parlement pour dénoncer le manque de pouvoir des élus dans un monde globalisé, a passé quelques années au sein du Parlement québécois comme député péquiste avant de passer à autre chose. Pour mieux revenir?

Gilles Duceppe et son entourage comprirent rapidement que notre génération avait des préoccupations nouvelles, une autre façon d'appréhender le monde dans lequel nous vivions. Gilles a senti très rapidement que le mouvement souverainiste devait s'adapter à la nouvelle réalité. C'est ainsi qu'il lança les chantiers de réflexion du Bloc québécois sur la mondialisation et la citoyenneté. Il y avait quelque chose de visionnaire là-dedans et je crois pouvoir dire que nous cinq, les jeunes, y étions pour quelque chose.

Le chantier sur l'identité fut à mon avis un tournant majeur dans la pensée du mouvement souverainiste. Il confirmait, enchâssait dans l'ADN souverainiste, l'idée d'une identité québécoise certes tributaire de ceux qu'on appelait à une certaine époque les Canadiens français, mais qui n'y était plus limitée.

Les années 2000 furent très stimulantes, *Le Devoir* qualifiant même la formation souverainiste fédérale de « *Bloc des idées* », une réputation qui dépassait les frontières du Québec et qui suscitait l'admiration, même dans les rangs de nos adversaires politiques. L'équipe de députés du Bloc a toujours été reconnue comme travaillante, disciplinée, solide. Elle a même reçu à plusieurs reprises des compliments élogieux de la part de journalistes canadiens-anglais qui, pourtant, sont viscéralement opposés à ce que le Bloc représente.

J'ai côtoyé au Bloc des piliers solides. Il serait trop long de tous les énumérer[10] mais je ne peux passer sous silence des gens comme Michel Gauthier, le meilleur *showman* du Parlement, Yvan Loubier, économiste combatif et passionné, Michel Guimond qui malgré son lourd travail comme whip pendant des années à Ottawa est resté « connecté » sur son monde comme peu de politiciens le sont, Pierre Paquette, un gentleman-politicien qui est à la fois un intellectuel et un acteur de la chose publique, Serge Ménard, un excellent juriste et ancien ministre, Louis Plamondon, dont les talents d'organisateur et d'efficacité dans sa circonscription sont légendaires, Claude Bachand (qu'on appelait affectueusement « le Général » puisqu'il a longtemps été le critique du Bloc en matière de défense), Mario Laframboise dont les interventions au caucus étaient toujours très écoutées, Paul Crête, travailleur infatigable, Benoît Sauvageau, apprécié par les députés de toutes les formations politiques, malheureusement décédé dans des circonstances tragiques en 2006 et Suzanne Tremblay qui, allergique à la langue de bois, réussissait toujours à attirer l'attention des médias.

On sous-estime trop souvent l'abnégation et l'idéalisme des députés bloquistes. Ils ne se sont pas présentés sous la bannière du Bloc pour le pouvoir ou la gloire, mais bien parce qu'ils estimaient ainsi faire avancer leur idéal qu'est l'accession du Québec à la souveraineté.

Qu'on soit souverainiste ou pas, cela est noble. Et devrait contribuer, normalement, à dissiper à tout le moins une partie du cynisme envers les politiciens.

Et derrière les élus, il y avait les travailleurs de l'ombre. Une des forces de Gilles Duceppe, c'était justement de savoir s'entourer et de susciter la loyauté de ses collaborateurs. Ce que d'aucuns nomment sa garde rapprochée constituait une équipe redoutable. D'abord, celui qui fut son chef de cabinet, François Leblanc, est un personnage assez extraordinaire. Sous des dehors qui peuvent paraître brusques, François a en réalité un regard très perçant de la réalité politique et il est à mes yeux le meilleur opérateur politique au Québec, un homme qu'on aime mieux avoir de son bord que contre soi.

Ensuite, il y a eu Pierre-Paul Roy, qui fut autrefois le chef de Cabinet de Lucien Bouchard et qui est l'ami très proche de Gilles depuis plus de 40 ans. Pierre-Paul est un penseur profond, flexible, non conventionnel, qui ne se sent pas lié par les dogmes et, pour reprendre une expression anglophone, *pense à l'extérieur de la boîte*, à l'affût de toute nouvelle idée. Très attachant, il pouvait aussi être très dur quand venait le temps de protéger le chef et le Bloc.

Devenu chef en 1997, Gilles s'est également adjoint trois autres personnes remarquables, chacune à sa façon. Patrick Déry, d'abord, qui fut notre économiste de choc au service de recherche dont il devint plus tard le directeur à 27 ans. Esprit marquant, d'une très grande intelligence, d'une efficacité redoutable et d'une originalité particulière, Patrick est maintenant sous-ministre adjoint aux Finances à Québec malgré son jeune âge. Le Québec entendra un jour parler de lui, j'en suis convaincu.

Philippe Gagnon s'est joint au Cabinet de Gilles en 2000 après avoir démissionné de son poste d'attaché de presse de la chef du NPD. Cheville ouvrière infatigable, il était le chef d'orchestre de l'équipe du Cabinet pour les affaires parlementaires.

Finalement, en 1998, Stéphane Gobeil s'est joint à l'équipe de recherche et en moins de deux ans, il en est devenu le directeur, puis conseiller spécial du chef. Responsable de tous les discours de Gilles, responsable du contenu, des débats des chefs, il fut pendant dix ans l'*alter ego* intellectuel de Gilles. Il a depuis développé d'importants réseaux à travers le Québec et joue maintenant un rôle important au sein du Parti québécois.

J'ai aussi eu la chance de côtoyer trois premiers ministres du Parti québécois.

D'abord Jacques Parizeau, avec qui j'ai eu plusieurs discussions, toutes plus stimulantes les unes que les autres. Bien qu'étant parfois en désaccord avec lui, je sortais de mes rencontres avec lui plus enthousiasmé que jamais. Il a une façon bien particulière de faire réfléchir ses interlocuteurs, de les *challenger*. Malgré son âge vénérable, il est demeuré l'un des hommes politiques québécois les plus jeunes intellectuellement. Je me souviens avec un plaisir certain des bons mots qu'il a eu publiquement pour moi.

Lors d'un Conseil général du Bloc, dans son style inimitable, avec un ton professoral plein de respect pour ses auditeurs, Parizeau fit un argumentaire serré et percutant pour la souveraineté.

À un moment donné, alors qu'il parlait des différentes options monétaires possibles d'un Québec indépendant, il fit référence aux différents textes que j'avais publiés, aux débats que j'avais amenés en faveur d'une union monétaire nord-américaine, m'affublant du titre de « prophète »!

On comprendra aisément que d'être cité dans un discours par un ancien Premier ministre m'a considérablement flatté. Être qualifié d'avant-gardiste et de penseur original en économie par une telle sommité en la matière me fit terriblement plaisir.

Heureusement, cela ne m'est pas (trop…) monté à la tête, avec l'aide de collègues qui tournèrent le tout en blague bon enfant, notamment l'économiste du caucus Yvan Loubier qui s'empressa d'acheter et de m'offrir cérémonieusement le célèbre livre *Le Prophète* de Khalil Gibran.

Lucien Bouchard, dans les quelques interactions que j'ai eues avec lui, était loin de l'homme sévère, austère et sérieux que projette son image publique. Il était avenant, drôle et très plaisant avec le jeune élu fédéral que j'étais. Il aura marqué l'histoire du Québec, pour le mieux. Je souhaite seulement que sa contribution actuelle au débat public soit plus importante.

Finalement, Bernard Landry n'a occupé les plus hautes fonctions du Québec que trop peu de temps. Son intelligence, son amour de la patrie le destinaient au poste de Premier ministre. Plusieurs idées nous rapprochaient, telle que l'idée d'une monnaie commune Québec/Canada/États-Unis pour compléter l'intensité de l'intégration économique continentale déjà existante. Lors d'un discours devant le Conseil général du Bloc, alors Premier ministre, Landry m'appela son « disciple », ce qui ne manqua pas non plus de soulever les taquineries bon enfant de mes collègues. Il a malheureusement, à mon avis, fait une erreur majeure en démissionnant comme il l'a fait en 2005.

Après la démission de Bernard Landry, le Parti québécois se retrouvait sans chef et Gilles Duceppe était à l'apogée de sa popularité. Alors que pratiquement tous les commentateurs prédisaient un balayage écrasant de Paul Martin au Québec lorsqu'il prit la place de Jean Chrétien, Gilles s'est retroussé les manches et en véritable leader, il a mené la charge contre les libéraux et a saisi l'occasion que représentaient les commandites pour triompher.

Les élections de 2004 avec le slogan « *Un parti propre au Québec* » demeurent parmi les plus belles que j'ai faites et Gilles était tout simplement électrisant. Il est même parvenu à gagner le débat des chefs en anglais, la population canadienne lui accordant la palme dans les sondages.

Gilles était donc tout naturellement pressenti pour prendre la direction du Parti québécois et il subissait énormément de pression. Il va sans dire qu'il était le grand favori s'il y allait et beaucoup, dont moi-même, pensions qu'il allait faire le saut.

Se posait donc la question de sa succession à la tête du Bloc québécois. Et à ma surprise, je figurais parmi les quelques successeurs envisagés par plusieurs au sein du caucus, du parti et de la classe journalistique[11]. Je reçus des appels téléphoniques, on me pressait déjà et j'amorçai une réflexion approfondie. Il va sans dire que l'idée de diriger le Bloc n'était pas pour me déplaire, mais ce n'était pas si simple.

J'étais alors devenu juif. Est-ce que le Québec était prêt à élire un Juif à la tête d'un parti souverainiste? Je me rendais bien compte que poser cette question était troublant en soi. Dans l'idéal, tout citoyen devrait pouvoir prétendre à un poste politique sans égard à sa religion ou à ses origines.

Mais je sentais bien que c'était plus complexe. D'autant que ma conversion n'était pas publique. Si je me lançais, cette question allait faire l'effet d'une bombe. Mais finalement, Gilles coupa court à mes angoisses secrètes en refusant d'aller à Québec.

Ma vie de député continua donc comme avant. Le Parlement fédéral est un endroit collégial, ou on ne peut que développer des liens avec des gens des autres formations politiques – si la barrière linguistique peut être franchie.

Cela peut paraître surprenant pour des esprits bornés de voir un souverainiste entretenir ainsi des rapports amicaux avec les Canadiens et le Canada. Pourtant, c'est tout naturel. Même si le Québec optait pour la souveraineté, le Canada demeurerait notre plus proche voisin. Ce n'est pas par opposition au Canada que je suis devenu souverainiste, mais bien parce qu'il me semblait que le peuple québécois avait les capacités et les talents pour avoir son propre pays.

Ma maîtrise de l'anglais m'a permis de rencontrer des hommes et des femmes intéressants de partout au Canada et d'apprécier leur travail, leurs convictions et leur désir de faire une différence.

Stephen Harper est de ceux-là. Homme brillant, affable, décidé, mes contacts avec lui ont toujours été respectueux et plaisants. Vic Toews, que j'ai côtoyé au sein du Comité de la Justice, est un homme à des années-lumière de l'image de doctrinaire que plusieurs ont de lui. Malgré nos très solides différences d'opinions, quand nous avions un *deal*, il le respectait. J'ai particulièrement apprécié son soutien et son offre d'aide après ma défaite en janvier 2006.

J'ai bien aimé aussi côtoyer les Jason Kenney, Stockwell Day et autres ministres et députés conservateurs avec qui j'ai toujours eu des relations harmonieuses, malgré nos visions différentes de la société.

Du côté libéral, j'ai toujours entretenu de chaleureuses relations avec Denis Coderre, que je connais depuis la fin des années 80. Il y a peu d'hommes et de femmes politiques au Canada qui ont sa capacité de travail – et son ambition.

Un autre libéral avec qui je m'entendais – et m'entends toujours – bien est Jean Lapierre. Malgré sa très grande combativité sur le plancher de la Chambre et en débats, il a toujours été un parfait gentleman.

Il est aujourd'hui à mon avis l'homme le mieux *réseauté* au Québec et l'étendue de ses contacts politiques est impressionnante. Ses antennes sont toujours à l'affût de nouveaux développements.

Depuis son départ de la vie publique, s'il est un 10 minutes de radio que je ne manque jamais pour avoir un portrait matinal de ce qui se passe en politique, c'est sa chronique à l'émission de Paul Arcand.

Je n'ai par ailleurs jamais eu le mépris que plusieurs souverainistes ont envers Jean Chrétien. Je ne partageais évidemment pas son idéal fédéraliste, ni ses assauts contre l'État québécois et son horrible *Loi sur la clarté*, mais il s'est toujours montré chaleureux envers moi. Je me souviens entre autres de notre première rencontre, à l'ouverture de la première session parlementaire à laquelle j'allais participer comme député. Faisant la file en attendant de voter pour le président de la Chambre, il a gentiment commencé la conversation en me demandant qui j'étais, d'où je venais et m'a demandé des nouvelles de ses partisans libéraux – qu'il connaissait de nom - de Charlesbourg.

En 2003, alors que les sondages étaient au plus bas pour le Bloc dans une éventuelle bataille avec Paul Martin, que tous savaient être le prochain chef libéral, en me dirigeant à l'extérieur vers mon bureau de l'Édifice de l'Ouest, j'ai rencontré une bande de journalistes politiques. Voulant me tirer la pipe un peu, ils me demandèrent si je préparais mon CV puisque le Bloc allait être rayé de la carte par Paul Martin. Ce à quoi j'avais répondu : « *Vous allez voir, Paul Martin n'arrive pas à la cheville de Jean Chrétien comme homme politique. Il sera plus facile à battre pour le Bloc.* » Tous les journalistes partirent à rire, incrédules, sauf un : Paul Wells. Lui me dit alors : « *Je pense que tu as raison.* »

J'avais raison et en 2004, je fus réélu pour la deuxième fois.

La politique avait aussi permis au p'tit gars de Charlesbourg que j'étais de rencontrer des leaders mondiaux. J'ai entre autres pu rencontrer et serrer la main des Présidents américains Bill Clinton et George W. Bush, et des Prix Nobel de la Paix Shimon Pérès, Nelson Mandela et le Dalaï-lama. Moi qui avais lu sur ces importants personnages dans les livres, magazines et journaux, ce fut toute une expérience de les rencontrer en chair et en os. J'étais loin du quartier Guillaume-Mathieu de Charlesbourg…

Le poste de député m'a donné la possibilité de poursuivre mon exploration des enjeux mondiaux et de visiter plusieurs pays.

En tant que parlementaire, je recevais de nombreuses invitations pour aller à l'étranger, souvent comme membre de délégations parlementaires. La plupart du temps, je refusais.

En effet, j'étais déjà trop souvent loin de la maison et laisser à Lori le soin de s'occuper seule de deux enfants en bas âge était trop demander.

Cependant, j'ai accepté avec plaisir à deux occasions particulières. J'ai ainsi eu la chance de participer à deux programmes étrangers extraordinaires.

En 2001, je fus invité par le Département d'État américain à passer 3 semaines aux États-Unis au début 2002, dans le cadre d'un programme appelé le *International Visitors' Program.*

À travers ce programme, des *up and comers* des quatre coins du globe sont invités à se familiariser avec différents aspects de ce grand pays que sont les États-Unis.

D'abord, le fait que ce programme ait eu lieu quelques mois après les attentats du 11 septembre 2001 a été marquant. Les États-Unis venaient de subir la pire attaque de leur histoire sur leur territoire continental.

Dans les six villes où nous sommes allés (Washington, New York, Annapolis, Philadelphie, San Diego et Austin), des drapeaux américains flottaient partout, indiquant un patriotisme féroce de même qu'une sorte de résolution. Mais il me semblait que le focus de cette résolution était flou.

Ceci étant dit, il était clair que les Américains avaient fini par réaliser la menace réelle que représentait l'extrémisme islamiste.

Je faisais partie d'un groupe de 19 personnes (tous des Européens sauf moi). Des jeunes doués, intelligents, provenant de différents horizons: un député maltais, une journaliste espagnole, une conseillère du Premier ministre finlandais, un président de l'aile jeunesse d'un parti slovaque, et j'en passe.

Parmi ce groupe se trouvait un jeune responsable des communications d'un groupe pro-européen appelé *Britain in Europe*, dont le nom est Danny Alexander.

Quelques courtes années plus tard, ce même Alexander allait devenir, en mai 2010, un des ministres libéraux-démocrates du cabinet de David Cameron, nouvellement Premier ministre britannique. Comme quoi le monde est petit.

Peu de temps après ce séjour aux États-Unis, c'est au pendant européen du programme américain que je participais.

Ce programme me permit de mettre à jour mes connaissances des rouages de l'Union européenne, rouages que l'ÉNA m'avait déjà permis d'appréhender.

Après des rencontres avec de multiples intervenants (politiques comme administratifs), j'en suis venu à la conclusion que le modèle européen était inadapté à la relation Québec-Canada.

Quand j'ai fait connaître publiquement cette conclusion, j'ai reçu un appel irrité du Premier ministre Landry, qui était très mécontent de ma sortie.

Comme je n'ai jamais craint de faire valoir mes idées (que ce soit sur l'Union européenne, la monnaie d'un Québec souverain ou les idées développées dans ce livre), cet appel n'eut pas un gros impact sur mes convictions profondes et sur ma certitude, chevillée au corps, que j'avais à défendre, respectueusement, mais fortement, les idées qui sont les miennes.

Cependant, la politique peut être brutale. J'allais m'en rendre compte au soir du 26 janvier 2006. Je fus en effet battu au cours des élections fédérales par un peu plus de 1 000 voix. J'avais perdu et je goûtais pour la première fois à l'amère coupe de la défaite. Ce fut douloureux, bien plus douloureux que je ne l'aurais cru.

Pour reprendre un bon mot de Lucien Bouchard : « *Pour faire de la politique, ça prend à la fois un gros ego et beaucoup d'humilité* ». La belle aventure politique se terminait donc par une leçon d'humilité…

Mais j'avais développé un autre centre d'intérêt au cours de ma carrière politique qui allait me lancer dans une nouvelle aventure, tout aussi captivante. J'étais devenu rien de moins qu'un sioniste passionné.

Souverainiste et sioniste québécois. Que voulez-vous, on ne se refait pas!

---

5. Un Québécois en Israël

C'est lors de mon séjour en France, pendant mes études à l'ÉNA, que je fis vraiment connaissance avec le côté politique du conflit israélo-palestinien. C'était la première fois que je me rendais compte que ce conflit, se déroulant pourtant à des milliers de kilomètres, pouvait être un enjeu politique dans un pays qui n'y a pourtant aucun intérêt immédiat.

J'étais en France lorsqu'Yitzhak Rabin fut abattu par un extrémiste israélien, en novembre 1995. J'étais en France lorsque Shimon Pérès perdit les élections subséquentes aux mains de Benjamin Netanyahou. Et j'étais encore en France alors que les attaques terroristes palestiniennes se multipliaient, tandis même qu'Israéliens et Palestiniens étaient en train de négocier un accord de paix.

Je fus à même de constater que l'opinion française était de tendance propalestinienne. Souhaitant pour les Palestiniens l'indépendance (c.-à-d. la pleine responsabilité des décisions et des conséquences de celles-ci), l'opinion de la majorité déresponsabilisait en même temps la société palestinienne.

Chaque malheur de cette dernière était toujours la faute d'Israël. Même si la totalité des autres pays de la région était non démocratique, éprouvait des difficultés évidentes à développer leur économie et sombrait dans la corruption, les Palestiniens, eux, étaient vus simplement et uniquement comme des victimes.

Cette façon française de voir le conflit israélo-arabe, ce prisme à travers lequel la situation est analysée m'était familier puisque je le retrouvais au Québec. Il faut dire que la France est d'une importance certaine sur la vision qu'ont les Québécois de cette région troublée du monde. En effet, les médias français, les livres provenant de France, sont une source d'information importante pour plusieurs Québécois. Je n'y échappais pas moi-même à l'époque, mais j'avais quand même le point de vue de Lori et les médias anglophones qui équilibraient un tant soit peu mon analyse.

Comme je l'ai écrit plus tôt, Lori est une sioniste convaincue. Comme pour la très grande majorité des Juifs, l'existence même d'un pays juif est fondamentale pour elle et là-dessus, aucun compromis n'est possible. L'essence même du sionisme, c'est cette volonté qu'existe un pays juif.

Être sioniste signifie simplement que l'on vit dans le monde d'aujourd'hui, où les États-Nations sont encore les acteurs les plus importants en matière de relations internationales. Le sionisme n'est ni plus ni moins raciste que le nationalisme québécois, canadien, français, américain ou chinois.

C'est facilement compréhensible pour un Québécois. Nous pouvons débattre sans fin de l'avenir politique du Québec, mais une immense majorité d'entre nous veut que le Québec existe. Là-dessus, on se retrouve. Et si l'existence même d'un État québécois était menacée, je suis intimement convaincu qu'une immense majorité d'entre nous serait ulcérée.

Pour les Français, pour les Américains ou les Mexicains, l'existence de leur pays est une évidence et ils n'y pensent même pas tellement ils le tiennent pour acquise. Pourtant, c'est la situation que vivent les Israéliens et la Diaspora juive.

Je savais donc que Lori suivait avec attention ce qui se passait en Israël, mais pour ma part, je ne portais pas beaucoup d'attention au Proche-Orient. En tout cas, pas plus qu'à l'Europe, à l'Amérique latine ou à l'Asie. De toute façon, j'étais beaucoup trop occupé par la politique québécoise et canadienne.

Au printemps 2000, je reçus une invitation du Comité Canada-Israël (CCI). Le CCI se décrivait comme une « *organisation de la communauté juive canadienne dont le mandat est de représenter les points de vue de la communauté quant à tout sujet relié à la relation canado-israélienne ».*

Le CCI avait une excellente réputation de neutralité politique, de professionnalisme et d'efficacité à Ottawa. Pendant plus de trois décennies, il a servi comme ressource importante pour les parlementaires, les universitaires, les médias et différents officiers publics. L'organisme a servi de catalyseur dans maints aspects de la relation entre le Canada et l'État d'Israël.

Il a toujours évité tout travail partisan, ici comme en Israël, et travaillé avec toutes les formations politiques, en les tenant informées de la situation générale et de tout développement pouvant survenir en Israël et au Proche-Orient.

Et ce qui était primordial pour moi, c'est que depuis la fondation du Bloc québécois, le Comité a toujours considéré la formation souverainiste comme un acteur important du système politique canadien, et n'a jamais hésité à développer de bonnes et intenses relations avec lui. C'était loin d'être le cas de bien d'autres organisations. Il y avait du respect et j'ai donc accepté l'invitation de cet organisme à visiter Israël.

J'étais loin de me douter, à l'époque, que ce voyage allait transformer ma vie, ma vision politique, mes croyances religieuses et mon cheminement professionnel.

Accompagné de Lori et de députés d'autres formations politiques, je me suis envolé vers la Terre Sainte avec un niveau de connaissance intéressant, mais aussi avec des idées préconçues et je m'en rends compte aujourd'hui superficielles.

Dès notre arrivée débuta un tourbillon de rencontres, de découvertes, de conférences.

Ce qui m'a frappé, de prime abord, c'était la normalité. Je m'attendais à débarquer dans un pays en guerre, avec des militaires à tous les coins de rue et des gens stressés et apeurés, inquiets. Ce n'était pas le cas. Je me retrouvais somme toute dans un pays occidental et méridional comme plusieurs autres.

Mais minuscule. En effet, Israël ne représente que 0,2 % du territoire du Moyen-Orient. Le reste, 99,8 %, est constitué d'États arabo-musulmans.

Pour comparer avec nos superficies, Israël a un territoire de 21 671 km², le Québec de 1 667 926 km² et le Canada de 9 984 670 km². En d'autres termes, Israël peut entrer 80 fois dans le Québec et 460 fois dans le Canada.

À Jérusalem, les Lieux Saints m'ont marqué, bien que le Saint Sépulcre m'ait laissé plutôt froid, tandis le *Kotel*[12] m'a ébloui. La Vieille Ville, avec son enchevêtrement de religions, d'histoires, de civilisations ne peut laisser personne indifférent et je n'y ai pas échappé. La lumière qui enveloppe Jérusalem au lever du soleil n'a aucun équivalent dans le monde. Elle est magique. Le mélange du très moderne avec l'antique est unique.

Mais que Jérusalem me fasse une profonde impression, je m'y attendais, car qui n'a pas entendu parler de Jérusalem d'une façon ou d'une autre dans sa vie?

La surprise, ce fut Tel-Aviv, une des villes les plus *cool*, les plus ouvertes et les plus bigarrées du monde. On s'imagine souvent Israël comme un pays homogène, puisque peuplé essentiellement de Juifs. Mais on oublie que les Juifs proviennent de partout dans le monde : de l'Europe de l'Est, de l'Ouest et du Sud, des pays d'Afrique du Nord, d'Amérique du Sud, d'Amérique du Nord et même d'Éthiopie et évidemment, du Moyen-Orient. On oublie aussi que 20 % de la population israélienne n'est pas juive.

Cela fait de Tel-Aviv une ville très colorée et lui confère une

« *vibe* » que je n'ai ressentie dans aucune autre ville, sauf peut-être Montréal. Selon la série de guides touristiques bien connue *Lonely Planet*, Tel-Aviv est une des trois meilleures villes au monde[13], avec sa scène musicale et artistique, son attitude tolérante et son importante communauté gaie qui en font « *une sorte de San Francisco au Moyen-Orient* ».

Imaginez Montréal avec des kilomètres de plages donnant sur la Méditerranée, avec des palmiers et du soleil sans arrêt plutôt que des tempêtes de neige et on se rapproche de Tel-Aviv[14].

Dans cette ville – et cela en surprendra plusieurs –, on trouve des francophones en grand nombre, comme d'ailleurs partout en Israël. En fait, il y aurait en Israël tout près d'un million de francophones, de sorte que c'est plus facile de parler français à Tel-Aviv qu'à Toronto!

La Mer Morte, sur laquelle on peut s'étendre comme sur un matelas, c'est très spécial et aussi très chaud. Visiter la forteresse de Massada nous connecte directement avec l'histoire. Ajoutez les rencontres avec des députés israéliens, les nouveaux immigrants juifs éthiopiens, des journalistes connus, et tout était en place pour faire de cette visite un voyage inoubliable, éblouissant.

Évidemment, la réalité politique n'allait pas tarder à nous rattraper. Le gouvernement canadien, en collaboration avec le CCI, avait organisé une rencontre pour nous avec Saeb Erakat, le principal négociateur palestinien. La rencontre se déroulait à Jéricho, une ville contrôlée par l'Autorité palestinienne.

Prenant place dans des véhicules diplomatiques canadiens blindés, avec le « *flag su'l hood* », comme aurait dit Jean Chrétien, nous filâmes à toute allure vers cette ville plurimillénaire. Entourés d'hommes armés – certains cagoulés –, nous fûmes reçus par un homme charmant, éloquent et manifestement intelligent. Saeb Erakat a l'habitude de parler à des Occidentaux et est souvent appelé à commenter la situation au Proche-Orient à CNN ou à la BBC.

Le négociateur palestinien nous accueillit avec une attaque en règle contre Israël. C'était un peu étonnant puisqu'à cette époque des négociations de paix étaient en cours. Cela dit, ces négociations avaient lieu en même temps qu'étaient perpétrées des attaques terroristes meurtrières par des organisations palestiniennes.

Nous étions surpris, puisque les parties étant en plein Processus d'Oslo. Nous aurions cru que le ton aurait été moins belliqueux.

Saeb Erakat accusait entre autres Israël de le tenir prisonnier à Jéricho, de l'empêcher de circuler dans les territoires palestiniens, ce qui nous laissa pantois. En effet, comment Israël peut-il prétendre négocier de bonne foi et, en même temps, tenir virtuellement prisonnier le négociateur palestinien?

Je me suis dit que les Israéliens avaient essayé de nous endormir avec la visite éblouissante du pays et les rencontres chaleureuses que nous y avions faites. Je me sentais un peu floué.

Mais nous n'étions pas au bout de nos surprises : le lendemain, en regardant *CNN, LIVE FROM GAZA*, qui pérore sur les derniers développements, très à l'aise et tout à fait libre? Saeb Erakat lui-même!

Erakat n'était donc plus à Jéricho. Or, pour passer de Jéricho à la Bande de Gaza, il faut traverser le territoire israélien. Le principal négociateur palestinien n'était donc pas du tout prisonnier, comme il l'affirmait. Il nous avait menti et je me sentais encore floué, mais pas par les Israéliens.

Deux pensées me traversèrent alors l'esprit : premièrement, que les Palestiniens étaient passés maîtres dans l'art de la propagande politique et deuxièmement, que le discours de Palestiniens=victimes et Israël=oppresseur se décline facilement, est accrocheur. L'être humain est en effet naturellement porté à prendre le parti de ceux qu'il perçoit comme les victimes, pour le petit faible plutôt que pour le grand fort.

Mais j'avais vu, de mes propres yeux, et entendu, de mes propres oreilles, que la situation était drôlement plus complexe que ça. Complexe, mais fascinante. Dans le vol de retour, j'étais encore fébrile, excité. Je venais de me découvrir un nouvel intérêt qui allait vite se transformer en passion.

6. Sioniste

Avant de partir pour Israël, je m'attendais à voir un pays fourmillant de rabbins à papillotes, avec des soldats partout, mitraillettes au poing, des villes assiégées, des gens agressifs, bref, dans un pays en guerre permanente.

La réalité était très différente. Mon impression la plus forte fut celle de constater une certaine ressemblance entre Israël et le Québec. Je m'y sentais chez moi. Je trouvais ce pays inspirant, ses gens sympathiques et chaleureux.

Au contraire de bien des gens, je me suis rapidement identifié aux Israéliens et à leur pays, bien plus qu'aux Palestiniens dont la situation m'était beaucoup plus éloignée.

Quelques parallèles entre le Québec et Israël se sont rapidement tissés dans mon esprit.

Les drapeaux des deux États ont été adoptés officiellement la même année, soit en 1948. Ils sont tous les deux bleu et blanc.

La fleur de lys est un symbole des deux peuples. En effet, elle figure de façon proéminente dans les décorations antiques juives et se retrouve aujourd'hui sur la pièce d'un shekel, la monnaie israélienne.

De plus, j'avais appris, lors de mon mariage avec Lori, que la maladie génétique Tay-Sachs se retrouve principalement chez deux groupes ethniques : les Juifs ashkénazes (c.-à-d. d'origine est européenne) et les Canadiens français.

René Lévesque avait bien raison d'affirmer que « *French Canadians and Jews have quite a bit in common*[15] ».

Mais, de façon plus importante, d'un point de vue culturel,

ne serait-ce que parce qu'Israël est une démocratie libérale
et un État de droit, comme le Québec, les similitudes sont
clairement apparues. Parce que comme le peuple québécois,
qui est entouré d'une mer anglophone, le peuple israélien est
lui aussi entouré, mais d'une mer arabophone.

Le Québec est souvent incompris dans le monde anglo-saxon,
jugé non pas sur ses actes, mais d'après des préjugés éculés.
Israël, de même, est souvent incompris, condamné d'avance, à
partir de préjugés et d'une vision du monde simpliste.

Il y a une grande différence, bien sûr, et c'est que si le Québec
doit parfois subir l'hostilité, le « *Québec bashing* » d'une partie
du monde, son existence n'est pas contestée et aucun pays n'a
pour objectif sa destruction et l'élimination des Québécois de
la surface de la Terre, comme c'est le cas pour les Israéliens.

Pour un Desmond Tutu qui nous compare à l'Afrique du Sud
de l'apartheid lors de la crise d'Oka, il y en a 100 par jour qui
déversent leur bile sur Israël. Pour une Jan Wong qui accuse
les Québécois d'être responsables de la tuerie de Dawson à
cause du racisme[16], il y en a 1 000 qui vont accuser Israël de
génocide ou de crimes contre l'humanité.

Quand des autochtones bloquent un pont au Québec et qu'ils
érigent des barricades, armés de fusils d'assaut, tout le monde
trouve normal que l'armée intervienne pour protéger la
population et assurer le maintien de l'ordre et le respect des
lois.

Mais lorsque la population israélienne est la cible de roquettes
meurtrières, d'attentats terroristes ou d'assassinats, toutes
opérations qui sont cautionnées par les autorités palestiniennes
ou par des puissances comme l'Iran, l'intervention armée
d'Israël est condamnée.

Comme le Québec, Israël fait face à un défi linguistique
incroyable. Non seulement le peuple israélien a-t-il dû se battre

pour assurer la prédominance de l'hébreu sur son territoire, mais il a dû avant cela faire renaître cette langue qui ne servait qu'au culte (un peu comme le latin pour les catholiques de jadis) et qui n'était pas du tout adaptée à la vie moderne.

Les efforts d'Israël pour faire de l'hébreu sa langue nationale sont impressionnants. Par exemple, les nouveaux arrivants suivent des cours d'hébreu intensifs – et ce, pendant des mois – aux frais de l'État pour faciliter leur intégration à leur société d'accueil. Le Québec serait à mon avis avisé de s'inspirer de cette forte volonté politique[17]. René Lévesque ne disait pas autre chose quand il affirmait que, « *the difficulties faced by French Canadians are practically nothing compared with what some people went through to accomplish the miracle of Israel. In Palestine, there is new life after 2000 years. Hebrew, which had been dead, has become a living language again. We can accomplish what we want – a future that is basically and more progressively French – if we work hard enough and if we push. We don't need a major miracle*[18]. »

De nos jours, l'hébreu est la langue nationale et elle est réellement la langue de tous les jours, la langue publique commune. Pour autant, comme au Québec pour sa minorité anglophone, la minorité arabe a des droits, notamment linguistiques, qui sont scrupuleusement respectés et protégés par la Cour suprême.

À la différence du Québec, cependant, cette Cour est israélienne, car le pays est souverain. Là encore, Israël devrait être une source d'inspiration pour les Québécois qui aspirent à la liberté politique. Les Israéliens ont acquis leur indépendance dans une situation qui était bien plus périlleuse que la situation actuelle du Québec et dès le premier jour, ils furent menacés d'annihilation par une vaste coalition de pays arabes. Pourtant, ils ont eu l'audace de créer leur propre pays.

J'aime beaucoup cette citation de René Lévesque à propos de l'indépendance d'Israël et du Québec :

« Le jour où Israël est venu au monde, tous les Juifs, n'importe où dans le monde, ont grandi d'un pouce [...]. Ils se sont sentis valorisés et c'est tellement compréhensible, je pense que ça rejoint les problèmes que nous aussi on vit autrement, de façon moins dramatique, moins tragique, c'est sûr. Je crois que cet instinct-là est bon[19].* »*

Voir de ses propres yeux l'édifice, très modeste, à partir duquel l'indépendance fut décidée et proclamée et se faire raconter cette histoire à Tel-Aviv, c'est très émouvant. Dire que ce petit peuple si fragile à l'époque avait eu le courage, contre vents et marées, de construire un pays à partir de presque rien. De construire une métropole, Tel-Aviv, qui au début du siècle dernier n'était que dunes de sable.

Et puis, Israël, c'est un miracle économique. Un peu comme le Québec, Israël a décidé de diversifier son économie et de se lancer dans les hautes technologies[20]. Dans les années 50, 70 % des exportations israéliennes étaient agricoles; aujourd'hui, c'est 2 %.

Ici, Bernard Landry et d'autres ont lancé cette poussée technologique après la récession de 1982 et aujourd'hui, le Québec est un des centres mondiaux de l'aérospatiale, de la biotechnologie, du multimédia et des technologies de l'information. Bien peu de gens avaient parié sur cette réussite à l'époque.

En fait, comme l'a affirmé en octobre 2010 le ministre québécois des Finances Raymond Bachand, *« Israël est similaire au Québec à plusieurs points de vue. Il y a la taille, il y a ses secteurs porteurs qui sont très similaires à ceux du Québec – la biotechnologie, la pharmaceutique, les technologies de l'information. Et Israël est un leader mondial à la fois dans les secteurs technologiques et le capital-risque*[21].* »*

Israël a fait le même pari que le Québec et la réussite y est encore plus éclatante. Pour ne donner que quelques exemples[21a], il y a davantage de compagnies israéliennes cotées au NASDAQ que de compagnies européennes ou que de compagnies du Canada, un pays pourtant quatre fois plus peuplé. Le capital de risque est plus abondant en Israël que dans tout autre pays de la planète et les investissements en recherche et développement atteignent 4,86 % du PIB (2008) contre 2,63 % au Québec (2007) et un maigre 1,9 % au Canada.

En 2008, les investissements de capital de risque *per capita* en Israël étaient 2,5 fois plus importants qu'aux États-Unis, 30 fois plus importants qu'en Europe, 80 fois plus importants qu'en Chine et 350 fois plus importants qu'en Inde. En fait, cette même année, en pleine crise, près de 2 milliards de dollars en capital de risque ont été dirigés vers Israël, plus qu'en France, en Allemagne et en Grande-Bretagne *réunies*.

En 2009, 1,12 milliard de dollars US de capital-risque ont été investis en Israël, contre 431 millions de dollars canadiens au Québec – à peu près trois fois moins.

Bref, comme l'a écrit succinctement le journaliste Philippe Mercure de *La Presse* en octobre 2010 :

« *Plus haut taux de brevets par habitant au monde, plus grande concentration d'entreprises en démarrage de la planète, plus grande proportion du produit intérieur brut (PIB) investi en recherche et développement de tous les pays: Israël attire aussi, et de loin, plus de capital-risque par habitant que toutes les autres économies, y compris celle des États-Unis*[22]. »

Israël a le pourcentage d'ordinateurs par habitant le plus élevé au monde. Il a un ratio élevé de diplômés universitaires par habitant : 24 % de diplômes, 12 % de doctorats, ce qui le place au troisième rang mondial, derrière les États-Unis et les Pays-Bas.

Israël a le taux le plus élevé au monde de scientifiques et de techniciens : 145 pour 10 000 habitants, devant les États-Unis à 85, le Japon à 70 et l'Allemagne à 65 pour 10 000 habitants. Israël publie aussi plus de recherches scientifiques que toutes les autres nations du monde, soit 109 par 10 000 habitants.

Les ingénieurs israéliens ont développé le premier téléphone cellulaire à Haïfa, dans le laboratoire de Motorola. Le nouveau processeur multicoeur d'Intel a été entièrement réalisé dans les établissements de cette entreprise. La puce Pentium MMX d'Intel a aussi été inventée en Israël. Comme les boîtes vocales téléphoniques d'ailleurs.

La plupart des systèmes d'exploitation Windows NT ont aussi été mis au point par Microsoft-Israël. Microsoft et Cisco ont d'ailleurs construit leurs seuls centres de recherche et développement hors des États-Unis en Israël, attirées par la grande qualité des ingénieurs israéliens.

Un scientifique de l'Université Ben-Gourion a développé un contrôle biologique des moustiques et des mouches noires qui causent la malaria et une forme de cécité, sauvant ainsi la vue et la vie de millions de personnes en Afrique et en Chine.

Velcade, un médicament efficace contre le cancer qui traite le myélome multiple a été créé à partir de recherches effectuées par deux chercheurs du Technion – Institut de Technologie d'Israël. La paire de chercheurs a gagné le Prix Nobel de Chimie pour ce travail innovateur.

Given Imaging, une compagnie israélienne, a développé la première caméra capsule ingérable. Cette caméra est tellement petite qu'elle a la taille d'une pilule. Elle permet de voir l'intérieur du système digestif sans chirurgie, et aide les médecins à diagnostiquer cancers et troubles digestifs.

C'est aussi un médecin israélien qui a dirigé l'équipe de la société Merck qui a mis au point un vaccin contre le cancer du col de l'utérus. Une entreprise israélienne a mis au point une technique d'analyse du sang qui permet de diagnostiquer les crises cardiaques par voie téléphonique.

46 % des exportations israéliennes sont des exportations de haute technologie.

Israël recycle 70 % de ses eaux usées – plus que tous les autres pays sur la planète –, soit 3 fois plus que l'Espagne, le pays qui arrive deuxième dans ce domaine. Pour les eaux usées provenant des foyers familiaux, ce nombre monte à 80 %, un ratio 4 fois plus élevé que le deuxième pays le plus performant dans ce domaine[23].

En 2006, le revenu moyen par habitant[24] en Israël était de 31 561 $, soit tout juste derrière la France à 31 825 $, mais devant l'Allemagne à 31 390 $, l'Italie à 31 051 $ et... le Québec à 30 910 $[25].

Depuis la création de l'État d'Israël en 1948, ses exportations ont augmenté par un facteur de 11 250 – de 6 millions à 67,5 milliards de dollars en 2009, selon l'Institut israélien des exportations et de la coopération internationale. De 1998 à 2009, les exportations israéliennes ont plus que doublé, passant de 33 milliards à 67,5 milliards de dollars[26].

Les Israéliens ont une espérance de vie de 80 ans, à égalité avec la Norvège. La population d'Israël a dépassé, en 2009, 7,5 millions, une croissance de plus de 900 % depuis sa renaissance en 1948 et a un taux de croissance de 1,8 %, loin devant celui de tous les autres pays développés.

Tout cela fait en sorte que, le 27 mai 2010, Israël était admis dans l'OCDE, le « club des pays riches », confirmant l'arrivée de ce petit pays dans le Premier monde[27].

Je pourrais continuer longuement, mais ce qui frappe dans tout ça, ce sont les parallèles avec le Québec, lui aussi fortement orienté vers la recherche, de façon bien plus importante qu'ailleurs au Canada et c'est aussi au Québec que le capital de risque est le plus présent au Canada. D'un point de vue économique, Israël devrait être un modèle et, surtout, un partenaire pour le Québec.

Un modèle pour les souverainistes québécois d'abord, qui devrait montrer Israël en exemple pour faire comprendre à quel point un pays souverain peut réussir économiquement en décidant lui-même de ses priorités économiques et industrielles.

Israël devrait aussi être un partenaire de choix. Prenons la question de la dépendance au pétrole. Le Bloc québécois a produit une très solide recherche sur le coût économique du pétrole pour le Québec[28]. Cette recherche montre que le pétrole constitue le principal obstacle à la croissance économique du Québec et que cet obstacle ira en croissant à mesure que le prix du brut grimpera. Simplement en réduisant sa dépendance au pétrole de moitié, le Québec serait en mesure de turbopropulser sa croissance économique.

Israël est dans une situation similaire. Non seulement l'État hébreu ne produit pas de pétrole, mais ses voisins rêvent de le couper de tout approvisionnement. Israël a donc un intérêt stratégique évident à réduire sa dépendance au pétrole. Mais loin de s'arrêter là, les Israéliens ont décidé de devenir la première économie sans pétrole de la planète[29]. On ferait bien de les prendre au sérieux. Et le Québec serait bien avisé de forger un partenariat avec Israël pour réduire sa propre dépendance au pétrole en échangeant des technologies et le savoir-faire de chacun, y compris par des échanges universitaires.

Israël devrait donc logiquement être un partenaire économique de choix, voire un modèle pour le Québec[30]. Ce qu'il a longtemps été d'ailleurs.

René Lévesque n'a pas hésité à affirmer que « *What the Parti québécois is trying to do in Québec ressembles what Zionism meant for the creation of the State of Israel [...] Just like you have your own Jewish identity, we have our own Quebec identity and we are going to make it true[31].* »

Lévesque a en effet tiré, dans le langage usuel de l'époque, des parallèles entre Israël et le Québec: « *Mr Levesque evoked comparison between the state of Israel and the preservation of Jewish culture and traditions with Quebec and the preservation of French culture and traditions in North America[32]* », notamment quand il « *referred to Israel as a national home very similar to the one French Canadians are trying to set up[33].* »

Au lieu de ça, aujourd'hui, nous avons droit de la part de plusieurs voix au Québec, comme ailleurs dans le monde, à un appel au boycott des produits israéliens et des entreprises qui supportent Israël. Cela va de Coca Cola, en passant par Microsoft, Nestlé, L'Oréal, Danone, Intel, Google et la liste est si longue que ce livre ne suffirait pas à en faire la nomenclature. Israël est pointé du doigt comme autrefois l'Afrique du Sud de l'apartheid!

Pourtant, Israël est une démocratie et un État de droit, comme le Québec et à la différence de tous les autres États du Moyen-Orient, lesquels sont au mieux autoritaires.

Comme le Québec, Israël est un modèle d'égalité des droits des homosexuels, des femmes, un État social-démocrate, qui mise sur la haute technologie et l'économie du savoir. Voilà un peuple peu nombreux qui se bat pour sa langue, comme le Québec, un peuple qui a affronté l'adversité pour se construire un pays, un pays bien à lui.

J'avoue que je ne comprends pas bien pourquoi une majorité de Québécois, et plus encore parmi les souverainistes, ont le réflexe de s'identifier aux Palestiniens plutôt qu'aux Israéliens. Est-ce que ces Québécois se voient comme des victimes, comme un peuple faible et s'identifient ainsi aux Palestiniens parce qu'ils sont eux aussi sans État?

Je n'arrivais pas à comprendre clairement les raisons de ce parti-pris de l'opinion québécoise contre Israël. Mais moi, j'aimais ce que je voyais, ce que je lisais, ce que je savais et découvrais d'Israël. Je trouvais injuste le traitement qui était infligé à ce petit pays courageux, qui ressemblait au Québec par tant d'aspects. Je me souvenais du désarroi et du sentiment d'injustice que je ressentais quand on s'attaquait au Québec à partir de stéréotypes grossiers et de jugements péremptoires divorcés de la réalité.

Jusqu'à tout récemment, j'avais été amené par les circonstances à me faire le porte-parole du Québec et du projet souverainiste au Canada, en France et dans le monde. Je décidai de mieux faire comprendre Israël ici. Je voulais que ce petit pays incompris que j'aimais continue d'exister. En d'autres mots, je suis devenu sioniste.

Voilà un mot chargé qui fait peur à bien du monde. Il est même utilisé comme une insulte par les ennemis d'Israël et par les antisémites. Pourtant, quand j'emploie ce mot, j'exprime une idée toute simple, celle voulant que le peuple juif ait droit à l'autodétermination et à son propre pays.

Dit plus carrément : Israël a le droit d'exister. Tout simplement.

J'étais de retour au Canada donc, fermement décidé à être un ami actif d'Israël dans le poste que j'occupais à Ottawa.

Mais être un ami d'Israël ne veut pas dire être un ennemi du peuple palestinien. Je me décrirai plus tard comme un sioniste propalestinien, à savoir un partisan de la solution de deux États, un État juif et un État arabe palestinien vivant côte à côte, pacifiquement, à l'intérieur de frontières sûres et reconnues. Ce n'est malheureusement pas le cas de la plupart des groupes soi-disant propalestiniens opérant au Canada. J'y reviendrai.

J'ai alors décidé de me joindre au Groupe d'amitié

parlementaire Canada-Israël (GAPCI), constitué de députés de toutes les formations politiques qui cherchent à resserrer les liens entre les deux pays. J'ai aussi joint à la même époque le Groupe d'amitié Canada-Palestine, groupe officieux parce que la Palestine n'est pas encore un pays.

Le GAPCI est une des nombreuses associations parlementaires reconnues par le Parlement canadien. J'étais aussi membre de Canada-US, Canada-France, Canada-Europe, Canada-Commonwealth, Canada-Francophonie. Mon appartenance au GAPCI n'était donc pas exclusive, mais je décidai alors d'y être particulièrement actif.

C'est depuis ce poste que je fus rivé sur les négociations de Camp David de juillet 2000, pendant lesquelles, sous la gouverne active du Président Clinton, Israéliens et Palestiniens tentèrent d'en arriver à un accord. Et ils ont failli y parvenir.

Mais c'était sans compter l'inhabilité de Yasser Arafat de passer du rôle de « libérateur » à celui d'homme d'État. Gérer les écoles, les routes et les égouts, c'est pas mal moins sexy que de libérer les terres moyen-orientales de l'occupation des Juifs.

Depuis, une école révisionniste s'est mise en branle pour réécrire l'histoire et attribuer la responsabilité de l'échec aux Israéliens.

Mes nombreux interlocuteurs palestiniens dans leurs conversations officielles (*off the record*, leur version est bien différente…) vont même jusqu'à nier l'importance des offres du Premier ministre israélien de l'époque, Éhoud Barak.

Pourtant, les acteurs de cette conférence sont d'accord pour affirmer que le Premier ministre israélien a bel et bien offert aux Palestiniens un État souverain et indépendant. Que cet État aurait été constitué de 100 % de la Bande de Gaza et de 95 à 97 % de la Cisjordanie. Qu'une enveloppe de 30 milliards de dollars aurait été amassée pour indemniser les réfugiés de 1948, ceux qui ont cherché refuge dans les pays voisins lors de la Première guerre israélo-arabe. Et que la capitale de cet État palestinien serait à Jérusalem!

« *Un crime contre les Palestiniens* ». C'est ainsi que l'Ambassadeur saoudien d'alors à Washington, le Prince Bandar, a qualifié le refus de Yasser Arafat d'accepter l'offre de Barak. Bandar était bien placé pour savoir ce qui se passait dans les négociations puisqu'il y jouait un rôle de facilitateur.

Sous le règne de Bill Clinton, Yasser Arafat fut reçu à la Maison-Blanche plus souvent qu'aucun autre leader étranger. Clinton a mis à contribution tout le prestige du Bureau ovale pour trouver une solution au conflit. Le Président américain avait fait tous les efforts possibles pour arracher un accord aux parties. Mais Arafat a continué de refuser tout compromis. Le Président Clinton, lui aussi, n'eut d'autre choix que de faire porter l'ensemble du blâme de l'échec par Arafat.

Malheureusement, Camp David n'était pas un précédent. Les Palestiniens ont refusé à de nombreuses reprises la solution des deux États. Ce n'est évidemment pas parce qu'ils ne veulent pas d'un État palestinien, mais plutôt parce qu'ils ne veulent pas d'un État juif au Proche-Orient[34].

Le nœud du problème, c'est que depuis le début, les Palestiniens ont été convaincus qu'ils allaient venir à bout d'Israël, d'une façon ou d'une autre. Dans ces conditions, à quoi bon faire des compromis aujourd'hui, si on est convaincu de faire disparaître Israël demain?

Ceci a d'ailleurs amené le « nouvel historien[35] » israélien Benny Morris à affirmer, en décembre 2010, que :

« *Les dirigeants palestiniens laïcs expriment la volonté de trouver une solution à deux États, mais conçoivent un tel résultat comme intermédiaire et temporaire. Ils parlent de deux États, un arabe palestinien en Cisjordanie, à Gaza et à Jérusalem-Est et un autre État dont la population serait juive et arabe et qui, selon eux, finirait par devenir à majorité arabe dans une ou deux générations par voie de procréation arabe (le taux de natalité arabe palestinien est à peu près le double de celui des Juifs israéliens) et par le "retour" des Palestiniens avec le statut de réfugié. C'est pourquoi les dirigeants du Fatah, dirigés par l'Autorité nationale palestinienne, Mahmoud Abbas, rejettent catégoriquement la formule clintonienne de "deux États pour deux peuples" et refusent de reconnaître "l'autre" État, Israël, comme un "État juif". Ils espèrent que cet "autre" État sera "arabisé" avec le temps, ouvrant ainsi la voie à la fusion éventuelle des deux États temporaires en un État à majorité arabe palestinienne entre le fleuve et la mer[36] ».*

Une des difficultés que je devais affronter, c'était l'opinion de mes propres collègues députés du Bloc québécois.

Œuvrant sur la scène fédérale, le Bloc était en effet amené à se prononcer régulièrement sur la question israélo-palestinienne. En 2000, les positions du Bloc en Affaires étrangères étaient surtout le fait de Francine Lalonde et de Gilles Duceppe lui-même, qui a toujours pris très au sérieux les questions internationales et diplomatiques. Pour lui, comme souverainiste, il s'agissait ni plus ni moins que de poser les jalons d'une éventuelle politique étrangère québécoise.

J'eus donc à ferrailler à maintes reprises avec mes collègues du caucus, eux qui sont très représentatifs de la majorité québécoise et conséquemment, pour une bonne part d'entre eux, propalestiniens. Je dois dire que la grande majorité d'entre eux tenaient des propos sensés et réfléchis et le chef donnait à cet égard un exemple de rigueur et de leadership qui a permis au Bloc québécois de défendre une position relativement équilibrée sur cette question pendant de nombreuses années[37].

Je me faisais cependant un devoir d'amener des faits absents des médias québécois et canadiens et d'amener un éclairage nouveau sur la situation au Proche-Orient. Il me fallait d'abord et avant tout combattre l'idée fausse et trop largement répandue voulant que les Juifs aient volé leur terre et leur pays aux Palestiniens.

J'y reviendrai plus loin, mais une chose est certaine, peu de peuples ont fait face à autant d'adversité dans leur histoire que les Juifs. Encore aujourd'hui, les Israéliens doivent vivre avec la menace constante de roquettes, d'attentats et de puissances régionales dont l'objectif avoué est d'annihiler l'État juif.

Mais quelle résilience! Quelle volonté de vivre malgré tout le plus normalement possible! Lors de mon second séjour, alors que les attentats se multiplient, les nombreux Israéliens que je rencontre dans la rue, au restaurant, dans les magasins nous remercient de notre présence, nous offrent des rabais, nous invitent à la maison.

Ils veulent ainsi non seulement partager leurs douleurs, leurs craintes et leurs espoirs, mais aussi nous démontrer qu'ils veulent continuer à vivre. À grandir. À construire. Sur cette terre qui est la leur.

J'en suis revenu encore plus impressionné par ce peuple tenace et intelligent. Et déterminé à faire le contrepoids, dans la mesure de mes modestes moyens, à une vision vaguement – et quelques fois clairement – anti-israélienne du conflit.

J'étais devenu, par admiration et par sympathie pour le peuple israélien, un sioniste actif.

Tout au long de cette découverte d'un peuple et de son pays, en approfondissant mes connaissances historiques, culturelles et géopolitiques, la question de la religion pointait sans cesse le bout du nez. J'étais intrigué par cette religion et par le lien qu'elle établissait entre les Juifs de partout, les pratiquants comme les non-pratiquants et par cet attachement d'un peuple à une histoire qui a débuté il y a des milliers d'années.

Avocat (deux fois plutôt qu'une), énarque, député, marié à une femme extraordinaire, père de jumeaux en bonne santé et heureux, j'étais comblé tant sur le plan professionnel que sur le plan personnel.

Vu de l'extérieur, je réussissais ma vie et j'avais tout ce qu'il fallait pour être heureux. Pourtant, malgré tout cela, quelque chose me manquait, il y avait un vide minuscule qui grandissait, qui grandissait de plus en plus.

Il y avait un manque dans ma vie.

7. Conversion

Ma conversion au judaïsme, bien que couronnant un processus long, sérieux, complexe et rigoureux, n'est pas un aboutissement, mais un départ, un départ vers je ne sais quoi exactement.

Je ne sais pas encore expliquer complètement pourquoi moi, un Québécois de souche, né et élevé dans une famille catholique pratiquante, devenu plus tard agnostique, voire cynique, suis retourné vers Dieu, non pas en tant que chrétien, mais en tant que Juif.

Lors de mon retour en Israël en septembre 2003, mon troisième séjour dans ce pays, je sens que quelque chose se passera, mais je ne sais pas encore quoi.

J'y suis avec quelques collègues députés dans le cadre d'un programme original du Comité Canada-Israël jumelant de jeunes parlementaires avec de jeunes leaders de la communauté juive.

Je « connecte » avec Israël comme jamais. Je me sens à l'aise comme jamais. J'ai l'impression de retourner, en quelque sorte, à la maison. Comme si cet endroit m'appartenait et comme si j'appartenais à cet endroit.

Après un shabbat particulièrement spécial, je vécus une cérémonie de *havdallah*[38] exceptionnellement émouvante.

Les prières – pourtant en hébreu – me touchent. Les mélodies m'émeuvent. Les rituels centenaires viennent chercher quelque chose de très profond en moi, quelque chose qui dormait. Que je croyais mort.

Le fait que cette cérémonie ait lieu à Jérusalem, à l'extérieur, avec une vue magnifique sur les murailles de la Vieille Ville ne peut qu'ajouter à la puissance de ce que je ressens.

Je décide alors non pas de me convertir au judaïsme, mais d'explorer la possibilité de me convertir.

Retour à la maison. Je profite de l'absence de nos fils jumeaux pour discuter de ma décision d'explorer la possibilité de me convertir au judaïsme avec mon épouse Lori. Elle est, bien sûr, au courant de mon intérêt pour la civilisation judaïque, mais elle est très surprise de ce que je lui dis. Elle est tellement contente qu'elle en pleure.

Plusieurs pensées m'occupent. Certaines théologiques, d'autres pratiques.

D'abord, je ne sais pas à quel moment exactement mon agnosticisme fut relégué aux oubliettes de ma conscience, ni à quel moment ma croyance en Dieu s'est réinstallée au centre de mes préoccupations.

À dix-sept ans, capable de me libérer de l'obligation que me faisaient mes parents d'aller à la messe tous les dimanches, j'avais quitté l'Église, sa théologie et la pratique de la religion catholique. Je m'étais senti libéré, libéré d'une religion que je ne sentais pas mienne, senti libre de professer mes propres croyances – ou plutôt mon incroyance.

Maintenant, je m'apprêtais à retourner à la religion.

Les questions fondamentales, existentielles se bousculent dans ma tête. Est-ce que me convertir au judaïsme veut dire rejeter ma famille, mes amis, mon histoire, mon peuple, voire une partie de moi-même?

Comment ma famille et en premier lieu mon père, fervent catholique, réagiront-ils? Rejeter le catholicisme ne pourrait-il pas être compris par mon père comme un rejet de lui?

Et que dire des conséquences politiques? Bien que le Québec ne soit pas (plus?) un État catholique, il n'en demeure pas moins que l'Église catholique fait partie de la matrice de la société québécoise.

L'Église a eu une telle influence sur le Québec que la question de la personnalité catholique de celui-ci se posait – et avec d'autant plus d'acuité que j'étais député d'une formation politique dont le mandat premier est la défense et le rayonnement du caractère unique du Québec et de ses valeurs.

Coïncidence ou pas, peu de temps après mon retour d'Israël, je rencontre mon premier guide spirituel juif au Parlement lors d'un événement très spécial.

En effet, j'étais alors porte-parole du Bloc dans le dossier du mariage des conjoints de même sexe. À ce titre, j'avais été invité à une conférence de presse de la *Coalition canadienne des rabbins libéraux en faveur du mariage des conjoints de même sexe*[39]. Un des principaux porte-parole de ce groupe était le rabbin Steven H. Garten.

Tout de suite après la conférence de presse, j'approche le rabbin Garten et lui demande une rencontre privée. Ce qu'il m'accorde immédiatement.

Quelques jours plus tard, je vais à sa synagogue, Temple Israel, une synagogue réformée (c.-à-d. de l'aile libérale du judaïsme) à Ottawa. Il m'accueille très chaleureusement. Je lui parle de mon désir d'explorer la possibilité de me convertir au judaïsme. Il me pose plusieurs questions sur qui je suis, ma situation familiale, mes croyances religieuses, etc.

Il me demande alors de faire deux choses : de m'inscrire à des cours d'introduction au judaïsme offerts par sa synagogue et de fréquenter celle-ci lors des shabbats.

Je m'inscris donc à des cours qui peuvent mener – si tel est le désir de l'étudiant – à la conversion, mais la conversion dans le mouvement réformé, libéral du judaïsme.

De plus, l'étudiant peut très bien décider, pendant ou après ces cours, de ne pas se convertir.

Bien que non-pratiquante, Lori participe à ces cours qui se révèlent hyper intéressants. Le rabbin Garten est en effet un des meilleurs enseignants qu'il m'a été donné de rencontrer et d'écouter. Il est drôle, érudit, moderne et me pousse toujours plus loin dans ma réflexion.

Mes compagnons de classe sont pour la plupart des jeunes gens qui veulent se marier à quelqu'un de confession juive et qui ont déjà décidé de se convertir, ce qui me place dans une situation différente, puisque je n'ai pas encore décidé de me convertir et que je suis déjà marié depuis plusieurs années avec une Juive.

Un mot s'impose ici. Le judaïsme est une religion qui n'encourage pas le prosélytisme, qui ne cherche pas à convertir les gens et à amener des non-juifs à devenir juifs. Le judaïsme ne cherche pas de nouveaux membres.

Ainsi que l'a dit le rabbin Rivon Krygier lors de sa conférence à la cathédrale Notre-Dame de Paris le 21 mars 2010 : « *le judaïsme rabbinique – qu'on taxe souvent d'ethnocentrique – part d'un point de vue plus universel puisqu'il a assez tôt et globalement admis qu'existaient des voies de salut efficaces hors conversion au judaïsme, notamment du fait de la notion talmudique de justes parmi les nations, qui s'applique à tout homme de bonne volonté agissant avec droiture, notamment au sein du monde chrétien ou musulman*[40]».

Cette attitude est radicalement différente du christianisme et de l'islam. Ces deux dernières religions se considèrent comme détentrices de la Vérité absolue et exclusive. Leurs croyants seront donc récompensés après la mort et ceux qui ne le sont pas n'obtiendront pas le salut éternel.

Ceci donne donc un caractère missionnaire à ces deux grandes religions. Les chrétiens et les musulmans veulent convertir les non-croyants à leur religion avec comme but ultime, de la faire accepter à toute l'humanité. L'histoire du Québec est remplie d'aventures de missionnaires catholiques d'abord auprès des Premières Nations, et plus tard en Afrique, en Asie et en Amérique latine.

Le judaïsme, quant à lui, n'enseigne pas que seuls les Juifs peuvent obtenir l'amour et le salut de Dieu. Les Juifs n'ont aucune obligation de convertir les non-juifs. En ce sens, le judaïsme est beaucoup plus universaliste que ne le sont le christianisme et l'islam.

Un important courant du judaïsme veut que le candidat à la conversion au judaïsme doive être rejeté 3 fois avant d'être accepté.

De plus, la conversion au judaïsme comporte deux aspects : (1) devenir membre du peuple juif et (2) accepter la religion juive.

L'exemple biblique le plus connu est celui de Ruth, convertie qui, selon la tradition juive, sera l'arrière-grand-mère du roi David et donc aussi, selon la tradition chrétienne, une ancêtre de Jésus. Ruth, une Moabite, lorsqu'elle eut à choisir son destin, à choisir de joindre le peuple d'Israël ou pas, répondit à sa belle-mère juive Néomie : « *Ton peuple sera mon peuple, et ton Dieu sera mon Dieu*[41] », ce qui montre bien le caractère dualiste du judaïsme : la nécessité de joindre le peuple juif et d'accepter la religion juive.

Le processus que j'ai suivi moi-même incluait notamment près d'un an d'études intensives, de cours, d'analyses et des critiques de livres, de même qu'un examen écrit.

Il incluait aussi la fréquentation régulière de la synagogue lors des shabbats et des fêtes religieuses. Bien qu'une partie importante des services soit en hébreu, qu'à l'époque je ne comprenais pas, je ne lisais pas, je ne parlais pas, j'y ai rapidement pris goût, m'y suis rapidement senti à l'aise. L'hébreu, langue sémitique à des années-lumière du français, résonnait en moi, me *parlait*. Et les mélodies me semblaient étrangement familières.

En mai 2004, j'avais terminé ces premières étapes. Mais avant de passer devant un tribunal (*Beth Din*) pour (presque) terminer ma conversion, j'ai décidé de prendre l'été pour bien réfléchir à une décision qui pouvait potentiellement changer ma vie complètement.

Je voulais bien peser les pour et les contre, les implications professionnelles, familiales, personnelles. Et spirituelles.

Car ce n'est pas une décision que j'allais prendre à la légère.

Devenir juif au Québec, ça voulait dire devenir membre d'une communauté envers laquelle une importante partie de la société québécoise entretient une certaine méfiance. Et une méconnaissance certaine.

Je ne voulais rien rejeter de ce qui faisait de moi un fier Québécois. Au contraire, je voulais ajouter à ce que j'étais quelque chose de merveilleux. Je ne m'enfuyais pas de moi – ou d'une partie de moi –, mais plutôt j'embrassais un élément qui, bien que différent, correspondait à ce que je croyais au plus profond de mon âme. J'ajoutais quelque chose qui me rendait plus complet.

Au Québec, le changement de religion est un phénomène assez rare. La relative rareté de ce geste s'explique probablement par la prédominance écrasante de l'Église catholique.

Aux États-Unis, c'est beaucoup plus fréquent.

En effet, selon une étude publiée par *The Pew Forum on Religion and Public Life* le 28 février 2008[42,] 44 %[43] des Américains ont quitté la religion de leur enfance pour une autre ou l'ont simplement abandonnée pour aucune autre.

Mon geste est donc rare dans un contexte québécois, mais assez fréquent à l'échelle nord-américaine.

Je voulais devenir juif, adopter cette tradition mêlant particularisme et universalisme, cette pensée qui a donné au monde l'idée du Dieu unique, cette vieille religion qui a donné naissance au christianisme[44] et à l'islam, cette philosophie qui m'attirait par l'emphase qu'elle place sur l'importance de la famille, de l'entraide, du questionnement et de l'intelligence.

Après avoir passé de nombreuses années dans l'indifférence religieuse, passant d'un agnosticisme curieux à un athéisme militant, j'étais prêt à me réconcilier avec Dieu. J'avais besoin de spiritualité. J'avais besoin de sens. Et je trouvais cela dans le judaïsme.

Ma redécouverte de la religion se fit à un niveau beaucoup plus profond que mes années d'études catholiques quand j'étais enfant, adolescent et jeune adulte.

L'idée de baser mes croyances, voire ma vie, sur la Torah m'attirait.

L'insistance que met le judaïsme sur ce texte sacré, son interprétation, sur la discussion entre l'Homme et Dieu à travers l'étude de ce texte répondait à mon besoin de spiritualité et de débat intellectuel.

De plus, j'étais attiré par le côté concret du judaïsme.

Certaines religions offrent des méthodes pour échapper aux souffrances et aux limitations de l'existence physique.

D'autres religions offrent l'espoir d'une vie meilleure après la mort.

Le judaïsme met plutôt l'accent sur cette vie, ici, maintenant. Sur l'importance de vivre une vie morale, selon des règles édifiées pour aider à le faire.

Le judaïsme ne me demandait pas simplement de croire. Il me demandait de questionner les textes, d'argumenter avec ceux-ci (de même qu'avec ceux et celles qui me les expliquent et enseignent).

Et le doute – y compris sur l'existence même de Dieu – est non seulement accepté, mais même encouragé.

C'est ainsi que, lorsque viendrait le temps de choisir mon nom hébreu, celui qui allait être le mien à la synagogue, je connaissais mon choix d'avance : *Yisrael. Yisrael ben Avraham*[45].

Israël, qui signifie « *celui qui lutte avec Dieu.* »

Parce que, bien que sachant que j'avais trouvé ma maison religieuse, bien que j'aie choisi ma tradition religieuse, je savais que j'allais passer le reste de ma vie à douter, à questionner, à argumenter.

Mais j'avais maintenant une appartenance religieuse qui encourageait cela.

Bref, comme Ruth dans la Bible, je pouvais dire à ma femme, à mes enfants, à ma communauté « *Où tu iras, j'irai, où tu demeureras je demeurerai; ton peuple sera mon peuple, et ton Dieu sera mon Dieu.* »

Ceci étant dit, je n'ai jamais cru – et ne crois toujours pas – que l'être humain a nécessairement besoin de Dieu. Quelqu'un peut très bien être agnostique, voire complètement athée, et vivre heureux. Quelqu'un peut rejeter complètement la notion de l'existence de Dieu et être une très bonne personne, une personne morale. Bref, être croyant ne rend pas meilleur.

Mais mon choix à moi étant définitivement fait, il me restait trois épreuves à passer. D'abord, le tribunal religieux, le *Beth Din*. Celui-ci est normalement composé de rabbins (ou quelques fois de leaders de la communauté juive), bien au fait des traditions juives.

Le but de l'audience n'était pas de vérifier le niveau de mes connaissances. Ceci est présumé dû au fait que j'avais passé les épreuves précédentes. Le *Beth Din* cherchait, comme c'est son rôle, à connaître mes motivations. Est-ce que je sais qu'être juif signifie faire partie d'un groupe persécuté à travers les âges? Que certaines choses que je faisais avant me seront dorénavant interdites? Est-ce que je réalise les conséquences de ma décision? Bref, est-ce que je sais dans quoi je m'embarque?

Les questions, très personnelles, me mettent mal à l'aise. J'ai toujours été, en effet, une personne plutôt réservée face à ma vie privée, mes pensées intimes.

Qu'est-ce qui m'a amené, moi, à faire ce choix? Qu'en pense votre famille? Votre père est un catholique pratiquant? Ne risquez-vous pas de le blesser en devenant juif? Ne craignez-vous pas une rupture avec lui? Et vos amis? Surtout qu'à Québec, leurs interactions avec les Juifs sont somme toute limitées.

Vous êtes député? Avez-vous pensé aux conséquences professionnelles? Vos commettants accepteront-ils d'être représentés par un Juif, ouvertement sioniste en plus? Qu'allez-vous changer concrètement dans votre vie en devenant juif?

Après environ une heure d'entretien, je suis excusé. Je me retire. Dix à quinze minutes plus tard, on m'apprend que je suis accepté. Quel sentiment de soulagement! Et de bonheur!

Quelques jours plus tard, je me soumis à l'épreuve chirurgicale, de laquelle j'avais une peur bleue. En effet, pour être juif, il faut être circoncis. Et je ne l'étais pas. J'en ai conclu qu'il valait mieux subir cette opération à 8 jours qu'à 34 ans…

Finalement, je dois aller au bain rituel, au mikvé, une façon symbolique de représenter la renaissance d'un converti. Il faut y entrer comme on est né : nu, sans bijoux, sans verres de contact, sans maquillage.

On s'y immerge, et on y récite des prières. M'y immerger était une façon de me laver (symboliquement, bien sûr) de mes croyances antérieures et de rentrer dans le monde comme entre un nouveau-né. Je suis entré dans le mikvé sans religion et en suis ressorti attaché à une tradition vieille de 4000 ans.

J'en suis ressorti juif.

Le judaïsme est-il une question de foi? De croyance en Dieu? De traditions? D'histoire et d'héritage? La réponse est oui à tout cela. Il y a plusieurs façons d'être juif. Le judaïsme de la foi et celui de l'héritage sont tous les deux valides.

L'unité qui semble, de l'extérieur, être une qualité du peuple juif est en fait bien fragile. La société juive est traversée de plusieurs courants, qu'ils soient religieux, philosophiques ou politiques. Et ces courants peuvent se combattre férocement.

Il y a en effet de fortes tensions entre les différents courants du judaïsme. Plusieurs Juifs orthodoxes considèrent que les Juifs non orthodoxes (c.-à-d. athées, laïques, conservateurs / *massortis*, réformés / libéraux) ne sont pas de vrais Juifs.

Et plusieurs Juifs non orthodoxes considèrent les orthodoxes comme des fossiles, des relents d'une époque révolue.

Le judaïsme est divisé entre quatre grandes tendances, quatre grands mouvements.

Le mouvement orthodoxe (lui-même divisé entre hassidisme, mitnagdisme et orthodoxe-moderne) est le plus strict et se sent absolument lié par la Loi juive (appelée *halakha*) telle que développée au long des siècles.

Avec les Lumières, et la sortie des ghettos auxquels ils étaient confinés, les Juifs ont été exposés à des idées nouvelles, différentes. Au 19e siècle, plusieurs ont alors décidé d'adapter le judaïsme à la société moderne, de le réformer, d'où la naissance du judaïsme réformé (appelé aussi libéral). Ce judaïsme postule que la Loi juive est plus indicative qu'obligatoire, notamment en ce qui touche le rôle des femmes, l'obligation de manger casher et l'utilisation d'objets de culte.

Un peu plus tard, certains penseurs juifs, ne voulant pas retourner à l'orthodoxie, mais inconfortables avec l'étendue des changements effectués par les réformistes, ont créé le mouvement conservateur (appelé aussi *massorti*), à mi-chemin entre l'orthodoxie et le judaïsme réformé. Les juifs conservateurs se sentent liés par la *halakha* mais une *halakha* évolutive.

Il existe aussi un mouvement, principalement aux États-Unis, qui s'appelle le judaïsme reconstructionniste. Son fondateur, le rabbin Mordechaï Kaplan, voyait le judaïsme plus comme une civilisation que comme une religion au sens traditionnel.

La majorité du monde juif aujourd'hui n'est pas orthodoxe. En Amérique du Nord, le mouvement le plus important en termes d'adhérents est le judaïsme réformé[46], suivi du judaïsme conservateur.

Ma conversion étant libérale, je n'étais pas considéré réellement juif par le mouvement orthodoxe. Pour eux, bien que j'aie bel et bien quitté ma religion maternelle, je n'étais pas juif parce que ma conversion n'avait pas eu lieu selon les critères plus stricts de l'orthodoxie et que le rabbin qui avait présidé à celle-ci était un rabbin réformé. J'étais donc dans une sorte d'entre-deux inconfortable.

Comme la synagogue de Québec, où j'allais régulièrement, est orthodoxe, il devenait de plus en plus frustrant d'y aller et ne pas pouvoir faire partie du quorum de 10 hommes (appelé *minyan*) nécessaire à la prière – qui est essentiellement collective dans le judaïsme.

De plus, devenant de plus en plus traditionnel dans ma pratique, j'ai décidé de tâter la possibilité de me convertir selon les critères orthodoxes.

Après plusieurs mois d'études et, surtout, de discussions avec les rabbins orthodoxes Sultan de la synagogue de Québec, Bulka d'Ottawa, et Joseph et Poupko de Montréal (un vrai projet de groupe!), je suis repassé devant un *Beth Din* orthodoxe à Montréal, j'ai reçu une circoncision symbolique (c'est presque du fétichisme, pour reprendre l'expression du comique juif converti Yisrael Campbell dansson spectacle hilarant[47]...) et je suis replongé dans le mikvé. Et je suis devenu juif aux yeux du monde juif tout entier.

Plusieurs personnes, au cours des années, m'ont demandé si j'ai été bien accueilli au sein du peuple juif, si le fait que je sois né Québécois d'origine canadienne-française m'avait causé des problèmes.

Pas du tout. Aucunement.

Au contraire, plusieurs personnes nées juives ont commenté ma passion d'être juif, passion qui transpire de chaque pore de ma peau.

8. Mon *coming out*

Jusqu'en novembre 2005, j'avais gardé mon cheminement spirituel pour moi et mes proches. Je n'avais aucunement publicisé ma conversion, considérant qu'il s'agissait de ma vie privée.

Mais une religion ne se pratique pas seul, en vase clos. Depuis plusieurs mois, je fréquentais l'unique synagogue de Québec et une des synagogues d'Ottawa.

J'étais alors un personnage public. Bien entendu au Québec, en français. Mais aussi au Canada en anglais, puisque j'étais la voix du Bloc dans la langue de Shakespeare.

L'éditeur des pages éditoriales du *Ottawa Citizen*, Leonard Stern, membre de la même synagogue que moi à l'époque, m'approcha afin que j'écrive un texte pour la semaine d'éducation sur l'Holocauste, qui se déroule chaque année à Ottawa.

J'étais déchiré entre le désir de garder ma vie privée hors de la sphère publique, et l'occasion de livrer un témoignage important dans le cadre d'une activité qui me tenait à cœur.

Après mûre réflexion, je pris la décision que l'intérêt public devait primer et que si je pouvais faire ne serait-ce qu'une petite différence dans la lutte contre l'antisémitisme et contre le racisme, je devais le faire.

Je devais faire mon *coming out*.

Je me doutais bien qu'il y aurait des conséquences, bien des questions et sûrement quelques malentendus, mais je ne me serais jamais douté que j'allais plutôt essuyer des attaques féroces et mesquines, simplement parce que j'avais adhéré à une religion.

Le 9 novembre 2005, le *Ottawa Citizen* publiait donc mon texte intitulé *The Evil Lives On*. Dans ce texte, je mentionnais ma conversion au judaïsme et plongeai directement dans le débat sur l'antisémitisme et le racisme. J'y donnais de nombreux exemples concrets, au Canada, en France, aux États-Unis et dans le monde musulman.

Et puis, sachant que cela allait amener de fortes critiques, j'y allai d'une défense solide, mais toujours modérée, d'Israël. Pour la première fois, je me définissais sur l'enjeu du conflit israélo-arabe : je suis un sioniste propalestinien. Mais, contrairement à beaucoup, surtout au Québec, je suis sans gêne dans mon appui à un État juif au Proche-Orient.

Quelques extraits (ma traduction) :

« Bien sûr, l'État d'Israël n'est pas parfait, et devrait être critiqué comme n'importe quel autre pays. Je me définis comme un sioniste propalestinien. J'ai de fortes réserves sur la poursuite de la colonisation en Cisjordanie et la route de la barrière de sécurité. En fait, on retrouve des critiques semblables dans la presse israélienne. J'ai toujours été aussi un ardent promoteur d'un État palestinien indépendant aux côtés d'un État juif.

Cependant, je crois qu'Israël est continuellement soumis à un standard plus élevé que les autres pays. Pourquoi est-ce qu'Israël est le seul pays à être menacé d'un boycott universitaire alors que plusieurs autres pays ont un dossier bien pire, et de beaucoup, en matière de droits de la personne ?

Comme le chroniqueur de New York Times Thomas Friedman l'a écrit : « Critiquer Israël n'est pas faire de l'antisémitisme, et ce serait ignoble de prétendre une telle chose. Mais réserver à Israël l'opprobre et les sanctions internationales – hors de toute proportion par rapport à toute autre partie du Moyen-

Orient – relève de l'antisémitisme, et ne pas en convenir est malhonnête. »

Comme on peut voir, rien dans ce texte n'était extrémiste, ultrasioniste ou antipalestinien. Je restais toujours dans le *mainstream* du monde politique québécois et canadien.

Mais je n'acceptais pas qu'il y ait un double standard pour Israël – pas plus que je ne l'aurais accepté pour un autre pays. Tous les pays devraient être jugés selon les mêmes critères. Et, à cette échelle, Israël n'a pas à rougir, surtout comparé à ses voisins de la région. J'y reviendrai.

Ce texte correspondait tout à fait aux positions défendues par le Bloc à la Chambre des communes. Bien entendu, il y avait plusieurs députés de ma formation politique avec une sensibilité plus propalestinienne, mais je restais à l'intérieur des bornes bloquistes : deux États, un juif, un palestinien, vivant côte à côte à l'intérieur de frontières sûres et reconnues.

De plus, ce n'était pas la première fois que je prenais publiquement et solennellement position en faveur de la solution des deux États. Le mardi 9 avril 2002, lors d'un discours tenu[48] pendant un débat d'urgence sur la situation au Proche-Orient, j'avais énoncé quatre principes devant guider la recherche de la paix dans la région, à savoir : a) le droit inaliénable d'Israël d'exister dans des frontières sûres et reconnues; b) le droit des Palestiniens à un État viable et indépendant; c) il n'y a pas de solution purement militaire à ce conflit et d) le terrorisme est inacceptable .

C'est pourquoi l'attaque qui suivit me prit par surprise. Je m'attendais bien sûr à une réplique des milieux qui se disent propalestiniens. Pour eux, toute défense d'Israël est anathème, impensable. Pour ceux-là, aveuglés par une haine irrationnelle envers l'État juif, Israël est la racine du mal dans l'univers.

Mais leur réplique officielle est venue des rangs mêmes du

Bloc, par la voix d'une candidate officielle de mon propre parti (plus tard députée), Maria Mourani.

Mourani fit en effet le geste inusité d'attaquer publiquement, sur le site internet souverainiste Vigile, un collègue candidat, de la même formation politique, un collègue connu qui était souvent le porte-parole du Bloc sur de nombreuses tribunes.

Son attaque fut basse, personnelle et démagogique. Maria Mourani laissa entendre qu'avant ma conversion, je n'étais pas sensible au racisme, alors qu'une simple recherche sur internet lui aurait permis de découvrir toutes mes colonnes sur le sujet dans l'hebdomadaire *Le Charlesbourg Express* et tous les discours que j'avais prononcés à la Chambre des communes.

Elle aurait pu lire, par exemple, mes commentaires défendant les musulmans du Québec et du Canada au lendemain des attentats du 11 septembre 2001. Elle aurait pu apprendre que parmi tous les élus municipaux, provinciaux et fédéraux de la région de Québec qui avaient été invités par le Centre communautaire musulman de Québec pour célébrer l'*Aïd El Fiter*, seuls mon collègue Roger Clavet (dans la circonscription duquel le Centre musulman se trouvait) et moi y étions allés.

Elle aurait pu découvrir que mes vœux publics pour les Fêtes s'adressaient aux chrétiens pour Noël, aux Juifs pour *Hanoukkah*, et aux musulmans pour le ramadan.

Mais non, pour elle, il valait mieux faire fi de tout cela, car pour elle, défendre l'État d'Israël semble constituer une sorte de crime qui efface tout le reste.

Maria Mourani continua son texte en mettant dans la même catégorie les sionistes (qui croient simplement que les Juifs, comme tous les autres peuples de la terre, ont droit à un État) et les antisémites.

Et elle termina son texte en défendant Dieudonné dont

l'antisémitisme notoire, les liens grandissants avec le Front National de Jean-Marie (et maintenant Marine) Le Pen et les condamnations judiciaires en ont fait une personnalité infréquentable en France.

La virulence des débats au Québec sur tout ce qui touche Israël m'a surpris dès le début. Le principal sujet sur lequel j'avais débattu avant cela, c'était la souveraineté du Québec. Or, ce n'est pas un sujet anodin. On parle de la naissance d'un nouveau pays francophone en Amérique du Nord. De la rupture avec un pays du G8, avec un niveau de vie élevé et une démocratie mature et établie. D'un changement géopolitique majeur. Ce n'est pas rien.

Pourtant, les débats, bien qu'animés, se font autour d'une bonne bière, d'un bon repas, dans les soirées familiales ou entre amis. Et, après le débat, on passe à la performance du Canadien lors de son dernier match ou au dernier film qu'on a regardé.

Ce n'est pas la même chose lorsqu'on touche au conflit israélo-arabe. J'ai été renversé par la malice, par la hargne avec lesquelles les soi-disant propalestiniens d'ici abordent ce sujet. C'est dommage. Et révélateur, encore une fois.

9. Faire une différence

En 2006, malgré une organisation solide, un financement important, une campagne de terrain efficace et, à mon humble avis, un travail de député plus que respectable, je perdis l'élection.

Je perdis face à un Conservateur alors inconnu, ex-candidat à l'investiture péquiste dans un comté voisin, un candidat qui n'habitait même pas le comté. J'ai trouvé ça cruel, personnellement, mais à l'évidence, je n'étais pas personnellement en cause. Tous les candidats bloquistes de la région de Québec, sauf une, perdirent aussi leur élection. Les Conservateurs de Stephen Harper y établirent donc une tête de pont.

Et firent de moi un chômeur!

Après 9 ans de vie politique active, 9 ans de vie fascinante, exigeante, mais ô combien satisfaisante, me revoilà sur la liste des agents libres. Comme je l'ai dit plus tôt, il y avait là une grande leçon d'humilité.

Quelques mois auparavant, alors que le départ de Bernard Landry de la chefferie du Parti québécois lançait des spéculations intenses sur une éventuelle tentative de Gilles Duceppe de devenir chef du Parti québécois, j'étais considéré par certains comme un candidat crédible pour succéder au chef bloquiste. Et là, je me retrouvais soudainement devant rien!

Le passage de la vie politique à la vie civile est toujours difficile. Il l'est d'autant plus si ce passage est, disons... involontaire. Je me mis donc tranquillement à la recherche d'un emploi. À 35 ans, j'étais trop jeune pour prendre ma retraite. Surtout que, contrairement à certaines fabrications, je n'allais pas toucher ma pension de député fédéral avant encore 20 ans.

Très rapidement cependant, certaines offres me parviennent. Certaines du milieu politique. D'autres non. Je croyais cependant que je devais m'éloigner – ne serait-ce qu'un peu – de la politique active pour un temps, d'autant plus que j'envisageais de me présenter sous la bannière du Parti québécois à l'élection provinciale qui avançait à grands pas.

J'avais besoin d'un peu de recul, ce que le feu roulant de la politique ne permet que trop rarement. Pourtant, un peu de recul, c'est nécessaire pour quiconque. Chaque personne est différente. Chacun est à la recherche, dans sa vie professionnelle, d'une satisfaction quelconque. Cela peut être le salaire. Ou les heures de travail flexibles. Ou le prestige qui y est associé. Pour moi, l'important c'est le sentiment de pouvoir faire une différence. De travailler pour mes convictions.

J'acceptai ainsi de collaborer comme analyste avec certains médias. Et surtout de travailler avec deux organismes que je respectais beaucoup : le Comité Canada-Israël (CCI)[49] et le Centre Simon Wiesenthal.

J'ai déjà mentionné le CCI dans ces pages. J'y reviendrai simplement pour dire qu'il m'aurait été très difficile de dire non. D'abord parce que cet organisme a toujours eu une excellente réputation. J'en avais fait l'expérience alors que j'étais député. Puis, parce qu'à sa tête se trouvait un homme exceptionnel qui a eu un impact énorme dans ma vie et ce, à plusieurs niveaux : Shimon Fogel.

J'acceptai donc de travailler comme consultant avec le CCI, sachant que cela m'amènerait à voyager en Israël et surtout, que cela me permettrait de garder mes multiples contacts dans les milieux politiques et médiatiques du Québec et du Canada.

C'est alors que j'ai pu constater de façon très claire, qu'il y avait, dans la classe politique canadienne, un très large consensus sur le Proche-Orient.
Bien sûr, il y a malheureusement quelques exceptions telles

que Richard Nadeau[50] et Maria Mourani du Bloc, de même que Libby Davies[51] et ses alliés du NPD qui n'en font pas partie. Et qui, en se faisant, s'automarginalisent sur cet enjeu.

Mais, de façon générale, la position canadienne estime :

a) qu'Israël est une démocratie alliée du Canada, que l'État juif a le droit d'exister à l'intérieur de frontières défendables, sûres et reconnues;

b) que les Palestiniens ont le droit à un État indépendant, viable, démocratique et pacifique à côté (pas à la place) d'Israël.

C'est la position canadienne depuis des décennies et le Parti conservateur, le Parti libéral, le Bloc québécois et le Nouveau Parti démocratique s'inscrivent tous dans cette mouvance. On peut dire que, sur le Proche-Orient, il s'agit de variations sur le même thème.

Ceci étant dit on peut affirmer aussi, sans avoir peur de se tromper, que les Conservateurs sous Harper, en termes de clarté, de ton et d'attachement à des principes, ont affiché haut et fort leur amitié et leur attachement à l'État d'Israël[52].

Que ce soit pendant la Deuxième Guerre du Liban à l'été 2006, pendant la réunion de la Francophonie suivant celle-ci (où une motion ne déplorant que les victimes libanaises du conflit – négligeant les victimes israéliennes – a été heureusement bloquée par le Canada), pendant les tractations sur la Conférence de l'ONU sur le racisme (communément appelée *Durban* 2[53]), pendant le conflit de Gaza durant l'hiver 2008-2009, Israël a pu compter sur le Canada.

L'État juif nous en est très reconnaissant. Et il accorde maintenant une importance beaucoup plus grande à l'avis du Canada, redonnant à celui-ci une influence sur la suite des choses qu'il avait perdue au cours des années.

En effet, le Canada a maintenant plus d'influence au Moyen-Orient qu'il n'en avait avant l'élection du gouvernement Harper. Les différents acteurs de la région portent maintenant plus d'attention à ce que dit et fait Ottawa qu'auparavant, même si certains d'entre eux (surtout du côté arabe…) ne voudront pas l'admettre publiquement, bien qu'ils le fassent en privé.

Ceci a fait en sorte, entre autres, que contrairement à ce qui était le cas depuis longtemps au Canada, les Libéraux n'ont plus le quasi-monopole sur le vote des Juifs au Canada. Les Conservateurs, avec en tête Stephen Harper, Stockwell Day et Jason Kenney, ont fait des percées importantes dans ce secteur de l'électorat.

Ceci étant dit, au contraire de l'image simpliste qu'en véhiculent les mouvements anti-Israël au Canada, les Conservateurs n'ont jamais non plus adopté une position antipalestinienne. À preuve, ils ont offert une aide de 300 millions de dollars sur 5 ans aux Palestiniens, une aide d'une ampleur sans précédent dans l'histoire du Canada envers le peuple palestinien.

En fait, en mai 2009, alors qu'il était en visite officielle à Ottawa, le Président palestinien Mahmoud a affirmé avoir une « *haute appréciation* » pour le soutien canadien au processus de paix et ses « *contributions généreuses* » en matière d'aide humanitaire, à travers les Nations Unies[54].

De plus, sur tous les sujets abordés ci-dessus, le gouvernement Harper a pu compter sur l'appui d'un ou de plusieurs partis d'opposition. En effet, les Libéraux ne sont pas non plus dépourvus d'alliés d'Israël dans leurs rangs. Ils peuvent entre autres compter sur un très actif groupe appelé « les amis libéraux d'Israël, » qui inclut des parlementaires de même que de nombreux militants provenant d'un bout à l'autre du Canada.

Le NPD aussi, bien qu'ayant une frange radicale, a dans ses rangs des connaisseurs et des amis d'Israël tant sur la scène fédérale (tels que le fougueux et habile Thomas Mulcair, Pat Martin, Peter Stoffer et d'autres), que sur les scènes provinciales. Les ailes manitobaine et néo-écossaise (notamment le Premier ministre Darrell Dexter, que j'ai eu l'occasion d'accompagner en Israël et qui est depuis un ami personnel) de ce parti jouent un grand rôle en ce sens.

J'y reviens parce que c'est important : il n'y a aucune nécessité d'adopter une position manichéenne par rapport au Proche-Orient. Le Canada peut être à la fois un solide allié d'Israël, construire avec ce pays avec qui nous avons tant de valeurs communes une relation profonde, tout en restant ami avec les Palestiniens, en continuant de les aider et de les soutenir vers leur accession souhaitée à une indépendance pacifique.

J'acceptai aussi de collaborer avec les Amis canadiens du Centre Simon Wiesenthal (CSW), qui est basé à Los Angeles, avec des bureaux à New York, en Floride, à Toronto, à Paris, à Buenos Aires et à Jérusalem. Il s'agit d'un centre juif international engagé dans la lutte contre l'antisémitisme, le racisme, la haine, le terrorisme et la promotion des droits de la personne à travers le monde. Le CSW est accrédité auprès de nombreuses organisations internationales telles que l'Organisation des Nations Unies et le Conseil de l'Europe.

Le Centre a à Los Angeles le superbe Musée de la Tolérance, voué à l'harmonie entre les différents groupes ethniques, principalement aux États-Unis. Ce musée occupe d'ailleurs une place importante dans l'excellent film *Freedom Writers*[55] (en français, *Écrire pour exister*), mettant en vedette Hillary Swank. Ce musée est visité par 350 000 personnes annuellement, y compris 130 000 étudiants. Le CSW a aussi une division, Moriah Films[56], qui produit d'excellents documentaires, couronnés de plusieurs Oscars.

Le CSW m'a approché pour organiser des conférences de presse et y présenter leur rapport annuel portant sur la haine sur internet.

L'internet a d'excellents côtés. C'est un instrument dont on ne pourrait plus se passer aujourd'hui. Mais cet outil extraordinaire a aussi un côté sombre. Ce qu'on y retrouve n'est pas toujours un progrès pour l'humanité. Il sert beaucoup à la diffusion du racisme, de l'intolérance, de l'antisémitisme et du terrorisme.

C'est ce que décrit le rapport annuel du CSW. Et c'est effrayant.

Des jeux vidéo dont le but est de tuer le plus d'homosexuels possible dans les buissons. Ou de massacrer le plus de Noirs possible. Des instructions vidéo pour la confection de ceintures d'explosifs. Des pages qui paraissent légitimes, mais qui distordent la biographie et les positions de Martin Luther King Jr., par exemple.

Des pages et des pages antiislamiques. Des sites néo-nazis. Des hommages au Ku Klux Klan. Des sites islamistes, extrémistes. Tout cela avec un look professionnel, moderne.

Le but de ce rapport annuel est de faire connaître les dangers d'internet principalement aux parents et aux enseignants. Ayant toujours fait la promotion des droits de la personne et défendu les droits des minorités, c'est avec beaucoup d'enthousiasme que j'ai tenu ces conférences de presse. Elles ont été bien couvertes, d'ailleurs.

Aujourd'hui, bien que n'étant plus du tout impliqué au sein du CSW, je suis toujours le tout de très près, car internet constitue un outil puissant de diffusion de la haine et, à mon sens, nous devons tout faire pour ne pas y laisser régner les racistes, les homophobes, les antimusulmans et autres antisémites de tout poil.

Mes nouvelles activités m'amenèrent donc à explorer le monde juif, d'ici et d'ailleurs, de même qu'à plonger à fond dans les méandres de la politique internationale et ses répercussions dans différents pays, y compris – et surtout – au Québec et au Canada.

Nous

10. Les Juifs du Québec? Connais pas...

Ma conversion faisait automatiquement de moi un membre de la communauté juive du Québec.

Je n'avais pas beaucoup réfléchi à la chose. Je m'étais converti pour des raisons spirituelles, sans avoir eu beaucoup de contacts avec cette communauté que je ne connaissais pas très bien.

En fait, j'entretenais, comme nombre de Québécois, beaucoup (trop?) d'idées préconçues sur cette communauté. Je l'imaginais presque entièrement anglophone, allergique au fait français, riche, insulaire et détachée de l'expérience historique québécoise[57].

Je ne connaissais pas assez la contribution extraordinaire des Juifs québécois à leur société et combien ils sont intimement liés à celle-ci[58]. En effet, en 2011, le judaïsme montréalais célèbre le 250e anniversaire de son établissement.

Je sais aujourd'hui que René Lévesque avait bien raison d'affirmer que « *[l]e Québec moderne et dynamique d'aujourd'hui n'a pas été bâti que par les francophones, mais aussi par les autres groupes, et en particulier par la communauté très créatrice que sont les juifs*[59]. »

La question juive était déjà très présente aux débuts de la colonie. En fait, le premier historien de la Nouvelle-France, Pierre Lescarbot, qui débarque à Québec en compagnie de Champlain en 1608, croit que les Autochtones sont des descendants des 10 tribus perdues d'Israël et fait des recherches basées sur cette hypothèse, rencontrant et interviewant des membres des Premières Nations. Il dut se rendre compte que non, les israélites exilés de force au 6e siècle av. J.-C. ne s'étaient pas retrouvés en Amérique...

Et ce n'est pas sous le contrôle de la France que la population juive en Nouvelle-France allait croître. En effet, en 1627, une proclamation royale interdit aux non-catholiques de s'établir en Nouvelle-France. Ce n'est cependant pas par manque d'essayer.

Par exemple, en 1752, un marchand juif de Bordeaux, Abraham Gradis, pourtant un des alliés les plus précieux de la Nouvelle-France, et malgré le fait qu'il ait fait la périlleuse traversée de l'Atlantique (d'une durée de 6 semaines), ne peut débarquer puisqu'il est de religion juive. Il doit retourner en France sans toucher terre.

L'arrivée (légale) de Juifs commence avec les Britanniques. En 1758, Samuel Jacobs est le premier Juif à s'établir au Québec. Il s'établit à Saint-Denis (près de Montréal) et épouse une Canadienne française. Bien qu'il reste fidèle à sa religion, ses cinq enfants sont élevés dans la foi catholique. Ce n'est donc pas une racine qui prend souche.

La fondation de la communauté juive du Québec (et du Canada) a lieu en 1760. C'est cette année qu'Aaron Hart, considéré par plusieurs comme le père fondateur de la communauté juive du Québec et du Canada, fait son entrée à Montréal en compagnie du commandant des forces anglaises, le général Amherst. Il s'établit à Trois-Rivières, région dans laquelle la famille Hart s'illustre, en affaires comme dans la vie publique. La maison d'Aaron Hart abrite même le deuxième bureau de poste à ouvrir au Canada.

Un autre exemple de l'implication sociale précoce des Juifs d'ici : le premier chef de brigade d'incendie de Québec, de 1790 à 1799, fut un Juif du nom de John Franks[60].

Mais, sans lieu de culte, il est impossible d'assurer la pérennité d'une communauté juive. La première synagogue, la *Spanish & Portuguese Synagogue* – qui existe toujours et dont le rabbin d'aujourd'hui, Howard Joseph, est de ceux qui m'ont converti – a été établie en 1768. Peu après, en 1777, la synagogue

Shearith Israël ouvre à Montréal, au coin des rues Notre-Dame et Saint-Lambert (aujourd'hui le boulevard Saint-Laurent). La petite communauté juive s'installe donc physiquement parlant, plus solidement.

Et politiquement aussi. En 1807 : Ézéchiel Hart[61] est élu à l'Assemblée législative du Bas-Canada. Mais parce qu'il est juif, il ne peut y siéger. Ce qui n'empêche pas la population de Trois-Rivières de le réélire!

Ce n'est qu'en 1832, grâce au leadership du chef patriote Louis-Joseph Papineau, que l'égalité juridique et politique des Juifs est confirmée par une loi. On ne peut sous-estimer cette avancée. En effet, le Bas-Canada (qui deviendra le Québec) devient ainsi la première juridiction de tout l'Empire britannique à émanciper ainsi ses Juifs, 26 ans avant la Grande-Bretagne elle-même!

Cette attitude progressive et libérale des Patriotes a des conséquences et n'est sûrement pas étrangère à ce qu'un des plus fervents partisans de la Rébellion soit Louis Marchand, de son vrai nom Levi Koopman, Juif hollandais immigré au Bas-Canada.

Plus tard, Marchand/Koopman sera un des fondateurs de la Société Saint-Jean-Baptiste, en compagnie d'un autre Juif, Joseph Olivier Joseph. De plus, lorsque les premiers rebelles sont emprisonnés, l'avocat juif Adolph Mordecai Hart se porte à leur défense.

C'est pendant cette période qu'apparaît un des Juifs les plus marquants de l'histoire du Québec: Moses Judah Hays. En 1832, il établit le premier réseau d'aqueduc de Montréal. En 1835, il accède à la magistrature, et devient ainsi, avec Benjamin Hart, le premier Juif à obtenir cette haute distinction. En 1845, Moses Judah Hays devient chef de police de Montréal et, en 1848, il construira le premier théâtre de Montréal.

D'autres Juifs font aussi leurs marques. En 1836, les frères Jesse et Jacob Joseph contribuent à la mise en service du premier chemin de fer au Canada, le *St. Lawrence and Champlain*, de La Prairie à Saint-Jean et en 1861, Jesse Joseph procède à l'inauguration du premier service de transport public de Montréal. Le même Jesse Joseph sera président de la *Montreal Gas Company*, entité qui deviendra la *Montreal Light Heat & Power* puis Hydro-Québec.

C'est sans compter qu'en 1858, Abraham Joseph est parmi les fondateurs de la Banque Nationale et qu'en 1876, Sigismond Mohr, ingénieur juif d'origine allemande, fait installer le téléphone à Québec et qu'en 1885, il harnache les Chutes Montmorency.

Le premier Juif à exercer le rôle de maire au Canada est William J. Hyman et il le fut de la municipalité de Cap-des-Rosiers pendant une vingtaine d'années, et ce, à partir de 1858[62].

En 1887, Emile Berliner, un immigrant juif, conçoit le gramophone à Montréal, posant ainsi les bases de l'industrie moderne du disque, tandis qu'en 1888, un Juif alsacien, Jules Helbronner, devient rédacteur en chef de *La Presse*.

Ces réalisations individuelles sont accompagnées de belles réussites collectives. En 1863, la création à Montréal de l'Institut Baron de Hirsh en fait la première agence de service social au Québec et au Canada, ce qui servira de modèle aux agences de services sociaux un siècle plus tard. En 1896, l'école Talmud Torah est fondée, donnant naissance à un réseau d'écoles du même nom en 1917.

Des Juifs québécois marquants font aussi leur apparition à cette période. En 1903, l'importante leader syndicale Léa Roback voit le jour à Montréal (elle grandit à Beauport) et en 1915, Saul Bellow, Prix Nobel de littérature en 1976, voit le jour à Lachine.

Les Juifs québécois font aussi leur entrée sur la scène culinaire : en 1908, ils inventent les fameux sandwichs de *smoked meat* à Montréal.

Et deviennent plus nombreux, ce qui n'est pas sans conséquence politique et sociale. En 1871, année du premier recensement après la confédération, la population juive du Québec se limite à 500 personnes. Trente ans plus tard, en 1901, il n'y a à peu près que 7000 Juifs à Montréal; ils seront plus de 30 000 dix ans plus tard et 58 000 en 1931, soit 7 % de la population montréalaise[63].

En d'autres mots, entre 1901 et 1931, la population juive du Québec connaît une croissance de plus de 800 %.

En 1913 seulement, 20 000 immigrants juifs débarquent à Montréal. Ainsi, dans les années 1920, le yiddish est la troisième langue parlée dans les rues de Montréal.

Cette forte communauté juive fait élire en 1916 Peter Bercovitch, premier député juif à être élu au Parlement de Québec et elle fonde, en 1919, le Congrès juif canadien. Le nombre de Juifs nécessite aussi des services en conséquence.

Les Juifs sont très présents dans le secteur manufacturier. À un point tel qu'en 1931, 35 % de la population juive de Montréal est employée dans le secteur manufacturier, en particulier dans les industries du vêtement, du cuir et de la fourrure[64].

De nombreux Juifs, souvent de tradition socialiste, s'impliquent dans les mouvements syndicaux du Québec[65]. Et les relations avec les Canadiens français (pour utiliser le vocable de l'époque) étaient bonnes : « *[d]ans les rapports Juifs/Canadiens français, le groupe des travailleurs juifs est certainement plus ouvert et contribue régulièrement à l'organisation des travailleurs et travailleuses canadiens-français, comme c'est le cas dans le vêtement*[66]. »

Un auteur est allé jusqu'à écrire que « *[l]es ouvriers juifs montréalais ont manifesté un militantisme assez exceptionnel en ce début du siècle. Leurs dirigeants ont le mérite d'avoir organisé les syndicats du vêtement au Québec*[67] ».

Les noms de Léa Roback[68] et de Joseph Schubert[69] viennent notamment en tête quand on pense aux leaders syndicaux juifs du Québec.

L'histoire de Léa Roback est particulièrement intéressante. Elle mériterait qu'une bonne biographie lui soit consacrée afin de faire connaître aux Québécois cette femme hors du commun. Elle est la personnification même d'une activiste de gauche : syndicaliste efficace, féministe au premier rang de la lutte pour l'obtention du droit de vote par les femmes, participante – pendant son séjour en Allemagne - à la lutte contre le nazisme montant aux côtés des communistes allemands, compagnon de Norman Béthune, fondatrice de la première librairie marxiste de Montréal, participante à la lutte contre la guerre du Vietnam et à celle contre le racisme, elle s'est aussi farouchement battue pour l'accès au logement, pour l'accès à la contraception et pour le droit à l'avortement.

En 1921, l'école secondaire Baron Byng est fondée sur la rue Saint-Urbain à Montréal. Furent notamment élèves à cette école : le poète Irving Layton, l'écrivain Mordecai Richler, le chef du NPD David Lewis, Herbert Marx, ministre de la Justice du Québec, puis juge, Fred Rose, l'unique député communiste à avoir été élu à la Chambre des communes et William Shatner, qui deviendra célèbre dans le monde entier en incarnant le Capitaine Kirk dans la série *Star Trek*.

En 1934, l'Hôpital général juif de Montréal, une institution qui, malgré son nom, est ouverte à tous et n'est pas réservée aux Juifs, est fondé. Aujourd'hui, cet hôpital accueille plus de 70 % de patients non-juifs.

D'autres Juifs québécois commencent aussi leurs activités et voient le jour. En 1916, Sam Bronfman commence sa carrière d'affaires dans le domaine de l'alcool, jetant les bases de son entreprise, Seagram.

En 1934, Leonard Cohen, chanteur-compositeur-interprète connu et apprécié mondialement, voit le jour à Montréal et en 1943, le communiste juif Fred Rose, pour lequel Jacques Parizeau fait campagne, est élu à Ottawa, représentant une circonscription où habitaient de nombreux prolétaires juifs.

La Deuxième Guerre mondiale a eu un impact majeur – on le comprendra aisément – sur les Juifs du monde entier, y compris ceux du Québec. Entre 1944 et 1946, une quarantaine de Juifs montréalais combattent au sein de la Brigade juive, rattachée à la Huitième armée britannique. Cette Brigade, qui allait donner 35 généraux aux Forces de Défense israéliennes, aidera ainsi plus tard à établir les bases de l'armée israélienne.

Le Québec et le Canada deviennent aussi des terres d'asile pour de nombreux rescapés de l'enfer de l'Holocauste. En termes de pourcentage, 35 % des Juifs canadiens sont des descendants directs de rescapés de l'Holocauste, comparé à seulement 5 % des Juifs américains[70].

Parlant de l'Holocauste, René Lévesque, alors correspondant de guerre au sein de l'armée américaine, a été un des premiers soldats alliés à entrer dans le camp de concentration de Dachau[71]. Ceci explique en très grande partie l'allergie complète que le futur Premier ministre avait développée contre toute forme d'antisémitisme. Ceci lui servira dans les excellentes relations qu'il finit par développer avec la communauté juive du Québec.

Les Juifs du Québec font leur marque ici et ailleurs. Pendant qu'en 1948, le Montréalais d'origine Dov Joseph devient le premier gouverneur militaire israélien de Jérusalem, en 1949, l'Université de Montréal devient la première institution d'enseignement supérieur au Canada à engager un professeur d'études juives, le rabbin Chaim Denburg, qui y enseigne la philosophie juive médiévale.

Il est important de noter aussi que, jusqu'aux années 60, la Faculté de médecine de l'Université McGill n'acceptait qu'un quota de 10 % d'étudiants juifs alors que l'Université de Montréal, quant à elle, n'en avait aucun.

La communauté juive change le visage du Québec pendant qu'elle-même change de façon majeure. 1957 voit le début de l'arrivée des Juifs marocains à Montréal, des francophones.

Expo 67, qui ouvre le Québec au monde et le monde au Québec avec des visites importantes (dont celle d'un certain général de Gaulle...) a aussi un impact déterminant sur les Québécois juifs.

Ceux-ci y ouvrent le Pavillon du judaïsme pendant que Moshe Safdie, aujourd'hui un architecte de réputation mondiale, crée Habitat 67. De plus, avec l'argent amassé avec un laboratoire pour le traitement des films pendant Expo 67, Harold Greenberg fonde Astral Communications.

En 1970, Alan B. Gold devient Juge en chef du Québec. La même année, Victor Goldbloom est le premier Juif à accéder au Conseil des ministres québécois.

En 1975, la Montréalaise Phyllis Lambert fonde l'organisme Héritage Montréal. Plus tard, elle fondera le magnifique Centre canadien d'architecture.

En 1988, le Juif montréalais Sol Simon Reisman négocie le Traité de libre-échange Canada-USA.

En 1999, Charles Bronfman, en collaboration avec l'Américain Michael Steinhardt, fonde *Birthright*, initiative qui a un impact majeur sur le monde juif de toute la planète. Ce programme, possiblement le programme communautaire juif qui a connu le plus de succès dans le monde entier, permet à des jeunes juifs de la Diaspora de passer 10 jours gratuitement en Israël, renforçant ainsi les liens avec l'État d'Israël de même que leur identité juive.

On voit aisément que la communauté juive du Québec, implantée ici depuis des siècles, a eu un impact important sur notre société. Les Juifs du Québec ne sont pas peu fiers – avec raison – de leur contribution à cette société unique en Amérique du Nord.

Elle s'est aussi bâtie de façon distincte des autres communautés importantes du continent. D'abord, elle est très, très concentrée. On parle en effet d'une communauté composée d'environ 93 000 personnes dont 98 % habitent l'Île de Montréal.

25 % des membres de la communauté juive sont des francophones de naissance, et 62 % sont bilingues. Plus le Juif québécois est jeune, plus il parle français.

Les Juifs hassidiques, les plus visibles et dont l'image correspond au stéréotype du Juif pour plusieurs, ici comme ailleurs, ne représentent que 12 % de la communauté juive du Québec.

C'est aussi une communauté qui, contrairement à la croyance populaire, connaît des problèmes de pauvreté. 18 % des membres de cette communauté vivent sous le seuil de la pauvreté. 25 % des enfants âgés de moins de 5 ans sont pauvres, avec comme conséquence les problèmes scolaires, de comportement et de santé habituels.

Les aînés représentent près de 20 % des Québécois juifs, et plus de 20 % d'entre eux vivent sous le seuil de la pauvreté. 32 % des Juifs qui vivent sous le seuil de la pauvreté sont des mères célibataires. Enfin, la communauté juive du Québec est vieillissante et connaît un certain déclin démographique.

On voit donc que, malgré de nombreux succès, la communauté juive du Québec fait aussi face à d'importants défis.

Un dernier mot sur ce sujet. Malheureusement, les Juifs se font souvent accuser – contre toute évidence – de ne s'occuper que d'eux-mêmes.

Un simple exemple pour dissiper tout doute à ce sujet. Le 12 janvier 2010, un tremblement de terre frappait Haïti, faisant entre 250 000 et 300 000 morts. Pendant qu'Israël – situé pourtant à plus de 10 000 km – était le premier pays à y installer un hôpital de campagne et dont le contingent a offert selon plusieurs spécialistes les meilleurs soins possible[72] (« la Rolls-Royce de la médecine ») la communauté juive du Canada se montrait généreuse[73]. Près de 400 000 $ furent amassés rapidement par la communauté juive de Montréal, et plus de 800 000 $ par celle de Toronto (aussi deux fois plus importante).

Un autre exemple: suite aux terribles inondations du printemps 2011 autour du Richelieu, la communauté juive du Québec, par l'entremise de l'organisme La Promesse Humaine (un regroupement de jeunes Juifs québécois), a offert un don de 18 000 $ aux victimes de cette tragédie, geste qui a été hautement apprécié par les sinistrés et qui a amené la députée locale, Marie Bouillé, à affirmer « au nom de tous les sinistrés » qu'elle est « *sensible aux gestes d'entraide et de générosité posés par nos jeunes concitoyens de la communauté juive. Je tiens à les remercier chaleureusement pour cette main tendue. Car, face aux dégâts causés par les inondations, les seuls mots qui comptent sont, unité et solidarité*[74] ».

Loin d'être insulaires, les Québécois juifs sont actifs dans toutes les sphères de la société québécoise, sont partie prenante de celle-ci depuis longtemps et n'hésitent pas à contribuer, ici comme ailleurs, à de multiples causes importantes.

Le ministre-poète Gérald Godin (qui aimait me rappeler à

chacune de nos rencontres que sa mère était une Marceau), disait de la communauté juive qu'elle avait le rôle de « *porteuse d'une sorte de conscience des droits de la personne* » (…) *qui « l'amène à jouer un rôle de conscience du Québec ou de n'importe quel pays où elle choisit d'habiter*[75]. » Il avait bien raison.

Permettez-moi de terminer ce chapitre avec peut-être la chose la plus importante de cet ouvrage.

J'ai voulu faire connaître la contribution exceptionnelle des Juifs du Québec à leur société, parce que cette contribution est trop souvent méconnue, ou même plus simplement inconnue.

Mais il est essentiel aussi de retenir que cette contribution n'aurait pu être aussi importante si le Québec n'avait pas été l'endroit extraordinaire qu'il est, endroit qui fait l'envie du monde entier.

Oui, les Juifs ont beaucoup contribué à la société québécoise. Mais le Québec a aussi donné aux Juifs un environnement extraordinaire dans lequel prospérer politiquement, économiquement et spirituellement.

Les Juifs québécois le savent et le disent.

Et je le réitère ici.

11. Vers l'Orient compliqué

« *Vers l'Orient compliqué, je volais avec des idées simples.* »
C'est ainsi que le général de Gaulle amorçait le récit de son
séjour au Proche-Orient, alors qu'il y était posté par l'armée
française.

Beaucoup de Québécois (mais pas seulement eux), y compris
de nombreux soi-disant analystes, voient eux aussi la situation
avec des « idées simples. », de celles qui, selon les mots de
la chroniqueuse Lysiane Gagnon, mènent à une version « *à
laquelle adhère, avec une unanimité déconcertante, une très
large partie de la population québécoise francophone*[76]. » Ce
fut moi aussi mon cas autrefois. Et ce n'est pourtant pas par
manque de reportages, d'articles ou d'émissions de télévision
sur le sujet.

Le Proche-Orient occupe beaucoup de place dans les
médias québécois. Ceux-ci ne sont d'ailleurs pas les seuls à
s'intéresser intensément à cette région. En effet, mis à part
Washington, Israël est l'endroit au monde où se trouvent le
plus de journalistes accrédités.

Parlant des médias, ce serait une erreur que de ne pas relever
l'importance qu'ils ont dans la perception qu'ont les Québécois
de la situation au Proche-Orient.

Dans un texte qu'elle a fait paraître dans la revue Trente[77], le
magazine de la Fédération professionnelle des journalistes du
Québec en mai 2009, l'ombudsman de Radio-Canada critiquait
sévèrement le journalisme québécois. Elle commençait son
texte par une prémisse bien sentie:

« *Il n'y a pas assez de diversité d'opinions et de diversité
culturelle dans les grands médias québécois.* »

Puis parlant des journalistes, elle affirmait:

« *[L]a grande majorité d'entre eux – jeunes ou vieux – partagent la même idéologie. Ces Québécois « de souche » ont surtout étudié les sciences humaines et ont été contestataires dans la mouvance nationaliste et/ou de gauche. Souvent, leur façon de voir le monde comporte, par exemple, les éléments suivants : préjugés favorables envers les syndicats, antiaméricanisme, anticléricalisme, etc.* »

J'ajouterais, à cette liste : un certain parti pris propalestinien. Ce n'est pas vrai de tous les journalistes, chroniqueurs ou éditorialistes. J'ai déjà mentionné Lysiane Gagnon. Une autre importante voix médiatique québécoise qui se distingue à cet égard est celle de Richard Martineau[78]. Martineau n'a pas peur de « brasser la cage », de sortir des sentiers battus. Bien que je ne sois pas d'accord avec tout ce qu'il avance, et qu'il fait quelques fois plus pamphlétaire que chroniqueur, il n'en demeure pas moins que sa voix détonne sur ce sujet avec celles du reste de la classe journalistique du Québec.

Un autre chroniqueur détonne aussi du reste : le talentueux Joseph Facal. Facal est un intellectuel solide, qui n'a pas peur des débats et de la controverse et dont la voix est très rafraîchissante dans plusieurs débats menés au Québec. Voici quelqu'un que j'aimerais bien revoir en politique active un jour.

Je ne voudrais pas oublier non plus le nouveau porte-parole du centre droit au Québec, Éric Duhaime, qui ne s'est pas gêné pour afficher son appui à l'État hébreu.

J'ai, sur le Proche-Orient, une thèse de départ qui ne fait pas l'unanimité, mais qui me semble néanmoins juste : malgré son importance, le conflit israélo-arabe n'a pas la centralité que plusieurs lui donnent. Plusieurs politiciens, diplomates et analystes avancent la théorie voulant que si le conflit entre Israël et ses voisins arabes était réglé, il n'y aurait plus de tensions entre l'Occident et le monde arabo-musulman, la paix règnerait de l'Indonésie jusqu'au Maroc, en passant par l'Afghanistan, l'Iran, l'Irak, l'Algérie et les autres.

Comme le notait si justement David Ouellette dans *La Tribune* de Sherbrooke[79]:

« *Les talibans, par exemple, qui cherchent à rétablir leur émirat fondamentaliste dans une contrée aussi éloignée du conflit israélo-palestinien que l'Afghanistan, un pays d'Asie centrale chroniquement déstabilisé par une géopolitique propre aux intérêts nationaux et tribaux des États voisins musulmans, seraient les premiers surpris et mécontents d'apprendre [...] que leurs ardeurs théocratiques et djihadistes se tempéreraient comme par enchantement advenant un accord de paix entre Israéliens et Palestiniens.* »

En effet, l'opposition arabo-musulmane à l'État d'Israël n'est pas basée seulement sur le fait qu'Israël est un État juif, mais aussi parce qu'elle considère Israël – avec sa démocratie, sa liberté de religion, sa protection des droits des femmes et des homosexuels, sa liberté d'expression – comme l'incarnation dans leur propre cour de cet Occident tant honni. Autrement dit, la délimitation de frontières entre Israël et un État palestinien ne désarmerait absolument pas les djihadistes présents dans maints pays.

Une entente de paix entre Israël et ses voisins ne ferait pas disparaître l'hostilité d'Al-Qaïda envers les valeurs occidentales, n'éliminerait pas les velléités de puissance nucléaire de l'Iran, de même que la quête d'hégémonie régionale de ce pays, ne règlerait en rien le conflit sanglant et pluricentenaire entre chiites et sunnites, ne convaincrait pas les extrémistes islamistes du Maghreb d'arrêter leurs campagnes cycliques de terreur.

Un exemple plus récent encore du fait que le conflit israélo-arabe n'est pas aussi central que certains le laissent croire: les milliers de citoyens des pays arabes qui ont manifesté dans les rues pendant ce qui a été appelé, à mon avis trop rapidement, le « Printemps arabe » ne l'ont pas fait pour protester contre Israël; ils demandaient plus de liberté, plus de droits dans leurs propres pays.

Bref, une paix israélo-palestinienne ne saurait à elle seule garantir la sécurité des deux peuples (c.-à-d. les Israéliens et les Palestiniens), apaiser les islamistes, ou stabiliser la région[80].

Qu'on me comprenne bien. Je souhaite ardemment qu'un accord de paix puisse voir le jour entre Israël et les Palestiniens et il faut y travailler. Ce que je dis cependant, encore une fois, c'est que ce conflit n'a pas la centralité que plusieurs lui confèrent.

Comme ce livre porte sur la judéité, je m'attarderai évidemment à Israël, mais cela ne signifie nullement que ce petit pays soit le centre du monde.

L'histoire juive : un très, très, très court résumé

Le mouvement sioniste moderne a bien pris naissance à la fin du 19e siècle. Mais le lien entre les Juifs et la Terre d'Israël est évidemment beaucoup plus ancien. Et profond.

C'est pour cela qu'avant ce rappel historique, quelques mots sur l'attachement spirituel et religieux des Juifs envers la Terre d'Israël s'imposent. Car cet attachement va beaucoup plus loin que la simple nostalgie pour la mère patrie après 2000 ans d'exil.

Je sais qu'il est difficile pour des Québécois vivant dans une société largement sécularisée et peu familière avec le judaïsme de comprendre le lien que peut avoir un Juif avec la Terre d'Israël.

Pour un Juif croyant, Dieu a donné au peuple juif, à travers Abraham, la Terre d'Israël. Ce don a été fait afin que le peuple juif remplisse la mission qui lui a été assignée : diffuser au monde entier une vision morale. Et cette mission ne peut être accomplie qu'à partir de ce carrefour de civilisation qu'est le Proche-Orient.

Israël est donc considéré comme une Terre sainte, connectée directement à Dieu. De plus, cette sainteté requiert de ses habitants un comportement saint.

Ainsi, la nation juive peut plaider son droit de vivre en Israël pour plusieurs raisons : la promesse biblique faite à Abraham, la présence ininterrompue des Juifs, l'association historique de ceux-ci avec cette terre, de nombreux accords internationaux, la conquête suite à plusieurs conflits et l'achat de nombreuses terres au prix du marché.

Selon la tradition, tout Juif est propriétaire d'une partie de la Terre d'Israël. Son titre de propriété, pour ainsi dire, est l'héritage qu'il a reçu d'Abraham.

N'oublions pas : pendant tout le temps de l'Exil, les Juifs ont prié pour leur retour en Terre d'Israël. Encore aujourd'hui, le culte dans les synagogues du monde entier est dirigé vers Jérusalem. On le voit clairement. Spirituellement, les Juifs sont très attachés à la Terre d'Israël.

Mais ce lien entre un Juif et Israël n'est pas seulement religieux. Un Juif non pratiquant, voire agnostique ou même athée, n'est pas indifférent à la terre d'Israël. Il voit celle-ci comme son propre héritage, venu de l'histoire.

L'histoire de la nation juive est plurimillénaire. Il est donc difficile de la résumer. C'est une histoire riche, mouvementée, tragique, diversifiée et incomparable.

Les Juifs (alors connus sous le nom d'Hébreux) font leur apparition dans l'histoire autour des 18-16e siècles av. J.-C. Leur origine est mystérieuse, les preuves archéologiques peu nombreuses, mais plusieurs historiens croient qu'ils venaient de la Mésopotamie.

Après des années d'errance et de divisions, en 1020 av. J.-C., les Hébreux se dotent d'institutions étatiques et territoriales solides. Ils se choisissent un premier roi : Saül. David lui succède et fait de Jérusalem sa capitale. Le fils de David, Salomon, construit le Premier Temple.

À la mort du roi Salomon, en 932 av. J.-C., son royaume se divise en deux : le Royaume d'Israël au nord, et le Royaume de Judée au sud. En 721 av. J.-C., le Royaume d'Israël est détruit par les Assyriens. On perd la trace des 10 tribus qui le formaient. En 586 av. J.-C., c'est au tour du Royaume de Judée d'être conquis, cette fois-ci par le roi babylonien Nabuchodonosor. Jérusalem est prise, le Temple détruit et les Judéens sont déportés à Babylone. C'est le début de la Diaspora juive.

En 539 av. J.-C., les Perses conquièrent Babylone. Le roi perse Cyrus autorise le retour des Juifs d'exil et la reconstruction du Temple à Jérusalem. Plusieurs d'entre eux décident de demeurer en Mésopotamie.

Après avoir été sous domination perse, puis grecque, les Juifs retrouvent leur indépendance dans le Royaume de Judée suite à la révolte des Maccabées (encore célébrée aujourd'hui par le Fête de Hanoukka), mais cette indépendance est vite mise à l'épreuve et graduellement érodée par la montée en puissance de Rome.

Le roi Hérode, vassal de Rome, règne de 37 à 4 av. J.-C. Il fait de grands travaux et agrandit de beaucoup le Second Temple à Jérusalem. Le Mur de l'Ouest (appelé à tort le Mur des Lamentations) en est un vestige. On estime d'ailleurs que les Juifs ont constitué jusqu'à 10 % de la population de l'Empire romain.

En 70, après une révolte des Juifs contre Rome, le Second Temple est détruit par les troupes romaines. Mais les Juifs n'abandonnent toujours pas l'idée d'indépendance. En 132-135, les Juifs se révoltent une dernière fois, sous le leadership de Bar Kohba.

Pour effacer toute trace juive dans la région, les Romains rebaptisent la région du nom de 'Palestine', du nom du peuple appelé les Philistins, disparu depuis longtemps. De plus, Jérusalem est rasée et son nom aussi change, devenant Aelia Capitolina.

Les Juifs y sont désormais interdits. Bien qu'une importante population juive demeure en Terre Sainte, la Diaspora devient le mode principal de vie de cette nation[81].

La Terre Sainte, devenue romaine, deviendra plus tard byzantine, puis passera sous contrôle arabe avant de tomber entre les mains des croisés, reprise par les Arabes et, plus tard, conquise par les Turcs ottomans.

Suivent des siècles d'exil, de persécutions, de pogroms, de conversions forcées. Les Juifs sont des sujets de l'histoire, et non plus des acteurs. Différents mouvements d'idées prennent racine dans certaines parties du peuple juif (hassidisme, judaïsme libéral, orthodoxie, etc.), mais cela se passe à l'intérieur des communautés. Pendant tous ces siècles, les Juifs continuent à rêver encore et toujours de Jérusalem[82].

Fin du 19e siècle. L'Empire ottoman (turc) s'affaiblit. Les pogroms (attaques contre les communautés juives, souvent organisées avec le soutien tacite, sinon actif des autorités publiques) se multiplient en Russie et en Europe de l'Est. L'émigration des Juifs s'accélère.

La majorité de ceux qui quittent le fait vers l'Amérique du Nord. Cependant, plusieurs se dirigent vers la terre de leurs ancêtres, et établissent avec le temps une communauté dotée de plusieurs caractéristiques proto étatique. En d'autres mots, ils créent un embryon d'État.

L'antisémitisme européen amena différentes réactions des communautés juives établies dans les pays d'Europe. Une de ces réactions, c'est la prise de conscience que, pour redevenir une nation normale, les Juifs doivent cesser de vivre comme minorités nationales dans d'autres pays. Qu'ils doivent établir leur propre pays, sur la terre qui avait vu naître le peuple juif, la Terre d'Israël.

C'est ainsi que naît le mouvement sioniste moderne, qui propose le retour à Sion (c.-à-d. à Jérusalem) des Juifs établis dans le monde entier. En 1897, suite à l'Affaire Dreyfus[83] et sous le leadership de Théodore Herzl, se tient à Bâle, en Suisse, le premier Congrès sioniste. Ce qui n'était auparavant qu'une idée devient donc un mouvement politique.

En 1917, pendant la Première Guerre mondiale, le mouvement sioniste emporte une première véritable victoire diplomatique. Le gouvernement britannique, qui émergera du conflit avec la responsabilité de la Palestine, émet la Déclaration Balfour, prévoyant un « foyer national pour le peuple juif » en Palestine. Mais cette Déclaration n'engage alors que la Grande-Bretagne.

Ceci change peu après. En effet, la Déclaration Balfour est devenue droit international quand la Ligue des Nations (précurseur de l'ONU) l'a intégrée au Mandat (une sorte de tutelle internationale) donné à la Grande-Bretagne par l'organisation mondiale.

Carte 1 – Mandat britannique[84]

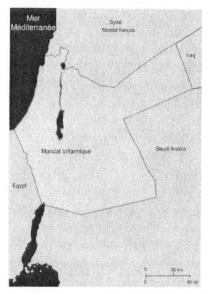

En 1937, la Grande-Bretagne (puissance mandataire) tente de trouver une solution aux tensions croissantes entre les populations juive et arabe, notamment le massacre de Hébron, pogrom qui a causé la mort de 60 Juifs et l'expulsion de la totalité de cette communauté juive, vieille de plusieurs siècles. Les Arabes tentent alors de faire tout ce qu'ils peuvent pour empêcher l'immigration juive, y compris la perpétration de massacres.

Le gouvernement britannique met alors sur pied une commission d'enquête, appelée la Commission Peel. Cette Commission propose alors – déjà – la partition entre deux États. Si cette idée est acceptée par la communauté juive (inquiète du sort des Juifs d'Europe, menacés par Hitler), elle est rejetée de façon véhémente par les Arabes.

Sous domination turque depuis le 16e siècle, sous contrôle britannique depuis 20 ans, les Palestiniens n'avaient jamais eu d'État à eux. S'ils avaient accepté les recommandations de cette Commission, ils auraient leur État aujourd'hui, et ce, depuis déjà 70 ans.

Entre 1939 et 1945 a lieu la Seconde Guerre mondiale, avec en parallèle la tentative d'extermination contre le peuple juif menée par Hitler et les nazis. Plus de 6 millions de Juifs sont massacrés, alors que les pays du monde entier – y compris le Canada – ont fermé leurs portes à l'immigration juive.

Il est important de noter ici qu'alors que les démocraties luttaient de toutes leurs forces contre la monstruosité hitlérienne, le leader des Arabes de la Palestine mandataire, Mohammed Amin al-Husseini, Mufti de Jérusalem, soutenait ouvertement et collaborait avec les nazis[85]. Des documents américains déclassifiés le 10 décembre 2010 détaillent en effet les liens étroits entre le Grand Mufti de Jérusalem et les nazis[86].

L'Holocauste n'a pas créé l'État juif; on l'a vu, il y avait déjà un embryon d'État. Toutefois, l'Holocauste n'aurait pas eu lieu (du moins dans la même proportion) si l'État d'Israël avait existé.

La Grande-Bretagne sort affaiblie, exsangue de ce conflit. N'ayant plus les capacités de gérer son ancien Empire, elle décide de remettre le sort de la Palestine mandataire entre les mains de l'ONU, qui vient d'être créée.

L'ONU établit alors une Commission spéciale sur la Palestine, qui inclut des gens de 11 pays, dont notamment le juge Ivan Rand du Canada. La majorité suggère la création de deux États, un arabe, un juif[87].

Les conclusions de la Commission sont confirmées par un vote de l'ONU (la résolution 181) le 29 novembre 1947, avec un résultat de 33 pour (dont le Canada, la France, l'Union soviétique et les États-Unis), 13 contre et 10 abstentions.

La prémisse soutenant cette décision est que, selon l'ONU, les revendications sur la Palestine de la part des Juifs et des

Arabes, qui sont toutes deux valides, sont irréconciliables. La partition est alors vue comme étant la solution la plus réaliste et la plus pratique. Notons, parce que cela a un impact encore aujourd'hui sur la demande du gouvernement Netanyahou de reconnaissance d'Israël comme État juif, que la résolution 181 sur la partition prévoit explicitement la création d'un « *État juif* » et un « *État arabe* »[88].

Cette partition n'est évidemment pas le triomphe d'un « colonialisme » ou d'un « impérialisme » israélien, mais bien la réalisation du droit à l'autodétermination de deux peuples. Ceci est d'autant plus vrai que les régions attribuées par l'ONU au futur État juif sont habitées en majorité par une population juive.

Les Juifs sont insatisfaits de la petitesse du territoire qui leur est alloué. Ils sont déçus du fait que Jérusalem – qui devait être une ville internationalisée – n'allait pas faire partie de leur État. Malgré ces immenses déceptions, ils acceptent tout de même cette proposition de compromis.

Mais les Arabes le rejettent. C'est la deuxième fois que les Arabes refusent l'idée de deux États pour deux peuples. Et pourtant…

Le territoire sous mandat britannique après la Première Guerre mondiale (la Palestine mandataire) incluait l'actuelle Jordanie, l'actuelle Cisjordanie, l'actuel Israël, de même que la Bande de Gaza. Déjà, en 1922, 80 % du territoire de la Palestine mandataire et du « foyer national juif » tel que défini par la Ligue des Nations avait été divisé par les Britanniques. Ceux-ci créèrent ainsi la Transjordanie (aujourd'hui la Jordanie)

Carte 2 - Séparation de la Transjordanie (1922)

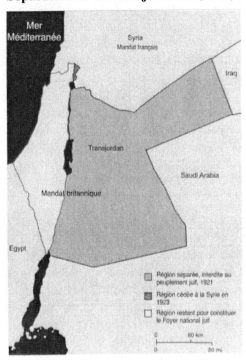

Avec le vote de 1947, l'ONU partitionnait le 20 % qui restait en deux États.

Avec l'annexion par la Jordanie de la Cisjordanie en 1948, les Arabes contrôlent 80 % de la Palestine mandataire, alors qu'Israël en détient à peine 17,5 % (Gaza, alors occupée par l'Égypte, constitue le reste)

Si cette décision de partition de l'ONU avait été acceptée par les Arabes, les Palestiniens auraient eu leur État depuis 60 ans maintenant.

Malheureusement, au lieu de la solution pacifique offerte par l'ONU, les États arabes décidèrent de faire tout en leur pouvoir pour éviter la création d'un État juif au Proche-Orient. Dès la Déclaration d'indépendance, le 15 mai 1948, Israël fut attaqué par l'Égypte, la Transjordanie, la Syrie, l'Iraq et le Liban, avec l'aide de l'Arabie Saoudite, du Yémen et de la Libye[89].

Le but des États arabes n'était pas seulement d'empêcher la mise en œuvre de la décision de l'ONU prévoyant la création de deux États, un juif et un arabe. Leur objectif, moins de 3 ans après la fin de l'Holocauste, était beaucoup plus sombre. Le secrétaire général de la Ligue arabe, Azzam Pacha a en effet affirmé à propos du conflit que préparait le monde arabe : « *Ce sera une guerre monumentale d'extermination qui restera dans les annales comme les massacres des Mongols et les croisades*[90]. »

Dès cette époque, il n'y avait aucun doute sur qui devait être blâmé pour cette guerre. Le secrétaire général de l'ONU, Trygve Lie, affirma sans détour : « *L'invasion de la Palestine par les États arabes fut la première agression armée que le monde a vue depuis la [Deuxième] Guerre mondiale*[91]».

Contre toute attente, à la surprise générale, l'État d'Israël, tout en menant seul une guerre défensive, termine le conflit armé avec plus de territoire qu'il lui en était alloué par le plan de partition de l'ONU. Il l'a fait pour s'assurer d'avoir le territoire requis afin de se défendre lors d'un conflit prochain, que tous savaient inévitable.

L'Égypte (avec Gaza) et la Jordanie (avec la Cisjordanie) se divisent quant à elles le reste de la Palestine mandataire. Déjà, les pays arabes voisins souhaitent davantage acquérir des territoires qu'aider les Palestiniens…

Le conflit israélo-arabe a connu plusieurs flambées de violence depuis 1947, notamment la campagne du Sinaï entre Israël (soutenu par la France et la Grande-Bretagne) et l'Égypte; la Guerre des Six Jours (pendant laquelle, lors d'une guerre défensive, Israël conquit Gaza, le Golan et la Cisjordanie/Judée-Samarie), la Guerre de Kippour (alors qu'Israël se fit attaquer par l'Égypte et la Syrie le jour le plus saint du calendrier juif) et la Guerre du Liban.

En particulier pendant les guerres de 1967 et de 1973, c'était l'existence même d'Israël qui était en cause, de même que la survie même de ses habitants. À preuve, tout juste avant la Guerre des Six Jours de 1967, Akhmed Shukeiry, alors chef de l'Organisation de libération de la Palestine (OLP) menaçait Israël de destruction et de génocide:

« Les Israéliens nés sur ce territoire qui survivront auront la permission de demeurer dans le pays. Mais je ne crois pas que beaucoup survivront[92]. »

Malgré ces violences, la paix aurait été possible depuis longtemps... si les Arabes l'avaient véritablement voulu[93].

En 1937, les Arabes refusent la partition proposée par la Commission Peel, qui aurait créé deux États.

En 1947, ils refusent la solution proposée par l'ONU, qui elle aussi aurait créé deux États pour deux peuples. Si les Arabes avaient accepté le plan de partage de 1947, il y aurait deux Jours de l'indépendance fêtés chaque année : celui d'Israël et celui de la Palestine, et ce, depuis plus de 60 ans.

En 1967, après la Guerre des Six Jours, ils refusent la possibilité qu'Israël retourne les territoires qu'il avait conquis alors que les États arabes se réunissent à Khartoum en août 1967 (*« Non à la paix avec Israël. Non à des négociations avec Israël. Non à la reconnaissance d'Israël. »*)

En 2000, Yasser Arafat refuse de signer à Camp David une entente qui aurait donné naissance à un État palestinien sur Gaza et 95-97 % de la Cisjordanie. Ce rejet est d'ailleurs qualifié de « criminel » par l'ambassadeur saoudien à Washington de l'époque, le Prince Bandar. Suite à ce rejet d'Arafat, les Palestiniens lancèrent la deuxième intifada, campagne guerrière et meurtrière[94].

En septembre 2008, le premier ministre Ehoud Olmert a fait une autre offre encore plus généreuse[95] au Président palestinien Mahmoud Abbas : un État palestinien sur 100 % de Gaza, l'équivalent de 100 % de la Cisjordanie avec ici et là des échanges de territoires à un ratio 1:1, la division de Jérusalem (les quartiers juifs à Israël, les quartiers arabes à l'État palestinien), et un régime spécial, sans souveraineté, pour le Saint Bassin (c.-à-d. la Vieille Ville et certains territoires autour) sous une forme de contrôle international avec la participation d'Israël, de la Palestine, de la Jordanie et de l'Arabie Saoudite et l'admission en Israël d'un petit nombre de réfugiés palestiniens. Israël attend toujours la réponse d'Abbas[96]...

Ceci étant dit, le retrait, par Israël, du Sinaï, de la Bande de Gaza et de certaines parties de la Cisjordanie représente 94 % de tout le territoire conquis par Israël en 1967.

Israël a ainsi démontré à maintes reprises sa volonté d'échanger des territoires pour la paix.

Les Palestiniens, quant à eux, sont plutôt opposés à une paix de compromis. Voyons les chiffres, qui ne mentent pas.

Le 9 novembre 2010, *le Arab World for Research and Development*, un institut de recherche basé à Ramallah, dévoilait les résultats d'un sondage[97] fait auprès des Palestiniens de la Cisjordanie et Gaza indiquant notamment que a) si les négociateurs palestiniens proposaient un État palestinien, mais devaient faire des compromis sur les enjeux-clés que sont le « droit au retour », Jérusalem, les frontières et les implantations, 84 % des Palestiniens s'opposeraient à une telle entente et 12,7 % l'appuieraient et b) 65 % des Palestiniens estiment qu'il est « essentiel » que tout accord de paix inclue la « Palestine historique » du Jourdain à la Méditerranée tandis que 18.3 % pensent que cela est « désirable ». *En d'autres mots, plus de 80 % des Palestiniens estiment qu'il est « essentiel » ou « désirable » que l'État d'Israël disparaisse pour arriver à la paix!*

L'ex-ministre israélien des Affaires étrangères, Abba Eban, affirmait que les Palestiniens n'ont jamais manqué une occasion de manquer une occasion. Il avait bien raison.

Les réfugiés oubliés

Je fais un aparté pour souligner une conséquence trop souvent occultée du conflit israélo-arabe : les réfugiés juifs. Toute résolution du conflit israélo-arabe demande que l'enjeu des réfugiés trouve une solution juste et équitable. Mais, par définition, pour être juste et équitable, elle doit prendre en considération non seulement les réfugiés palestiniens, mais aussi les réfugiés juifs des pays arabes. Or, nous n'entendons jamais parler des réfugiés juifs, comme s'ils n'existaient pas.

Tous ceux qui suivent les débats sur le Proche-Orient connaissent les demandes des réfugiés palestiniens, mais peu savent qu'il y a un pendant juif au problème des réfugiés.

À la fin de la Seconde Guerre mondiale, il y avait plus de 870 000 Juifs dans les pays arabes. Entre 1945 et 1950, la situation s'envenima beaucoup pour eux: persécutions, émeutes antijuives, confiscations de leurs biens, etc. À un point tel que la presque totalité quitta ces pays dans lesquels certains avaient des racines depuis 2500 ans.

Si certains se réfugièrent au Canada, en France et aux États-Unis, la grande majorité (600 000) s'installa dans le nouvel État d'Israël. Ils y arrivèrent sans rien, sans un sou.

Mais Israël se donna les moyens de les intégrer, malgré le peu de moyens dont le nouvel État disposait. D'un côté, les réfugiés juifs des pays arabes devinrent des citoyens à part entière d'Israël alors que les réfugiés arabes déplacés lors du conflit israélo-arabe demeurèrent (et demeurent jusqu'à ce jour) des réfugiés pour lesquels les États arabes ne font pratiquement rien de concret. Pire encore, ils ont décidé de les utiliser, eux et leur situation difficile, comme instrument politique contre Israël. En effet, en 1959, la Ligue arabe adopta la résolution 1457, selon laquelle « *Les pays arabes n'accorderont pas la citoyenneté aux applicants d'origine palestinienne afin d'éviter leur assimilation dans les pays hôtes*[98]. »

Plus précisément, les gouvernements occidentaux assument plus de 95 % du budget de l'organisme qui s'occupe des réfugiés palestiniens, l'UNWRA[99], alors que les pays arabes, qui parlent toujours des malheurs des réfugiés palestiniens, n'en assument qu'environ 1 %. De plus, les nations arabes refusent aussi d'intégrer les réfugiés palestiniens[100]. Si ce n'est pas de l'hypocrisie, je me demande ce que c'est.

(Il est intéressant aussi de noter en passant que l'UNRWA devait être une agence temporaire et que son personnel actuel est de 27 000 personnes, soit 4 fois le nombre d'employés du Haut Commissariat des Nations unies pour les réfugiés qui, lui, est responsable de *tous les réfugiés* de *tous les autres conflits* sur *toute la planète...*)[101].

En d'autres termes, ce dont il est question, c'est d'un échange de populations entre les États arabes et l'État juif, comme il y en a eu entre la Turquie et la Grèce au début du 20e siècle, entre les différents pays européens après la Deuxième Guerre mondiale et entre l'Inde et le Pakistan après l'accession de ces deux pays à l'indépendance en 1948.

Si on entend peu parler des réfugiés juifs, c'est évidemment parce qu'Israël s'est donné les moyens de les intégrer. Mais cela a été fait à grands coûts. Les États arabes, qui ont pourtant confisqué les biens des Juifs, n'y ont aucunement contribué et n'ont offert aucune compensation.

J'en reviens à ceci : si, bien entendu, il faut trouver une solution au problème des réfugiés palestiniens, une résolution juste et équitable du conflit israélo-arabe demande aussi que les dommages subis par les réfugiés juifs des pays arabes soient réparés.

L'appui à la haine, ou l'éducation morbide de la société palestinienne

Pour établir une véritable paix dans la région, il faudra plus que des signatures sur un simple bout de papier. Ce devra être une paix véritable entre les peuples. Or, l'incitation à la haine du Juif et d'Israël est telle dans la société palestinienne que cette possibilité apparaît de plus en plus lointaine[102].

Un exemple du résultat de cette haine : le 6 mars 2008, un terroriste faisait irruption dans une école religieuse à Jérusalem, tuant 7 jeunes hommes[103] âgés de 16 à 26 ans, et en blessant une dizaine (dont un Canadien[104]).

Le lendemain, le Hamas prenait la responsabilité de l'attentat. Une telle attaque, contre une école, est en soi un acte terrible. Inexcusable. Mais la réaction de joie et de célébration constatée dans les Territoires palestiniens était ignoble, odieuse.

Elle a illustré la théologie toxique, emplie de haine, qui règne dans l'esprit de trop de Palestiniens. Comment peut-on fêter l'assassinat délibéré, prémédité et de sang-froid de jeunes adolescents dans leur école?

Le 19 mars 2008, le *New York Times*[105] publiait les résultats d'un sondage mené auprès des Palestiniens par Khalil Shikaki, un Palestinien dont l'organisation, le *Palestinian Center for Policy and Survey Research*, mène des enquêtes d'opinion depuis des années et que j'ai moi-même rencontré à plusieurs reprises.

Le sondage, mené en personne auprès de 1270 Palestiniens, révéla que 84 % des personnes interrogées (84 %!!!) appuyaient l'attaque sur le séminaire juif.

Rien ne peut mieux illustrer le gouffre qui sépare l'état d'esprit actuel de la société palestinienne de la véritable volonté de paix qui leur est nécessaire afin d'atteindre enfin la coexistence pacifique avec Israël. Une simple feuille de papier signée par un leader palestinien ne peut donner les assurances de sécurité nécessaires à Israël pour régler le conflit. Ceci est d'autant plus vrai si l'on regarde l'ensemble de la situation régionale.

Israël : pris en tenailles

Pour avoir la paix dans la région, un accord entre Israël et l'Autorité palestinienne est essentiel, mais non suffisant. L'accord doit s'étendre à toute la région. Or, vu de Jérusalem, Israël est un petit pays, pris en tenailles par des entités qui veulent sa disparition.

Au Nord, le Hezbollah joue non seulement un rôle majeur au Liban, mais depuis le conflit de l'été 2006, il s'est réarmé. Plusieurs rapports indiquent notamment qu'il dispose de missiles à longue portée SCUD et d'armements modernes (fournis par l'Iran et la Syrie). De plus, le Hezbollah a maintenant le contrôle du gouvernement du Liban.

Au Sud, la Bande de Gaza est contrôlée par les islamistes du Hamas, eux aussi armés et sous l'influence de l'Iran.

Au Nord-Est se trouve la Syrie, qui est techniquement encore en guerre avec Israël, qui a fait alliance avec l'Iran et aide le Hamas et le Hezbollah à s'armer et à s'entraîner.

Immédiatement à côté se trouvent les territoires gérés par une Autorité palestinienne faible et dont la capacité de résister à un Hamas discipliné et fanatisé est mise en doute par plusieurs analystes de la région. (Il est, en passant, intéressant de découvrir que selon les fuites révélées par WikiLeaks, le Fatah – parti du Président palestinien Mahmoud Abbas – a demandé à Israël en 2007 d'attaquer le Hamas[106].)

Et, derrière tout cela, se trouve l'Iran[107].

L'Iran.

L'Iran est un grand pays, une grande civilisation, aujourd'hui gouvernée par une clique d'extrémistes religieux et de voyous.

L'Iran est un grand pays qui ne respecte pas les droits de la personne. Qui refuse l'égalité de la femme. Qui persécute ses minorités religieuses. Et sexuelles. Qui a torturé et assassiné la photojournaliste canadienne Zahra Kazemi dans une prison de Téhéran en 2003.

L'Iran est présidé par un homme qui nie la véracité, la réalité de l'Holocauste, tout en souhaitant – et en préparant – un autre génocide. Par l'acquisition d'armes nucléaires.

Depuis 2003, la République islamique d'Iran poursuit une importante campagne d'enrichissement d'uranium en violation des protocoles de l'Agence internationale de l'énergie atomique (AIEA) et des résolutions du conseil de sécurité des Nations Unies.

Les applications civiles des programmes d'enrichissement d'uranium et de production de plutonium de Téhéran sont minimales. Mais elles peuvent rapidement être récupérées à des fins militaires, ce qui constitue une menace grave à la paix et la sécurité, non seulement du Moyen-Orient, mais de la planète entière[108].

La menace globale que pose la prolifération nucléaire en Iran est aggravée par la volonté de Téhéran d'acquérir des technologies de missiles de longue portée, par son refus catégorique des garanties militaires, économiques et sécuritaires proposées et par sa belligérance militante à l'égard d'Israël et de l'Occident.

La menace ne vise pas seulement Israël. L'Europe est très inquiète, de même que les États-Unis et le Canada[109]. Plus révélateur encore, le site internet WikiLeaks révélait en octobre 2010 que les pays arabes sont les plus en faveur d'attaquer l'Iran afin d'empêcher son accession au club nucléaire[110].

Je me concentre quelques instants sur l'actuel Président iranien Mahmoud Ahmadinejad. Mais il ne faut surtout pas croire que le problème et le danger se limitent à lui. Ahmadinejad n'est qu'un élément du régime. C'est le régime islamiste iranien lui-même qui constitue la menace.

En octobre 2005, Ahmadinejad prononça une allocution à propos du droit à l'existence d'Israël[111]. Il déclara « *qu'il adhérait aux propos de l'Ayatollah Khomeini selon lesquels un jour le régime sioniste serait rayé de la carte.* »

Parlant de l'Holocauste, Ahmadinejad dénonce le « mythe du massacre des Juifs » et propose de créer un État juif en Europe, aux États-Unis, au Canada ou encore en Alaska, lors d'un discours télédiffusé par une chaîne iranienne.

Il critiqua aussi les lois européennes interdisant de nier l'Holocauste. Il nie alors l'existence de l'ampleur de la Shoah, qualifie Israël de « tumeur » et demande à l'Allemagne et à l'Autriche de céder une partie de leur territoire pour établir l'État d'Israël, impliquant un transfert massif de la population juive israélienne sur un autre territoire que l'actuel État juif.

Il est, pour un Juif – mais cela devrait être le cas pour tous –, pour le moins dérangeant d'entendre certains affirmer que ces paroles, ces discours, « ne sont que des rodomontades. » Que ce n'est que « pour faire plaisir à sa base. »

Les gens n'ont-ils pas retenu les leçons de l'Histoire? Quand les dirigeants d'une grande puissance disent vouloir l'anéantissement des Juifs – et s'en donnent les moyens –, le devoir du monde entier est d'écouter.

Et de les arrêter[112].

Le véritable enjeu

S'il n'y avait qu'une seule chose à retenir de l'exposé ci-haut, c'est ceci : le véritable enjeu du conflit israélo-arabe n'est ni l'évacuation de territoires par Israël, ni Jérusalem, ni le « retour » des réfugiés palestiniens. Le véritable enjeu est l'existence même de l'État juif d'Israël, sa légitimité.

12. Holocauste : Quand « n'oublions jamais » se conjugue avec « je me souviens »

C'est au retour de mon troisième séjour en Israël que je décidai de travailler sur un projet qui me tenait à cœur : le souvenir de l'Holocauste (appelée *Shoah* en hébreu).

J'aime bien l'histoire, en particulier l'histoire de la Seconde Guerre mondiale. Évidemment, cela comprend tout ce qui touche l'Holocauste.

Mais je ne suis pas un *fan* de la victimisation. Je préfère les épisodes où les Juifs se battaient. J'ai lu tous les livres sur la Brigade juive[113] et sur les résistants juifs, en particulier sur Aba Kovner et les frères Bielski – période qui fut d'ailleurs le sujet du film *Defiance*[114] avec Daniel Craig, le dernier acteur incarnant le fameux agent secret James Bond.

Mais, évidemment, la très grande majorité des Juifs fut happée par la machine nazie et n'a même pas eu la chance de se défendre. Et fut torturée, massacrée et gazée.

Les leçons qu'il faut tirer de la *Shoah* sont importantes.
L'Holocauste a deux dimensions, à première vue contradictoires : une dimension universelle et une dimension particulière.

Le message universel est qu'un groupe (ethnique, national, religieux, sexuel ou autre) peut être la victime d'une haine si intense, si féroce, que cela mène à des actes innommables.

Le génocide arménien après la Première Guerre mondiale, les massacres au Cambodge dans les années 70, le génocide rwandais en 1994 et, aujourd'hui, la situation au Darfour montrent que l'Homme est capable du pire. Les Juifs n'ont pas le monopole de la souffrance – et n'ont jamais prétendu l'avoir non plus.

Par contre, la dimension particulière, spécifique de l'Holocauste, c'est que le peuple juif a été, depuis des millénaires, l'objet d'une haine spéciale.

Par les païens du monde grec, et plus tard romain, qui rejetaient le monothéisme. Par le monde chrétien qui n'acceptait pas le refus du peuple juif de reconnaître Jésus comme le Messie.

Par le régime nazi qui a mis les immenses ressources de la nation allemande au service de la destruction des enfants d'Israël.

Et aujourd'hui, par les nombreux mouvements islamistes implantés un peu partout dans le monde.

Depuis quelque temps déjà, je caressais donc une idée qui me permettrait d'offrir à mes fils une commémoration tangible et un témoignage unique de l'une des plus grandes atrocités de l'Histoire, tout en marquant de manière forte le souvenir du meurtre de six millions de Juifs.

Le 1er décembre 2001, le décès d'Albert Rudolph, le père de mon bon ami et beau-frère Howard, fut le point tournant de ma réflexion et me fournit l'inspiration qui allait conduire à l'adoption d'une loi instituant au Canada le Jour commémoratif de l'Holocauste – *Yom ha-Shoah*[115].

La vie d'Albert Rudolph est une véritable épopée en soi.
Rescapé de l'Holocauste, il est arrivé à Halifax, sans le sou, en avril 1950 à l'âge de 24 ans. M. Rudolph travailla toute sa vie comme boucher, réussissant à offrir des études universitaires à ses cinq enfants : Allen, Howard, Dina, Karen et Cory. Il eut le bonheur de connaître 10 de ses 14 petits-enfants avant de mourir.

Né à Bendzin en Pologne, à proximité de la frontière allemande, il fut amené en 1941 au camp de concentration de Buchenwald. Il avait 16 ans.

Au moment du décès de M. Rudolph, j'ai réellement pris conscience que, le temps faisant son œuvre, il n'y aurait bientôt plus de témoins directs de cette sombre période de l'humanité. Mon rôle de parlementaire m'ouvrait une dimension privilégiée pour contribuer au souvenir et aux leçons à tirer de la terrible barbarie nazie.

C'est ainsi que j'ai décidé, appuyé par mon adjoint Patrick St-Jacques et mon stagiaire Steeve Azoulay, de préparer et de proposer un projet de loi visant à commémorer légalement l'Holocauste au Canada.

Il importe de savoir qu'un projet de loi déposé par un simple député est rarement adopté. Je devais donc trouver de l'appui dans toutes les formations politiques pour réussir mon pari. Ce que je fis avec Judy Wasylycia-Leis du Nouveau Parti démocratique (NPD)[116], Scott Reid de l'Alliance canadienne, Scott Brison, alors au Parti progressiste-conservateur et Art Eggleton, du Parti libéral.

Tous acceptèrent non seulement de soumettre le projet de loi à l'approbation de leur caucus respectif, mais aussi de le parrainer conjointement avec moi de manière officielle. De plus, je ne pourrais passer sous silence la contribution exceptionnelle des députés libéraux Jacques Saada et Anita Neville pour faciliter l'adoption unanime de ce projet de loi.

En raison du contexte lié au couronnement assuré de Paul Martin à la direction du Parti libéral du Canada, une rumeur persistante de prorogation de la session (qui aurait mis un terme à celle-ci) circulait depuis un bon moment sur la colline Parlementaire. Ainsi, le temps se faisait de plus en plus pressant. Nous travaillions contre la montre.

Malgré cela, le 21 octobre 2003[117], grâce à l'appui indéfectible de mes collègues tout au long du processus, les députés de la Chambre des communes adoptèrent, en une seule journée et dans une rare unanimité, le projet de loi intitulé *Loi instituant le Jour commémoratif de l'Holocauste.*

Au terme des courtes déclarations qui suivirent et de l'annonce de l'adoption officielle de la motion par le président de la Chambre, je réalisai l'importance du geste que j'avais entrepris quelques semaines auparavant.

J'éprouvai alors une fierté indescriptible et un sentiment de grande émotion planait alors dans l'enceinte de la Chambre et dans les couloirs du Parlement.

Peu après, le Sénat adoptait le projet de loi et, le vendredi 7 novembre suivant, la gouverneure générale accordait la Sanction royale au projet de loi C-459, qui devenait ainsi le Chapitre 23 des Lois du Canada de 2003.

C'est la raison pour laquelle, chaque année, une cérémonie officielle a lieu à Ottawa, réunissant les chefs des partis politiques, les députés, les sénateurs, les ambassadeurs de plusieurs pays et plusieurs rescapés de cette période sombre de l'histoire humaine.

Quant à moi, je crois avoir contribué à ce que le « N'oublions jamais » suivant l'Holocauste se marie avec le « Je me souviens » québécois.

13. Les relations Canada-Israël : d'une profondeur insoupçonnée

Œuvrant au sein du Comité Canada-Israël, je me fais souvent demander de quelle nature et de quelle profondeur sont les relations entre les deux pays.

En fait, pratiquement autant que sur le conflit israélo-arabe, c'est sur ce sujet que portent nombre de mes conférences.

J'ai pensé qu'il serait important, dans le cadre de cet ouvrage, d'en donner un aperçu.

D'autant plus que, bien que les médias portent surtout leur attention sur le conflit et ce qui en découle, les relations canado-israéliennes dépassent de beaucoup les communiqués officiels sur ce sujet. Et elles sont au cœur de mon travail quotidien.

2009 marque le 60e anniversaire de l'établissement de relations diplomatiques entre le Canada et Israël.

Cherchant des idées originales pour marquer l'événement, j'ai eu à faire de nombreuses recherches pour me familiariser avec l'étendue des liens qui unissent les deux pays. Cet anniversaire fut donc pour moi l'occasion d'approfondir mes connaissances sur le sujet.

Bien entendu, le fait que les deux pays partagent des valeurs communes, basées sur la démocratie, le respect des droits de la personne et les libertés individuelles, qu'ils soient deux économies avancées, qu'ils se soient bâtis grâce à de nombreuses vagues d'immigrations et aient comme système juridique principal (sauf pour le droit privé au Québec, évidemment) la *common law* britannique et fonctionnent en tant que démocratie parlementaire n'est pas pour nuire.

Ces liens étroits existent dans une multitude de domaines.

Et datent du tout début de l'État moderne d'Israël. En effet, en avril 1947, le Canada figure parmi les 11 pays formant la Commission spéciale des Nations Unies pour la Palestine. En août 1947, c'est un juge de la Cour suprême du Canada, Ivan Rand – le père de la formule Rand encore en vigueur en droit du travail canadien – qui a rédigé le Plan de partition de l'ONU appelant à la création d'un État juif aux côtés d'un État palestinien.

Logiquement, en novembre 1947, le Canada a voté à l'ONU en faveur de la création d'un État juif. De ce moment date la position canadienne – inchangée depuis plus de 60 ans, malgré les changements de gouvernements – en faveur de deux États (un juif, un arabe). Dès 1948, le Canada reconnaît Israël de facto et l'année suivante, *de jure*, après l'admission d'Israël à l'ONU.

Cette reconnaissance n'est que le point de départ d'une relation de plus en plus fructueuse, à plus d'un niveau.

Commerce

Le Canada et Israël sont liés par de nombreux accords économiques, dont le plus important est l'*Accord de libre-échange Canada-Israël* (ALÉCI), signé en 1996, accord qui a permis au commerce entre les deux pays de plus de tripler depuis sa signature. Cet accord, complété par plusieurs ententes telles que le *Protocole d'entente renforçant le commerce bilatéral et les relations économiques* (conclu en 1977) et l'*Accord de coopération entre l'Association des manufacturiers d'Israël et l'Alliance des manufacturiers et exportateurs du Canada* (signé en 1997) a fait en sorte qu'en 2008, les exportations canadiennes vers Israël se sont chiffrées à 582,78 millions de dollars, tandis que les importations canadiennes en provenance d'Israël s'élevaient à 1,22 milliard de dollars.

Les deux pays étant de plus en plus tournés vers la science et la technologie, la *Fondation Canada-Israël pour la recherche et le développement industriels* (FCIRDI) a été mise sur pied en 1994 afin de promouvoir la collaboration en matière de recherche et développement. Qu'on parle de nanotechnologie, de communication sans fil, de sciences de la santé, le FCIRDI a puissamment contribué aux développements technologiques des deux pays. En fait, cet accord a tellement eu de succès que le Canada a créé l'équivalent avec l'Inde, la Chine et le Brésil.

Ce n'est cependant pas seulement avec l'État fédéral qu'Israël a de solides relations. En 2005 était signé, entre l'Ontario et Israël, le *Protocole d'entente sur le développement industriel*, suivi, en 2008, de l'*Entente complémentaire sur le développement de la coopération économique et technologique* entre le Québec et Israël[118]. En fait, cette entente a été reconduite lors de la plus importante délégation commerciale en Israël jamais organisée au Canada[119], alors qu'elle était dirigée par le ministre du Développement économique du Québec.

Le Québec aurait avantage à tisser des liens commerciaux plus serrés avec Israël. En y mettant plus d'efforts, il pourrait en tirer encore plus de bénéfices. Ce serait d'ailleurs dans son intérêt.

Culture

Cependant, pour que les relations entre deux pays soient bonnes, elles ne peuvent être qu'uniquement commerciales. La culture, qui est l'âme d'un peuple, permet aussi à des sociétés de mieux se connaître. Or, les ententes culturelles entre le Canada et Israël sont nombreuses. Qu'on pense à l'*Entente Canada-Israël sur les relations cinématographiques* (1980), l'*Entente sur la production vidéo et cinématographique* (1985), le *Protocole d'entente en matière de culture et d'éducation* (1999) ou l'*Entente de coopération Québec-Israël en matière d'éducation, de sciences, de technologie et de culture*, on peut voir que les liens culturels sont solides.

Ils ont notamment permis aux Grands Ballets canadiens, troupe de Montréal, d'être invités à participer aux festivités marquant le 100e anniversaire de Tel-Aviv en 2009 et à la troupe israélienne de danse Batsheva, qui s'était déjà produite dans plusieurs villes canadiennes, d'être invitée à Vancouver pour la première fois à l'occasion de l'Olympiade culturelle en 2009.

Le sport fait aussi partie, à mon avis, de la culture, bien que d'une autre façon. Et le sport sert aussi de pont entre les deux sociétés, pourtant à des milliers de kilomètres de distance. Par exemple, le Centre Canada à Metoula, près de la frontière du Liban, abrite l'équipe nationale israélienne de hockey sur glace et la seule patinoire olympique d'Israël. Ses murs sont décorés de distinctions accordées à des grands du hockey canadien, tels que Jean Béliveau et Roger Nielson. En 2005, grâce à plusieurs joueurs canado-israéliens et à l'ex-entraîneur du Canadien de Montréal, Jean Perron, derrière le banc, Israël a gagné la médaille d'or aux Championnats mondiaux de la Fédération internationale de hockey sur glace, Division II Groupe B.

Processus de paix et sécurité

Le Canada souscrit sans réserve, et depuis longtemps, on l'a vu, à l'objectif d'une paix globale, juste et durable au Moyen-Orient et à la création d'un État palestinien coexistant avec Israël dans la paix et la sécurité.

L'implication importante du Canada en ce sens peut être vue notamment par le fait qu'en 1957, Lester B. Pearson se voit attribuer le Prix Nobel pour la Paix pour son rôle dans la création des Casques bleus postés dans le Sinaï, ou par la participation canadienne, commencée en 1974, à la Force des Nations Unies chargée d'observer le dégagement sur le Plateau du Golan, ou par la présidence canadienne, depuis 1992, du Groupe de travail sur les réfugiés, appuyant les efforts pour trouver une issue juste, complète et durable à la question des réfugiés ou encore, par la décision canadienne en 2007 de verser plus de 300 millions de dollars pour améliorer la sécurité, la gouvernance et la prospérité palestiniennes.

Droit

Le droit rapproche les deux pays depuis longtemps aussi. D'abord, la Charte canadienne des droits et libertés est souvent citée dans des décisions judiciaires israéliennes.

Selon le professeur israélien d'origine canadienne Allen Zysblatt, la Charte canadienne des droits et libertés est le document étranger qui a le plus d'influence et d'impact en droit israélien; elle est souvent utilisée et citée par les cours israéliennes, en particulier par la Cour suprême, quand vient le temps de faire du droit comparatif en matière de protection des droits de la personne[120].

Mais il existe aussi plusieurs ententes telles que le *Traité d'extradition entre le Canada et Israël* (1969), le *Programme d'entraide juridique entre le Canada et Israël afin de faire partager l'expertise canadienne en matière de droits de la personne* (1992), le *Traité d'entraide juridique favorisant le partage de renseignements dans l'enquête et la poursuite de crimes* (1999) et la *Déclaration d'intention de coopération en matière de droit afin de promouvoir l'échange d'autorités judiciaires* (1999).

Il est à noter aussi que les juges en chef des Cours suprêmes canadienne et israélienne sont des femmes.

Comme on peut le constater, les relations entre le Canada et Israël sont profondes et mutuellement bénéfiques.

Mon travail quotidien consiste à les développer, à les nourrir et à les enrichir.

C'est, pour moi, un travail important et valorisant. Peut-être est-ce moins spectaculaire que ce que je faisais alors que j'étais député, mais il n'en demeure pas moins que je fais une différence dans la vie des gens, que je m'implique, d'une autre façon, dans la vie publique.

14. Panorama

Les différents postes que j'ai occupés – et occupe toujours – dans ma vie professionnelle m'ont amené et m'amènent à voyager à travers le monde et j'adore y visiter les institutions juives, y rencontrer des Juifs et échanger avec eux. Et je ne peux qu'être frappé par le fait que, malgré la très grande diversité induite par le milieu dans lequel vivent les Juifs, il existe aussi une grande solidarité, une identité commune. En voici un petit échantillon.

Il y a des Juifs sur les cinq continents et en fait, la majorité vit en dehors de l'État d'Israël. Il y a aujourd'hui autour de 15 millions de Juifs dans le monde, vivant dans 100 pays. De ce nombre, 41 % vivent en Israël. Un nombre similaire, soit 40 %, vivent aux États-Unis. Les autres communautés juives importantes se trouvent dans les pays de l'ex-URSS, en France, au Canada, en Argentine et en Grande-Bretagne.

Les États-Unis abritant la plus grande communauté juive de la Diaspora, et étant notre pays voisin, j'ai souvent l'occasion d'y aller. La diversité, l'effervescence et le dynamisme juifs y sont remarquables.

Pour fêter mon 10e anniversaire de mariage avec Lori, nous sommes allés passer quelques jours à San Francisco. S'il y a bien un endroit où subsiste la culture hippie, la contre-culture, c'est bien dans cette ville californienne. Après quelques jours à visiter cette très charmante ville de la côte ouest américaine, nous sommes allés prendre quelques heures de repos pendant shabbat à la synagogue. Le service à la synagogue où nous sommes allés ressemblait à un concert folk des années 1970. Guitare, hommes aux cheveux longs, gens qui dansaient, nous nous trouvions dans un temple où une forme bien californienne du judaïsme était pratiquée.

À Washington, Temple Micah, la synagogue où Lori, nos

jumeaux et moi sommes allés, nous a surpris par sa composition ethnique et ses mélodies. Entre le tiers et le quart des gens étaient Noirs. De plus, les mélodies et les chansons étaient souvent soit des *Negro Spirituals* ou en étaient fortement inspirées. À quelques reprises, nous nous serions crus à un concert de musique Gospel. C'était très différent de ce à quoi je suis habitué, mais en même temps, c'était très stimulant.

À New York, la plus grande ville juive du monde, ma famille et moi sommes allés prier à la plus grande synagogue réformée du globe, Temple Emmanu-El. Cette synagogue, située tout juste à côté de Central Park, a été fondée par des Juifs allemands en 1845. Le bâtiment lui-même, datant des années 1920, est magnifique, grandiose. On sent le besoin qu'avaient les Juifs new-yorkais de faire eux aussi dans la démesure, de faire aussi bien, sinon mieux, que leurs voisins protestants.

À l'intérieur, cette synagogue avait la même ambiance qu'une basilique protestante : orgue, service presque exclusivement en anglais, très peu d'hébreu utilisé, les membres du clergé (femmes et hommes) habillés comme des ministres protestants, peu de kippas[121] ou de tallits[122] visibles.

Un des événements auxquels j'adore assister est le congrès annuel d'AIPAC[123], le principal lobby pro-Israël aux États-Unis. C'est fascinant : plus de 7000 délégués, évidemment en très grande majorité des États-Unis, mais aussi des Français, des Britanniques, des Allemands, des Russes, des Israéliens, des Canadiens et… des Québécois.

Contrairement à ce qu'affirment les conspirationnistes qui inondent de sombres complots les sites internet et contrairement aux élucubrations des nombreux chroniqueurs (ici comme ailleurs) peignant un tableau faussé de la communauté pro-Israël américaine, les délégués sont des monsieur et madame Tout-le-Monde venus écouter des conférenciers de très haut niveau, échanger entre eux de sujets qui leur sont chers et exerçant leur droit démocratique le plus élémentaire d'aller rencontrer leurs élus.

Rien de secret, rien de sombre. En fait, les délégués me font plutôt penser aux délégués les plus sérieux des nombreux congrès péquistes et bloquistes auxquels j'ai assisté.

Participer à un tel congrès avec un nombre si important de personnes (je le répète : 7000) réunies dans un seul endroit est, pour le moins, impressionnant. Et une indication de la profondeur des liens qui unissent la nation américaine (et je ne parle pas ici seulement des Juifs américains puisque de nombreux non-juifs y participent) et la nation israélienne.

Ces liens sont d'une profondeur qui dépasse de beaucoup les occupants (nécessairement temporaires) de quelque charge élective que ce soit dans ce grand pays que sont les États-Unis d'Amérique ou dans le petit pays assiégé qu'est l'État d'Israël.

Paris est une autre grande ville juive du monde. Centre administratif, économique et culturel de la France, la Ville lumière est aussi le cœur de la vie juive française. Comme c'est une ville que j'ai habitée, que j'adore et pour laquelle je conserve de chaleureux souvenirs, mon expérience juive m'a rendu triste. Je m'explique.

Pour accéder à la synagogue que j'avais choisie pour le shabbat, ce fut un véritable parcours du combattant. Comme la majorité de la communauté juive de France est maintenant sépharade, en provenance surtout d'Afrique du Nord, on comprendra facilement que je n'avais pas nécessairement le look. Blond aux yeux bleus, avec en plus un accent prononcé et bizarre, je fus soumis à un interrogatoire en bonne et due forme, avec questions posées agressivement et fouille à tâtons.

Je savais que la question sécuritaire était importante et troublante pour les Juifs de France, mais on ne peut réaliser à quel point avant de devoir subir ce genre de traitement avant d'aller prier. Ça brise un peu l'esprit, disons…

La France a vu une montée importante de l'antisémitisme dans les années 2000 et il aura fallu plusieurs malheureuses agressions et le dynamisme de Nicolas Sarkozy pour faire en sorte que les autorités françaises prennent finalement les mesures nécessaires pour lutter contre le phénomène.

Je ne peux dire que je connais beaucoup les Juifs hassidiques, à redingotes noires, papillotes et barbes. Ils font souvent parler d'eux au Québec, d'abord parce qu'ils sont les seuls Juifs si évidemment visibles. De plus, comme ils vivent renfermés sur eux-mêmes – certains diront dans un univers parallèle – il est difficile d'apprendre à les connaître.

Il est important de dire que les Juifs hassidiques sont eux-mêmes divisés en plusieurs sectes dont les plus importantes sont Chabad-Loubavitch, Satmar et Breslov, du nom des villes est-européennes qui ont vu naître chaque mouvement particulier. Ce sont aussi, contrairement à l'idée que nous nous faisons d'eux quand on ne les connaît pas, des gens très heureux, chaleureux, qui aiment la joie, chanter, danser et boire du vin.

Bien que n'étant évidemment pas hassidique moi-même, et n'ayant aucun désir de le devenir, j'ai toujours voulu mieux comprendre le phénomène, connaître ses adeptes, me délester de mes préjugés à leur égard. Une occasion de mieux connaître le hassidisme s'est présentée à moi en 2009, et j'ai sauté sur l'occasion.

On m'a offert d'aller passer le Nouvel An juif, appelé Rosh Hashana, à Ouman en Ukraine. Pourquoi Ouman? Un célèbre rabbin hassidique, le Rebbe Nachman, y est enterré. Ce Rebbe, qui est mort il y a plus de 200 ans, est le fondateur de la branche Breslov du mouvement hassidique. Il était l'arrière-petit-fils du rabbin Israël Baal Shem Tov, le fondateur du mouvement hassidique. Peu avant sa mort, le Rebbe Nachman a exprimé le désir de voir les gens aller prier sur sa tombe le jour de Rosh Hashana.

Les adeptes du hassidisme Breslov croient que, pendant Rosh Hashana, il est possible d'atteindre un niveau spirituel très élevé. Ils croient aussi que le niveau peut être encore plus élevé si la prière a lieu sur la tombe d'un maître hassidique. Finalement, ils croient aussi que de prier sur la tombe du Rebbe Nachman à ce moment fera en sorte que ce dernier interviendra en faveur du pèlerin lorsque viendra le temps d'être jugé par Dieu.

Il n'est pas exagéré d'affirmer que cette expérience m'a propulsé dans un autre monde, dans un univers parallèle, justement. Ouman est une petite ville située à quatre heures de voiture de la capitale Kiev ou du port d'Odessa. Chaque année, près de 30 000 Juifs du monde entier convergent vers cette petite ville pour très peu de temps. Et Ouman n'a pas l'infrastructure nécessaire pour accueillir ces gens : ni hôtel, ni centre des congrès.

Les gens couchent dans des tentes, dans les rues ou encore, louent les appartements et les maisons des habitants d'Ouman. C'est ce que j'ai pu faire, m'étant joint à un groupe de jeunes Juifs francophones qui n'en étaient pas à leur premier pèlerinage à Ouman.

Je fus surpris par l'importance de la délégation des jeunes Juifs montréalais. Nous étions 28 dans la maison, 8 à 10 par chambre avec... une seule salle de bain et une seule douche.

Les Ukrainiens dorment alors ailleurs chez leur famille, chez des amis, ou dans des cabanons ou des garages. Ils se font ainsi, pendant cette seule semaine, souvent plus d'argent en louant leur maison que pendant toute l'année.

Ce fut une expérience unique. Des Juifs de partout dans le monde, du Québec, du Canada, d'Israël, de France, des États-Unis, d'Australie, de Belgique, de Grande-Bretagne, religieux et laïques (oui, oui, laïques), sépharades et ashkénazes se réunissant ainsi une fois par année pour accueillir le Nouvel An juif.

Je fus cependant surpris de constater que la majorité des pèlerins n'étaient pas hassidiques. Ces derniers ne formaient, selon mes propres estimations, que 40 %-45 % des gens qui avaient fait le déplacement. Je n'étais donc pas le seul curieux.

Malgré les différences, un mélange d'hébreu, de français et d'anglais assurait une communication relativement facile. Et l'intensité des activités et de la prière restera longtemps gravée dans ma mémoire. Je ne suis pas sûr d'y jamais retourner, mais c'est le genre d'expérience un peu « sautée » que je suis bien content d'avoir vécue une fois dans ma vie.

J'ai parlé plus haut du dynamisme – que j'ai pu moi-même constater – des communautés juives que j'ai visitées. Mais je ne peux passer sous silence un problème qui guette et inquiète les Juifs de la Diaspora : l'assimilation.

Je suis toujours surpris du parallèle qui peut être fait entre la situation des francophones canadiens hors Québec et ceux des Juifs en situation minoritaire. Quand on parle des francophones hors Québec, on parle souvent des taux d'assimilation astronomiques qui sont les leurs.

Ayant moi-même vécu quelque temps exclusivement en anglais en Ontario, je me souviens qu'après un certain temps, après avoir étudié, travaillé, socialisé exclusivement dans la langue de Shakespeare, je cherchais mes mots en français. Et j'avais pourtant grandi exclusivement en français.

D'être né, d'avoir grandi et de vivre dans des milieux anglophones et d'avoir réussi à garder le français démontre à mes yeux une volonté incroyable des francophones hors Québec de préserver leur identité française au Canada.

Évidemment, la bataille est rude – plusieurs diront perdue. Et cette bataille commence à la maison[124]. Si un francophone marie une anglophone et que l'anglais est la langue principale de la maison, les enfants seront principalement anglophones. C'est un phénomène souvent constaté hors Québec[125] et que je rencontre même... en Outaouais aujourd'hui !

La même chose se produit pour les Juifs en situation minoritaire. Les chances que les enfants d'un couple mixte juif-non juif soient d'identité et de culture juives sont minces. C'est une raison pour laquelle beaucoup de parents juifs souhaitent que leurs enfants marient des juifs. Ce n'est aucunement une question de racisme.

Vous n'avez, par exemple, qu'à visiter l'école religieuse qu'ont fréquentée mes enfants pour vous rendre compte qu'elle est beaucoup plus colorée, ressemble plus à des mini Nations-Unies que n'importe quelle école de Trois-Rivières, Saguenay ou même Québec. De la part des parents, c'est une question de vouloir transmettre leur identité, leur héritage à leurs enfants.

Et c'est quelque chose qui est facile à comprendre pour les Québécois francophones. Comme je l'ai déjà mentionné, Lori et moi avons conclu un pacte dès l'arrivée des jumeaux pour conserver à la fois la langue française et la religion juive.

Dans les territoires de l'ex-URSS, le taux d'exogamie (de mariage hors de la communauté juive) est de 75 %, de plus de 50 % aux États-Unis[126], de plus de 40 % en France et en Grande-Bretagne et de 35 % au Canada. Plusieurs experts sont d'avis que, si aujourd'hui, seulement 41 % des Juifs du monde vivent en Israël, d'ici un quart de siècle la majorité y vivra, principalement à cause du taux d'assimilation élevé des Juifs vivant à l'extérieur d'Israël.

J'ai toujours trouvé triste le recul de la langue française, peu importe si celui-ci se fait dans l'ancien empire français, en Europe ou au Canada. De la même façon, je crois qu'il est dommage et triste de voir les Juifs, ce peuple inventif, créateur et dynamique, perdre des plumes au sein de la Diaspora, de voir son poids démographique baisser, y compris en termes absolus.

L'unité qui semble de l'extérieur être une qualité du peuple juif est en fait bien fragile. Contrairement à une croyance répandue, la communauté juive, si elle fait preuve d'une grande solidarité dans l'adversité, est tout sauf monolithique.

Nous avons vu que les milieux de vie des Juifs sont très divers, que les taux d'assimilation des communautés de la Diaspora sont très élevés et j'ai évoqué la diversité religieuse. En plus de cette grande diversité d'appartenance nationale et culturelle, le peuple juif est en effet traversé de plusieurs courants, qu'ils soient religieux, philosophiques ou politiques.

Ces courants peuvent se combattre férocement. Plusieurs Juifs orthodoxes considèrent que les Juifs non orthodoxes (c.-à-d. athées, laïques, conservateurs/massortis, réformés/libéraux) ne sont pas de « vrais Juifs. » En contrepartie, plusieurs Juifs non orthodoxes considèrent les orthodoxes comme des fossiles, des relents d'une époque révolue.

En pensant à ce fort taux d'assimilation des Juifs de la Diaspora, je ne peux m'empêcher de songer que si l'État d'Israël devait disparaître, c'est possiblement toute la civilisation juive qui risquerait de disparaître peu à peu.

C'est comme la francophonie en Amérique. Si le Québec francophone venait à disparaître, c'est toute la francophonie canadienne et américaine qui disparaîtrait.

Je préfère ne pas trop y penser.

Déjà au cégèp, j'étais passionné par la chose publique. Ici, lors d'une manifestation que j'avais, avec d'autres bien sûr, organisée à Québec pour défendre la Loi 101.

À peine quelques mois après mon élection à l'âge de 26 ans, me voici entre, d'un côté, Lucien Bouchard, Premier ministre du Québec et chef du Parti québécois et, de l'autre, Gilles Duceppe, chef du Bloc québécois. J'étais loin du quartier Guillaume-Mathieu de Charlesbourg…

Lors d'une visite de Jacques Parizeau dans ma circonscription, l'ex-Premier ministre avait réussi à faire déplacer des centaines de personnes malgré la tempête de neige qui soufflait sur Québec. Mes discussions avec M. Parizeau étaient toujours pour moi d'un grand intérêt.

Lors de ma troisième - et dernière - assermentation à titre de député en 2004. Je venais de livrer ma plus belle campagne.

La fonction de député m'a permis de rencontrer des personnages fascinants. Ici, avec le Dalaï Lama lors d'une de ses visites à Ottawa.

**Ici, avec le légendaire Nelson Mandela, le Premier ministre
Jean Chrétien et quelques collègues du Bloc.**

Lors d'une visite de Nathan Sharansky à Montréal le 14 mars 2004. Sharansky, un activiste des droits de la personne, est l'un des plus célèbres dissidents soviétiques et la personnification des persécutions auxquelles ont été soumis des millions de Juifs par les autorités communistes.

Lors d'une session de travail en 2003 avec Shimon Pérès, lauréat du Prix Nobel de la Paix et actuel Président de l'État d'Israël.

Lors de la cérémonie annuelle du Jour commémoratif de l'Holocauste sur la Colline parlementaire à Ottawa. Me voici avec certains des collègues parlementaires qui ont contribué au passage de la loi instituant cet événement. De g. à d.: Judy Wasylycia-Leis, Jerry Grafstein, Scott Reid, Anita Neville et moi. Remarquez les motifs sur ma kippa.

Avec le Président palestinien Mahmoud Abbas en mai 2009.
Lors d'une visite à Ottawa, Abbas avait demandé de rencontrer les
leaders de la communauté juive canadienne. Les échanges furent
à la fois polis et francs.

Pour un vrai dialogue

15. En toute franchise

Affirmer que le Québec est une société plus raciste ou antisémite que, par exemple, la France, la Grande-Bretagne[127] ou la Suède[128] est faux, mensonger et diffamatoire.

J'ai dû défendre le Québec en général, et le mouvement souverainiste en particulier, contre de telles accusations scabreuses à maintes reprises alors que je voyageais à travers le Canada et dans le monde. Je fus toujours à l'aise de le faire, car je sais les Québécois généreux, tolérants et accueillants.

Que nous voulions défendre l'identité de notre petit peuple à majorité francophone de 7 millions d'habitants, sis tout juste à côté du plus puissant empire économique, politique, militaire et culturel de l'histoire ne fait pas de nous, Québécois, des xénophobes.

Nous n'avons pas à nous excuser, d'aucune manière, de notre volonté de continuer de vivre, d'exister, de prospérer avec notre personnalité originale et distincte. Au contraire. Nous devrions plutôt en être fiers.

Ceci étant clairement dit, ne pas reconnaître qu'il existe ici aussi, comme malheureusement dans tous les pays de la planète, des gens moins ouverts, xénophobes, voire racistes et antisémites, ce serait de l'aveuglement volontaire.

Dans l'optique de la nécessité d'un vrai dialogue au Québec, entre citoyens non-juifs et juifs, je crois qu'il est essentiel de prendre le taureau par les cornes et d'identifier certains enjeux problématiques, surtout ici au Québec, mais aussi au Canada et touchant les Juifs d'ici comme d'ailleurs.

Pour qu'un véritable dialogue s'installe, j'ai toujours été d'avis que les « vraies affaires » devaient être dites, avec respect, mais clairement. C'est ce que j'ai fait au Canada anglais quand j'y étais comme étudiant, puis comme député bloquiste.

C'est aussi ce que je fais dans cet ouvrage.

En fait, je ne peux m'empêcher de faire certains parallèles entre ce que je faisais comme souverainiste au Canada anglais et mon travail actuel dont un des buts principaux est d'expliquer la communauté juive québécoise et Israël à mes concitoyens québécois. Dans les deux cas, les préjugés doivent être réfutés; la désinformation, corrigée; les faussetés et les mensonges, combattus.

Ayant grandi dans la famille souverainiste, y ayant milité depuis 1987, c'est évidemment celle que je connais le mieux. Et celle avec laquelle je suis en contact le plus étroit. Si les souverainistes occupent une place importante dans les chapitres qui suivent, c'est donc qu'il s'agit de ma propre famille politique.

Les Juifs se retrouvent régulièrement dans les médias et au centre de différentes controverses. Ceci est trop souvent disproportionné et non mérité.

Cela s'explique, de façon générale, par deux raisons que j'expliciterai dans les pages qui suivent. D'abord, malgré la place disproportionnée qu'occupent les Juifs et Israël dans nos médias, les Québécois sont généralement mal informés sur ces sujets.

Ce n'est pas leur faire porter le blâme que d'avancer une telle proposition. Je réalise aujourd'hui que moi-même, qui me suis pourtant toujours considéré plutôt bien au fait des questions internationales importantes, j'étais assez peu connaissant des tenants et aboutissants de la situation complexe qui prévaut au Moyen-Orient avant de lire de façon intense sur cette région et de m'y être rendu à plusieurs reprises.

Il est en effet difficile, voire impossible, de bien déchiffrer la situation au Moyen-Orient en se basant sur 60 secondes au Téléjournal ou sur un article dans *La Presse, Le Devoir* ou *Le Journal de Montréal.*

Il y a ensuite au Québec, mais pas seulement au Québec, un double standard en ce qui concerne Israël. Ce double standard est présent non seulement en termes d'attention portée à ce petit pays, mais aussi en raison des critiques sévères qui lui sont adressées.

On a vu, ces dernières années, les critiques contre Israël devenir de plus en plus dures, exagérées. La ligne qui sépare, d'un côté, la critique légitime et de l'autre, l'antisionisme et l'antisémitisme a été trop souvent franchie.

C'est inexcusable.

Ce dernier développement est principalement dû non pas à toute la gauche, mais à une certaine gauche. Cette certaine gauche, antiaméricaine, antilibérale, anticapitaliste – et j'ajouterais obscurantiste – voit Israël soit comme une excroissance américaine au Proche-Orient ou encore comme le maître de cette superpuissance (c'est la théorie du complot/lobby juif) et donc la raison principale pour laquelle tout va mal.

De plus, cette certaine gauche s'est alliée ces dernières années à des gens dont les valeurs sont pourtant aux antipodes des siennes : les islamistes. Cette alliance contre nature tient probablement du fait que ces deux groupes que tout oppose considèrent avoir un ennemi commun : l'Occident libéral dont les États-Unis sont le leader et Israël, qui en serait l'incarnation dans une région peu connue pour son respect des droits de la personne et de la démocratie.

Je fais assez confiance au peuple québécois, je le connais assez pour savoir que les débats, mêmes rudes, ne lui font pas peur. Les chapitres qui suivent ne se veulent donc pas un acte d'accusation contre le Québec.

Au contraire.

Ils ont pour objectif de présenter un autre point de vue,
d'amener le lecteur à voir sous la surface, d'aller plus loin que
la nouvelle, de traduire l'actualité en faisant les relations entres
différents événements à première vue sans relation, comme
disent les anglophones « *connect the dots* » et, ultimement,
d'ouvrir des perspectives, une vision d'avenir.

16. L'autre lobby

Le lobby juif fait beaucoup fantasmer. Les articles, reportages et discussions qui y sont consacrés sont nombreux. On y associe souvent un parfum de mystère, occulte, maléfique. Ce n'est souvent qu'une reformulation de la vieille lubie antisémite d'un complot juif de domination des médias, des gouvernements, du monde de la finance, etc.

Par exemple, le 9 avril 2010, dans son émission hebdomadaire sur les ondes de Radio-Canada, l'animateur très propalestinien Jean-François Lépine diffusait un reportage rempli d'erreurs, d'approximations et de non dits à ce sujet[129]. Avant même la diffusion de l'émission, en entrevue promotionnelle de son émission, Lépine parle d'un lobby intolérant, dangereux et insidieux, qui s'infiltre dans les hautes sphères du gouvernement canadien. Le reportage lui-même laisse entendre que les amis d'Israël au Canada sont responsables de la mort d'un homme[130], les accuse de maccartisme pour ne pas partager la vision palestinienne majoritaire au Québec, commet d'importantes erreurs de faits notamment sur la contribution canadienne à l'UNRWA et prétend que le lobby pro-Israël assimile toute critique d'Israël à de l'antisémitisme.

La communauté pro-israélienne – qui comprend la communauté juive, mais pas seulement elle – se situe au contraire au centre de l'échiquier politique, elle est transparente et, surtout, elle a des valeurs qui sont les mêmes que celles des sociétés québécoise et canadienne dont elle fait d'ailleurs partie intégrante.

L'attention portée à la communauté pro-Israël occulte l'existence d'un lobby propalestinien[131], lobby qui est en réalité plus souvent anti-israélien que propalestinien et qui fait l'apologie et la promotion de valeurs qui sont aux antipodes des valeurs québécoises et canadiennes.

Une meilleure connaissance de ce lobby est une nécessité si

l'on veut comprendre la dynamique politique canadienne sur le Proche-Orient.

La Fédération canado-arabe

Au Canada, la colonne vertébrale du lobby palestinien est la Fédération canado-arabe (FCA). La FCA chapeaute un groupe de petites organisations qui prétendent représenter différentes tendances de la communauté arabo-canadienne. En réalité, les valeurs auxquelles adhèrent son président Khaled Mouammar et le leadership de la FCA sont le résultat direct des positions de la majorité des membres de ces groupes qui ne cessent d'appuyer vigoureusement des organisations terroristes et l'idéologie radicale islamiste.

Il suffit de vérifier. La FCA et plusieurs de ses membres ont fait la promotion d'un certain nombre de manifestations qui ont eu lieu à travers le Canada, où l'effigie du premier ministre du Canada a été détruite, où des appels vibrants à une nouvelle Intifada, de *mort aux Juifs* et des chants glorifiant le Hezbollah et le jihad ont été vociférés. De plus, la FCA ne cesse de demander que l'on retire les noms du Hamas et du Hezbollah de la liste répertoriant les organisations terroristes[132], considérant ces deux entités comme des groupes légitimes.

La FCA a défrayé les manchettes lorsque, le 16 janvier 2009, pendant le conflit de Gaza, son Bulletin quotidien contenant des liens internet de vidéos louangeant des organisations telles que le Hamas et le Jihad Islamique palestinien a été envoyé à tous les députés par la bloquiste Maria Mourani, qui a été forcée par son chef de s'excuser pour ce geste.

Le Centre Ahlul Bayt, une organisation membre de la FCA, a, sur son site internet, des liens vers des sites[133] « d'universitaires éminents » comme l'Ayatollah Ali Khameini, le leader suprême de l'Iran, et Sayed Mohammad Hussain Fadl-Allàh[134], le leader spirituel du Hezbollah, négationniste notoire de l'Holocauste.

Autre exemple troublant : le vice-président de la FCA, Ali Mallah, a participé en 2007 à une conférence qui s'est tenue au Caire, organisée par les Frères Musulmans, et à laquelle ont participé aussi des leaders du Hamas et du Hezbollah. À la fin de cette conférence, Mallah proclama : « *solidarité avec l'Iran, solidarité avec la résistance iraquienne et, bien sûr, solidarité avec la résistance palestinienne et avec la résistance libanaise.* »

Ce même Ali Mallah, dans une allocution prononcée le 26 octobre 2006, déplora la chute du régime des talibans et insista sur l'urgence d'appuyer des groupes terroristes. Il déclara alors : « *[Si nous avions appuyé des groupes comme le Hezbollah], nous n'aurions probablement pas perdu l'Afghanistan. Et Dieu préserve, si nous n'agissons pas ensemble, nous pourrions perdre encore plus.* »

Lors de la course à la chefferie libérale de 2006, le président de la FCA, Khaled Mouammar, a distribué un tract dénonçant la candidature de Bob Rae à cause de l'engagement de son épouse, Arlene Perly Rae, dans la communauté juive. Le tract citait l'implication de Mme Rae avec le Congrès juif canadien et l'affiliation de Bob Rae lui-même avec le Fonds national juif comme raisons de s'opposer à ce dernier.

Étant présent à ce Congrès libéral, en tant qu'observateur, je peux affirmer que je n'avais jamais vu ni avant, ni depuis, quelque chose d'aussi répugnant dans les nombreux congrès politiques auxquels j'ai assisté au cours des années. Quand on m'a remis une copie du tract, mon sang n'a fait qu'un tour…

C'est d'ailleurs ce même Khaled Mouammar qui, suite au massacre de dizaines de personnes par Anders Breivik en Norvège en juillet 2011, fit circuler un courriel accusant Israël de cette horrible tragédie[135].

Palestine House

Une des principales organisations membres de la FCA est un groupe appelé Palestine House. Ce groupe a récemment fait les manchettes lorsqu'il a été impliqué dans une enquête portant sur une fraude massive à l'immigration et selon laquelle plus de 300 personnes seraient domiciliées à son adresse de Mississauga[136].

Palestine House appuie des groupes terroristes (entités inscrites en vertu de la Loi antiterroriste), des activités terroristes et s'oppose à toute démarche de résolution pacifique du conflit israélo-arabe fondée sur la négociation et le compromis[137]. En effet, en plus de s'opposer à la solution de deux États, Palestine House ne cesse de diaboliser Israël en l'accusant « d'apartheid » et glorifiant le « martyre » et la « résistance » – terminologie terroriste – dans la lutte contre l'État juif.

Le 28 octobre 2007, Palestine House, l'Association canadienne palestinienne et l'Association palestinienne du Niagara – toutes membres de la FCA – ont signé la "Déclaration de Hamilton", une lettre ouverte au Président palestinien Mahmoud Abbas et dénonçant les négociations de paix d'Annapolis, rejetant la solution de deux États et s'opposant à l'existence de l'État d'Israël comme État juif :

« *En particulier, nous croyons qu'Israël essayera de redéfinir le conflit avec les Palestiniens en préconisant une pseudosolution basée uniquement sur la fin de l'occupation de Jérusalem, de la Cisjordanie et de Gaza, ou de certaines parties de ces territoires. Une telle redéfinition du conflit mènera les Palestiniens dans le piège de la formule de "deux États"... Nous vous mettons en garde particulièrement contre toute reconnaissance d'Israël comme un État " Juif. "* »

Ce n'est pas seulement en politique étrangère que Palestine House s'est fait connaître pour son extrémisme. Le 30 mars 2009, ce groupe célébrait la « Journée de la terre » avec le conférencier d'honneur Ekrema Sabri. Cet ancien mufti de Jérusalem a donné en 2005 une conférence dans laquelle il blâmait l'Occident parce qu'il traiterait comme des violeurs les hommes qui *forcent* leurs épouses à avoir des relations sexuelles[138].

« *[Dans l'Ouest] une femme rebelle a traduit son mari en justice pour avoir couché avec elle contre son gré. Il a été traité comme un violeur. Le mari a été accusé de viol et a écopé de sanctions sévères. Il a subi le sort d'un violeur simplement pour avoir pris sa femme contre son gré.* »

Il est aussi de notoriété publique que Sabri désavoue le droit d'Israël à exister et affirme son admiration pour les enfants martyrs, notamment dans une entrevue avec le journal égyptien Al-Ahram en 2000 :

« *La terre de Palestine ne se limite pas à Jérusalem; cette terre s'étend du Jourdain à la Méditerranée. Bien sûr, le problème [palestinien] se rapporte à toute cette étendue. On ne peut pas établir notre État seulement en libérant Jérusalem. Il est vrai que Saladin ne s'est reposé qu'une fois Jérusalem libérée, mais cela ne veut pas dire qu'il faille négliger le reste de cette terre sainte, ni y renoncer... Oui. C'est difficile à expliquer. De toute évidence, un enfant martyr représente la relève, la nouvelle génération qui continuera à poursuivre notre mission avec détermination. Plus jeune est le martyr, plus j'ai de respect pour lui...*[139] »

En février 2008 avait lieu à Palestine House un événement[140] « à la mémoire d'un leader national » pour commémorer et honorer la vie et l'œuvre de George Habash, fondateur du Front populaire pour la libération de la Palestine, organisme inscrit comme entité terroriste au Canada, qui a été le premier à recourir aux détournements d'avion comme tactique de terreur au Moyen-Orient. Habash était le dirigeant de la faction des « refusards » au sein du mouvement nationaliste palestinien.

Celle-ci insistait pour qu'en aucun cas ne soient entreprises des négociations avec Israël en vue d'une résolution pacifique du conflit. Au décès de George Habash, Palestine House affichait l'avis suivant dans son site Web :

« *Nous annonçons avec grands regrets le décès du Dr George Habash. Palestine House transmet ses condoléances à la famille du défunt et à ses camarades du FPLP et de l'OLP*[141]. »

Ces organisations pancanadiennes partagent leur idéologie extrémiste, islamiste et rétrograde avec des organismes qui sont basés au Québec.

Tadamon

Tadamon est un de ces groupes. Son site internet précise qu'il s'agit d'un « *collectif montréalais qui travaille en solidarité avec les luttes pour l'autodétermination, l'égalité et la justice au Moyen-Orient et dans les communautés de la Diaspora à Montréal et ailleurs. (…) Nous œuvrons pour un monde dans lequel chaque être humain sera libre de vivre et de s'épanouir avec dignité et justice*[142]. »

Cela paraît angélique, pourtant l'énoncé de mission de Tadamon ne reconnaît nullement le droit du peuple juif à l'autodétermination dans sa patrie d'origine et refuse carrément d'admettre la légitimité de l'existence de l'État d'Israël. Tadamon affirme que « *la colonisation de la Palestine est liée, depuis ses débuts, aux aspirations occidentales de domination de toute la région du Moyen-Orient*[143]. »

La diatribe se poursuit avec la condamnation du prétendu apartheid israélien et l'appel « *en faveur d'une campagne internationale de boycott, de désinvestissement et de sanctions contre Israël.* »

Qui plus est, Tadamon glorifie constamment la « résistance » – terme codé relevant du vocabulaire terroriste – dans la lutte contre l'État juif.

Cet organisme cautionne catégoriquement les actes terroristes, prône des formes de résistance qui font valoir au maximum « *les droits des opprimés* » et méprise « *l'insistance de l'Occident sur la non-violence.* » Pour Tadamon, le mot terrorisme est galvaudé pour « *enlever la légitimité d'une quelconque résistance à l'impérialisme au Moyen-Orient*[144].»

En réalité, Tadamon (« solidarité » en arabe) est une coalition de groupes militants canadiens et libanais engagés dans des activités anti-Israël et pro-Hezbollah. Ces groupes s'emploient à délégitimer, à diaboliser Israël et à promouvoir le terrorisme contre des civils israéliens.

Tadamon appuie le Hezbollah, groupe terroriste islamique radical constitué au Liban. Les objectifs du Hezbollah comprennent la suppression de toute influence occidentale au Liban et au Proche-Orient, la destruction de l'État d'Israël, la libération de tous les territoires palestiniens et de Jérusalem, de ce qu'ils voient comme l'occupation israélienne et le rejet de la possibilité d'un accord de paix négocié.

Le Hezbollah est responsable d'explosions de véhicules, de détournements et d'enlèvements de cibles occidentales et israéliennes/juives en Israël, en Europe occidentale et en Amérique du Sud. Tadamon appelle au retrait du Hezbollah de la liste des entités terroristes au Canada.

Le 17 octobre 2007, Tadamon et le GRIPQ coprésentaient deux exposés à l'université McGill soulignant « *l'importance de contester la qualification du Hezbollah comme organisation terroriste au Canada.* » Tadamon a annoncé que cet événement était organisé « *dans le contexte de la campagne visant à contester la présence du Hezbollah sur la liste des organisations terroristes au Canada, soulignant le caractère douteux des preuves qui ont conduit à l'ajout du Hezbollah à la liste post-11-septembre des organisations terroristes au*

Canada[145]. »

En août 2007, Tadamon, de concert avec l'Association des jeunes libanais musulmans (AJLM) et l'Association al-Hidaya, a organisé une réunion communautaire à Montréal pour commémorer la guerre du Liban[146]. L'AJLM a affiché dans son site Web un hymne guerrier du Hezbollah et des liens menant au guide spirituel du Hezbollah, l'Ayatollah Sayyed Muhammad Hussein Fadl-Allàh[147].

L'Association al-Hidaya commémore tous les ans les « martyrs libanais de la résistance[148]. » Son vice-président, Hussein Hoballah, est le rédacteur de Sada al-Mashrek, un bimensuel de Montréal rédigé en arabe qui appelle à la décriminalisation du Hezbollah au Canada. Ce journal a défrayé la chronique lorsqu'il publia, le 23 janvier 2007, un poème assimilant les Québécoises à des femmes de petite vertu et intoxiquées.

Le leader de Tadamon, Stefan Christoff, est un drôle de numéro… dangereux. Après que des anarchistes à Montréal eurent posé des bombes incendiaires dans six voitures de police et mis le feu à trois guichets automatiques de la Banque Nationale la même année, il a déclaré à la Gazette : « *Je souscris au message envoyé – du moins à la police*[149]. »

Ce même Stefan Christoff était le porte-parole d'un organisme anarchiste brutal appelé Convergence des Luttes Anti-capitalistes, qui a perturbé avec violence toutes sortes de tribunes et de congrès politiques dans le monde entier, y compris à Montréal et à Québec au début des années 2000 et au G20 à Toronto en 2010. Il a encouragé ses militants, souvent masqués et armés de bâtons, de cocktails Molotov et d'autres armes à attaquer la police[150].

En 2003, quand des centaines d'anarchistes vêtus de noir ont envahi la rue Sainte-Catherine à Montréal pour protester contre une réunion de l'Organisation mondiale du commerce, défonçant les vitrines de plusieurs magasins et effrayant des passants, Christoff a avalisé la destruction en la justifiant[151].

Christoff endosse constamment l'usage de la violence comme moyen légitime de protester et de faire fi de la sécurité, de la liberté d'expression et de réunion des autres. Il a été inculpé pour attroupement illégal en 2005, en vertu de l'article 66 du Code criminel, déclaré coupable de troubler la paix et l'ordre public (2008), et avoir enfreint plusieurs règlements municipaux et de transports en commun, dont le fait d'entraver un inspecteur dans l'exercice de ses fonctions (2005).

Tadamon bénéficie finalement – et malheureusement – de l'aide illégale de l'organisme Aide médicale pour la Palestine (AMP), organisation dirigée par Edmond Omran[152].

AMP, reconnu comme organisme de bienfaisance et ayant ainsi le droit de donner des reçus d'impôts aux gens qui contribuent à ses activités, a servi de prête-nom (ce qui est illégal) à deux organismes, dont le Tadamon pro-Hezbollah, qui, lui, ne peut émettre de tels reçus[153].

Je ne peux m'empêcher d'être attristé, bien que non surpris, de constater qu'un groupe tel que Tadamon – extrémiste, proterroriste et dont le principal dirigeant appuie la violence – puisse bénéficier ainsi de telles collaborations.

PAJU

Palestiniens et Juifs unis (PAJU) est un autre groupe. Son nom donne à penser qu'il s'agit d'une organisation œuvrant pour la paix. Or, il n'en est rien. Il s'agit en fait d'une organisation radicale résolument et violemment anti-israélienne.

PAJU œuvre contre une résolution pacifique du conflit, favorisant des théories de complot sioniste, encourageant des initiatives de boycott, de désinvestissement et de sanctions (BDS), et cherchant sans relâche à délégitimer et diaboliser Israël, notamment par des accusations d'apartheid.

PAJU soutient également la « résistance » palestinienne – un terme associé à des actes terroristes – dans sa lutte contre l'État juif. La caractérisation de PAJU comme groupe extrémiste est largement partagée. Par exemple, dans une analyse de l'émission télévisée « *Une Heure sur Terre* » animée par le même Jean-François Lépine, diffusée le 16 janvier 2008, et présentant les dirigeants de PAJU Bruce Katz et Rezeq Faraj, le médiateur de Radio-Canada a lui-même reconnu « *qu'il était inexact de présenter ce groupe comme étant très important* » et qu'« *il est pour le moins discutable de le présenter comme étant à la recherche de solutions étant donné la nature anti-israélienne de ses slogans* ».

Il a en outre affirmé :

« *On ne peut pas dire que le vocabulaire employé par les Palestiniens et Juifs unis soit compatible avec la recherche de solutions. (…) Dans un de ses communiqués, le groupe dénonce le blocus de Gaza et le "génocide de la population de Gaza". Il préconise le "boycott total de l'État d'Israël raciste et d'apartheid"... »*

Dans son livre *Palestine, Le refus de disparaître* (préfacé par Bruce Katz, l'autre fondateur du PAJU), le cofondateur du PAJU Rezeq Faraj propose la disparition de l'État d'Israël pour être remplacé par un seul État du Jourdain à la Méditerranée. En effet, selon Faraj, l'établissement de deux États au Proche-Orient n'est pas une solution viable; il préconise plutôt un seul État où cohabiteraient Palestiniens et Israéliens, peut-être dans une forme à définir de fédéralisme.

Présence Musulmane Canada

Présence Musulmane Canada (PMC) est une association islamique fondée en 2003 à Montréal dans la foulée d'une conférence de l'intellectuel Tariq Ramadan, lui-même collaborateur de l'association. Le fondateur et principal porte-parole de PMC est Salah Basalamah, professeur de traduction à l'Université d'Ottawa. Né à Genève comme Ramadan, Basalamah se présente volontiers comme son « proche collaborateur » depuis plus de vingt ans[154].

PMC, présente à Montréal et dans la région d'Ottawa, constitue le maillon canadien d'un réseau international d'associations homonymes en France, en Belgique et en Afrique, qui font la promotion et l'apologie de la pensée de Ramadan, considéré par plusieurs comme le principal idéologue européen du premier et principal mouvement islamiste mondial, les Frères musulmans[155].

Les Frères musulmans, dont le mot d'ordre « *Le Coran est notre constitution, le Djihad notre voie et mourir pour Allah notre plus grand espoir* », ont inspiré des générations d'islamistes et la quasi-totalité des mouvements djihadistes à l'échelle du monde musulman, y compris le GIA[156], Al-Qaïda et le Hamas. Ils préconisent un ordre social et politique fondé entièrement sur une lecture et une application littérales (et moyenâgeuses) du Coran et de la loi islamique.

Tariq Ramadan est le petit-fils du fondateur des Frères musulmans, Hassan al-Banna. Son père, Saïd Ramadan, a longtemps été le représentant de la confrérie musulmane en Europe et a fondé la branche palestinienne dont est issu le Hamas. Soutenu financièrement par les Frères et l'Arabie Saoudite, il a fondé le Centre islamique de Genève d'où il propagera le wahhabisme saoudien et la doctrine des Frères. Le Centre est aujourd'hui dirigé par Tariq Ramadan et son frère Hani.

Tariq Ramadan nie tout lien institutionnel avec les Frères musulmans, mais se réclame néanmoins de leur héritage idéologique et enseigne la pensée de son illustre grand-père Hassan al-Banna[157].

En dépit de ses appels à l'intégration des musulmans en Occident et au dialogue, comme les Frères musulmans, Tariq

Ramadan promeut une conception *intégraliste* et intégriste de l'islam peu soluble dans les démocraties libérales de l'Occident.

Intégraliste, parce que l'islam de Ramadan doit investir toutes les dimensions de l'activité humaine et ne saurait être relégué à la seule sphère privée. Intégriste, parce que Ramadan propose une interprétation rigide des textes canoniques musulmans (rejet des unions entre femmes musulmanes et non musulmans, rejet de la mixité des sexes dans la sphère publique, primauté des lois islamiques sur les lois du pays, appel à un « moratoire » sur la lapidation des femmes adultères, etc.).

Ramadan est un apologète infatigable du Hamas. Entre 1998 et 2002, Ramadan a fait des dons à l'Association de Secours Palestinien, une charité suisse qui acheminait des fonds au Hamas[158].

Dans la foulée de l'opération militaire israélienne contre le Hamas à Gaza en décembre 2009-janvier 2010, Tariq Ramadan a lancé un appel relayé et endossé par PMC à la formation d'un « Mouvement Global de Résistance Non Violente à la politique extrémiste et violente de l'État d'Israël », dans lequel il postule que « *la résistance palestinienne est légitime de fait* », endossant ainsi le terrorisme du Hamas et d'autres organisations radicales palestiniennes.

En mars 2009, Tariq Ramadan a signé la pétition de Nadine Rosa-Rosso, une militante communiste belge, appelant Bruxelles à retirer le Hamas de la liste européenne des organisations terroristes[159].

En outre, Tariq Ramadan collabore avec le cheikh Yusuf Qardawi, éminente autorité religieuse de l'islam sunnite lié aux Frères musulmans, lequel justifie notamment les attentats-suicides contre les civils, la violence conjugale (faite aux femmes), l'exécution des homosexuels et la mutilation génitale[160].

En 2003, il a préfacé et annoté une collection de fatwas (opinions religieuses) émise par le Conseil européen de Fatwas fondé et dirigé par Qardawi[161], une organisation qui prétend régir le code de conduite des musulmans européens selon une interprétation littérale du canon islamique.

Outre ses liens avec les Frères musulmans, Tariq Ramadan entretient des rapports avec le régime iranien par le biais de l'émission qu'il anime à *Press TV*, la télévision d'État Iranienne de langue anglaise.

Le 19 août 2009, dans la foulée de la violente répression de l'opposition iranienne, l'Université d'Érasme et la municipalité de Rotterdam ont notamment congédié Tariq Ramadan de ses postes respectifs de professeur invité et de conseiller en immigration et en intégration en raison de son refus de rompre les liens avec *Press TV* et le « régime répressif » de Téhéran, jugeant que le maintien de ces relations nuisait à la crédibilité de son travail[162].

Le passage de Tariq Ramadan à Montréal en novembre 2009, à l'invitation de PMC, a suscité une telle indignation dans la presse et les médias électroniques québécois que le ministère de l'Immigration et des Communautés culturelles[163] et l'Institut du Nouveau Monde[164] ont jugé nécessaire de se distancer de PMC et de Ramadan par voie de communiqués de presse, puisque que PMC présentait ces derniers comme ses « partenaires » sur son site Web.

L'agitation anti-israélienne ne constitue pas une sphère d'activité secondaire de PMC. De fait, elle est au nombre de ses cinq « plans stratégiques » pour la période 2008-2010[165], de telle sorte que PMC s'engage à « *soutenir les actions locales et globales pour la résistance contre l'occupation israélienne* » et à « *promouvoir la campagne de BDS* ». PMC endosse également les « Semaines de l'apartheid israélien », activité annuelle de propagande anti-israélienne sur les campus québécois et canadiens.

De plus, PMC collabore avec Tadamon, légitime systématiquement dans ses publications le terrorisme du Hamas et délégitime l'État d'Israël et son droit et devoir de protéger sa population civile, voire dispute même le caractère juif d'Israël[166].

Le jupon islamiste de PMC a dépassé beaucoup lors du débat sur les tribunaux islamiques au Québec. Lorsque l'Assemblée nationale du Québec adopta en 2005 une motion unanime contre l'introduction de tribunaux islamiques au Québec (alors que le gouvernement ontarien étudiait sérieusement l'introduction de la Charia en droit familial), Présence Musulmane dénonça la motion, la jugeant discriminatoire envers les musulmans:

« Nous venons au nom de la Charte québécoise des droits et libertés de la personne condamner cette motion qui stigmatise les citoyens et les citoyennes de confession musulmane et exprime une discrimination à l'encontre de leur religion. Et nous demandons son retrait[167]. »

N'est-ce pas ironique: le Québec dans son entier s'inquiète de quelques femmes portant le niqab, le gouvernement québécois dépose une loi portant sur cet enjeu à l'Assemblée nationale, les chefs fédéraux sont amenés à commenter. Et, pendant ce temps, aucune attention n'est portée à tous les groupes qui véhiculent l'idéologie rétrograde et violente qu'est l'islamisme et qui forment l'armature idéologique du lobby palestinien au Canada.

J'ai eu moi-même, alors que j'étais député, à faire face à ce lobby. Le principal événement concerne le *Canadian Islamic Congress*, un groupe de pression musulman, qui milite notamment en faveur du Hamas et du Hezbollah et dont le président fondateur, Mohamed Elmasry, a déjà cautionné les attentats contre tout Israélien adulte[169] et dont la présidente actuelle, Wahida Valiante, a déjà écrit que le judaïsme a institutionnalisé le racisme[170].

Pendant les élections, plusieurs organisations « notent » les candidats selon les positions que ceux-ci défendent. C'est ce qu'avait fait le *Canadian Islamic Congress* lors de l'élection de 2004. À l'époque, ce groupe m'avait attribué un A, soit la note la plus élevée.

Pour l'élection de 2006, peu de temps après mon *coming out*, le *Canadian Islamic Congress*, après évaluation (sic), ne me donna pas un autre A. Ni un B. Ni un C. Ni un D. Mais un... F, soit la note la plus basse!

Alors que je n'avais pas changé mes positions d'un iota entre 2004 et 2005, que les positions que j'avais adoptées, les dossiers que j'avais défendus, mes discours et écrits étaient dans la droite ligne de ce que j'avais toujours soutenu, mon simple changement d'appartenance religieuse me fit passer, à leurs yeux, d'un de leurs meilleurs amis à leur pire ennemi. Comme tous les députés de religion juive d'ailleurs...

Coïncidence? Laissez-moi rire!

Je n'avais jamais pris au sérieux ce genre de notation, mais cela devenait maintenant tellement transparent. Pour eux, un musulman ne pouvait pas voter pour un Juif. C'était aussi simple et clair que cela.

Et dire que ces mêmes groupes affirment lutter contre le profilage racial, la xénophobie, le racisme et l'intolérance...

Cet incident ne fit que souligner pour moi la malhonnêteté intellectuelle et l'extrémisme de ces gens. D'ailleurs, cet extrémisme fut dénoncé, de façon surprenante par une personnalité palestinienne importante quelques années plus tard.

À l'été 2007, je reçus une invitation pour aller dîner avec quelques personnes et... Yasser Abbas, fils du Président de l'Autorité palestinienne, de passage à Ottawa. Ce fut une rencontre très intéressante.

La position difficile dans laquelle se trouvait son père nous fut expliquée, la politique palestinienne nous fut décrite de l'intérieur, les défis auxquels se trouvait confrontée la population palestinienne nous furent illustrés. Mais la partie la plus fascinante de la discussion a porté sur les groupes soi-disant propalestiniens canadiens. Là-dessus, Yasser Abbas se montra cinglant, mordant.

Il nous dit très clairement que ces groupes – de chez nous! – étaient contrôlés par des extrémistes[171]. Que ces groupes n'hésitaient pas à appuyer le groupe terroriste qu'est le Hamas. Qu'ils faisaient tout pour nuire à son père. Qu'ils ne voulaient pas une paix de compromis avec Israël. Et qu'ils tentaient de radicaliser les musulmans canadiens.

Que j'aurais aimé être accompagné de journalistes qui puissent rapporter cela après coup!

Cette discussion souleva plusieurs interrogations dans mon esprit. Questions auxquelles je n'ai toujours pas de réponses. Ces groupes sont-ils vraiment représentatifs des musulmans canadiens? Si oui, le Québec et le Canada ont un grave problème.

Si non – et c'est mon souhait –, qu'attendent les modérés musulmans canadiens pour se distancer de ces groupes extrémistes et en fonder de plus représentatifs?

Ce genre d'attitude ne s'arrête pas aux groupes. Pendant une de mes campagnes électorales, je fus aussi attaqué, à travers Jooneed Khan[172] de *La Presse*, sur mon financement politique. Ces attaques furent reprises à la radio de Québec. On m'y accusa d'être à la solde de la communauté juive, parce que j'y ai des amis qui m'appuyaient financièrement.

Évidemment, pour certains, juifs=argent=influence

malsaine=lobby juif=déloyauté.

En campagne électorale, on se retourne rapidement. Une recherche rapide (mais complète) révéla qu'entre 1997 et 2005, l'association du Bloc québécois du comté que je représentais avait amassé 312 281,04 \$. De cela, 9 975 \$ (soit 3,16 %) provenaient de mes amis juifs.

Mais plus fondamentalement, quel est le problème si des citoyens canadiens de confession juive participent au processus politique? Est-ce illégal? Malsain? Malhonnête? Aurais-je dû refuser leur argent parce qu'ils étaient juifs?

Peut-être aurais-je dû aussi refuser l'argent d'amis et connaissances homosexuelles, parce qu'ils seraient potentiellement du « lobby rose »? Et mes amis noirs? Je refuse leur argent aussi? Oh! Et l'argent des femmes, qui aiment mes positions égalitaires, je le rejette aussi?

On voit bien que cela est proprement ridicule et grotesque. Et on réalise aussi le niveau auquel peuvent s'abaisser les soi-disant propalestiniens.

Je crois qu'un vrai propalestinien, quelqu'un qui désire véritablement que les Palestiniens aient leur État indépendant, démocratique, viable et pacifique, doit prendre ceux-ci pour des adultes, cesser de les infantiliser, exiger d'eux qu'ils respectent les valeurs fondamentales auxquelles nous tenons (libertés fondamentales, règlement pacifique des disputes, etc.) et les juger selon les mêmes normes que le monde applique aux Israéliens.

Si, comme je le pense, l'indépendance signifie pour un peuple assumer l'ensemble de ses responsabilités, il faut cesser de déresponsabiliser les Palestiniens et cesser de faire systématiquement porter la responsabilité de leurs nombreuses erreurs sur les épaules des Israéliens, des Américains ou de qui que ce soit d'autre.

C'est desservir les Palestiniens que d'être ainsi paternalistes à leur endroit, « *comme s'ils étaient des mineurs auxquels on pardonne tout* » pour reprendre l'expression de l'auteur et activiste pour la paix A.B. Yehoshua[173].

Oui, aidons les Palestiniens, mais ne les traitons pas comme des irresponsables. Cela n'aide personne, et surtout pas les Palestiniens eux-mêmes.

Or, trop souvent, le but des gens qui s'affirment propalestiniens n'est pas d'améliorer la vie des Palestiniens, ni de les aider à construire leur État. Jamais ne les ai-je vus et entendus offrir des idées, proposer des suggestions afin d'aider réellement les Palestiniens. Ils ne proposent aucune idée constructive. Tout ce qu'ils font se résume à critiquer Israël, à le diaboliser et à le délégitimer.

En effet, pour eux, comme le disent les Anglo-Saxons, c'est une '*zero-sum game*'. Pour eux, être propalestinien, c'est être nécessairement anti-Israël. Il n'y a qu'à regarder les manifestations qu'ils organisent ici : dénonciation de « l'État raciste » d'Israël, État d'apartheid, responsable de crimes de guerre, tueurs d'enfants, nazi, etc.

Où sont leurs manifestations pour la paix au Proche-Orient? L'idée que les Juifs comme les Arabes ont droit à leur État? Jamais, depuis les années pendant lesquelles j'ai suivi ces événements n'ai-je vu de tels messages être véhiculés par les soi-disant propalestiniens.

Malheureusement, le conflit israélo-arabe suscite de telles réactions qu'une rigidité idéologique s'est développée du côté des soi-disant propalestiniens et les mène à une seule conclusion, répétée comme un mantra : tous, mais vraiment tous les malheurs des Palestiniens sont imputables à Israël et à ses appuis en Occident.

Il est important de dire que le mensonge fait partie de l'arsenal du lobby propalestinien/anti-Israël. En effet, les militants anti-Israël n'hésitent pas à mentir pour faire avancer leur position.

Deux exemples, un plus vieux, mais qui circule encore et un plus récent.

En avril 2002, en plein milieu de la seconde Intifada, une féroce bataille a eu lieu à Jénine, en Cisjordanie, entre l'armée israélienne et des milices armées palestiniennes.

Saeb Erakat, un des principaux leaders palestiniens que j'ai eu l'occasion de rencontrer et qui m'avait alors menti en pleine face a affirmé qu'il y avait eu un véritable massacre à Jénine et que le nombre de morts palestiniens se chiffrait à 500.

Plusieurs médias internationaux, dont CNN, ont repris ces chiffres, relayés par les groupes anti-Israël en Occident, à un point tel qu'encore aujourd'hui, on parle d'un massacre israélien à Jénine.

Or, la réalité est toute autre. Alors qu'il aurait été plus facile – et moins coûteux en vies israéliennes – d'entreprendre une campagne aérienne pour détruire ce nid de terroristes armés, Israël envoya ses propres soldats faire du combat au porte-à-porte, possiblement la forme de combat la plus dangereuse qui soit.

Ainsi, Israël perdit 23 soldats alors que 52 Palestiniens (dont à peu près la moitié de combattants) trouvèrent la mort. Ceci n'est pas le résultat d'un massacre, mais d'un combat, féroce, certes[174].

L'autre exemple, plus récent, concerne James Cameron, le réalisateur de films bien connu, auteur des succès Titanic et Avatar et récipiendaire de nombreux Oscars. Un groupe anti-Israël basé à Toronto a fait circuler l'information selon laquelle Cameron appuyait le boycott d'Israël. Une chance que Cameron a été rapidement averti. Il n'a alors pas tardé à non seulement démentir, mais à dénoncer toute forme de boycott à l'encontre d'Israël[175].

Ceci est sans mentionner les accusations mensongères de génocide palestinien lancées à répétitions contre Israël. Quand on sait que la population arabe de Jérusalem a été multipliée par 7,2 entre 1948 et 2009, qu'elle est passée de 25,5 % à 35 % entre 1967 à aujourd'hui et que la population palestinienne est passée de 600 000 en 1948 à (selon les chiffres des Palestiniens) à 9 000 000, on voit bien que cette accusation de génocide est non seulement fausse, elle est aussi ridicule, voire clownesque.

Un dernier exemple de la place que se taille ce lobby aux valeurs pourtant inacceptables pour la société québécoise. Le 2 juin 2010, une délégation d'activistes du Forum musulman canadien se trouvait sur la Colline parlementaire à Ottawa. Elle fut accueillie officiellement par une déclaration en Chambre[176] du député bloquiste Richard Nadeau.

Or, qu'est le Forum musulman canadien?

Le Forum musulman canadien est une organisation parapluie qui chapeaute quelques organisations[177], dont l'Association Musulmane du Canada (MAC-Québec), qui dit ouvertement s'inspirer de la philosophie violemment antioccidentale, fondamentaliste et islamiste des Frères musulmans. En effet, sur le site de l'AMC[178], il est écrit :

*« MAC's roots are deeply enshrined in the message of Prophet Mohammad (peace be upon him). **Its modern roots can be traced to the Islamic revival of the early twentieth century, culminating in the movement of the Muslim Brotherhood.** This movement influenced Islamic activities, trends and intellectual discourse throughout the world including those of Muslims who came to Canada in search of freedom, education and better opportunities.*

*MAC adopts and strives to implement Islam, as embodied in the Qur'an, and the teachings of the Prophet (peace be upon him) and **as understood in its contemporary context by the late Imam, Hassan Albanna, the founder of the Muslim Brotherhood.** MAC regards this ideology as the best representation of Islam as delivered by Prophet Muhammad (peace be upon him).* » (Je souligne)

En d'autres mots, un député souverainiste a fait ouvertement la promotion des Frères musulmans dans l'enceinte démocratique qu'est la Chambre des communes.

Ce n'était pas le seul geste de ce genre de Nadeau. En effet, le 4 septembre 2010[179], le député bloquiste recevait la plaque d'appréciation 2010 de l'Association islamique libanaise Al-Hidaya du Centre communautaire musulman de Montréal dans le cadre de sa journée annuelle de « *commémoration des martyrs de la résistance libanaise*[180] », un euphémisme pour le Hezbollah, organisation classée terroriste par le gouvernement du Canada. Ce Centre a d'ailleurs décrit par l'auteur musulman canadien Tarek Fatah comme étant le « *foyer des activités pro-Hezbollah à Montréal*[181] ».

Je connais assez bien Gilles Duceppe et le Bloc pour savoir qu'ils ne partagent ni les valeurs des Frères musulmans, ni celles du Hezbollah. Très loin de là.

Mais, la question se pose : comment un député d'une formation politique telle que le Bloc québécois a-t-il pu faire la promotion d'un organisme qui, lui, épouse l'idéologie rétrograde, totalitaire, extrémiste, obscurantiste et fascisante des Frères musulmans et s'associer à un autre idéologiquement proche du groupe fondamentaliste islamiste Hezbollah?

17. Antisionisme juif

Un petit mot doit être dit sur l'opposition juive à l'État d'Israël[182].

Bien qu'étant ultra minoritaire, cette tendance attire évidemment l'attention médiatique parce que, justement, elle est inusitée. Et, en plus, elle permet à des gens qui sont contre l'existence du seul État juif dans le monde – et qui ne portent pas tous, loin de là, les intérêts des Juifs dans leurs cœurs – de dire : « *Vous voyez bien que nous ne sommes pas antisémites; il y a des Juifs avec nous.* »

On peut, *grosso modo*, diviser l'antisionisme juif en deux groupes : religieux et ultragauchiste.

L'antisionisme religieux est principalement porté par un mouvement hassidique appelé *Naturei Karta* (dont le nom signifie « Gardiens de la Cité » en araméen). Ce sont eux qu'on peut voir dans des manifestations anti-israéliennes, même chez nous, au Québec. C'est même souvent l'image qui est retenue de ces manifestations par les caméras.

En gros, ils considèrent que l'État juif ne peut renaître que par la venue du Messie et que toute tentative de rétablir un tel État avant cette venue va nécessairement contre la volonté divine. Ils forment un groupe, on le comprendra, très controversé et dont les liens avec le Président iranien Mahmoud Ahmadinejad créent controverse après controverse.

Le vidéo des leaders de *Naturei Karta* rencontrant et honorant Ahmadinejad[183] est rapidement devenu, grâce à internet, viral dans les communautés juives du monde entier et a ajouté à leur marginalisation.

L'antisionisme ultragauchiste, bien que lui aussi soit marginal, attire l'attention de par sa volonté de faire alliance avec des groupes dont les valeurs sont aux antipodes de ce que devraient être les siennes, mais que la haine – le mot n'est pas trop fort – d'Israël pousse à oblitérer.

Au Canada, le groupe fédérant cette tendance est *Independant Jewish Voices (IJV)*. L'âme dirigeante d'IJV est une femme d'Ottawa, Diana Ralph, dont les opinions politiques sont particulières. J'ai moi-même rencontré Ralph à quelques reprises (le monde juif d'Ottawa/Gatineau est assez petit) et j'ai ainsi pu confirmer son radicalisme.

Dans un article intitulé « *Islamophobia and the "war on terror": The continuing pretext for imperial conquest* » contenu dans le livre *The Hidden History of 9-11-2001*, Ralph affirme que les attentats du 11 septembre 2001 contre le World Trade Center à New York et le Pentagone à Washington n'ont pas été commis par Al-Qaïda, mais bien par des conservateurs américains et israéliens dans le but de mettre sur pied « *un plan stratégique secret visant à positionner les États-Unis comme superpuissance unilatérale permanente sur le point de prendre le contrôle de l'Eurasie, et ainsi du monde entier*[184]. »

Et bien entendu, c'est Israël qui est derrière ce plan.

Ce n'est pas tout. Même la Cour fédérale a émis son opinion – peu favorable et deux fois plutôt qu'une – sur Ralph dans l'arrêt Almrei[185] lorsque celle-ci s'est portée volontaire en 2007 pour agir comme sûreté pour un terroriste islamiste présumé, citant nommément son manque complet d'objectivité, son jugement embrouillé par ses convictions politiques et son manque de respect pour la Cour. Le juge Lemieux affirme notamment :

« *90 Comme je l'ai mentionné, Mme Ralph a témoigné devant la juge Layden-Stevenson qui a déclaré ceci : « Je ne suis pas convaincue que Mme Ralph soit une caution acceptable ou appropriée eu égard aux circonstances de la présente affaire. Je suis certaine que Mme Ralph a de bonnes intentions et qu'elle a à cœur les intérêts de M. Almrei. Toutefois, elle manque complètement d'objectivité. » (Voir le paragraphe 421.)*

91   Au paragraphe 424, la juge Layden-Stevenson a ajouté ce qui suit : « Je ne suis pas du tout convaincue que Mme Ralph possède l'objectivité requise ou l'impartialité nécessaire pour agir comme principale caution chargée de la supervision. Mme Ralph n'a eu affaire à M. Almrei que dans un environnement fortement contrôlé et réglementé. [...] [J]e conclus que le jugement de Mme Ralph est embrouillé par ses convictions politiques. Je ne suis pas convaincue que Mme Ralph se rende compte de la tâche onéreuse qu'elle a offert d'assumer ». En outre, la juge Layden-Stevenson a conclu qu'elle n'était pas convaincue que Mme Ralph avait du respect pour la Cour, en tant qu'institution, étant donné les commentaires qu'elle a faits lors de l'audition de la demande dont elle était saisie (28 juin 2005, transcription, page 273).

92   Il n'a pas réussi à me convaincre que je devrais avoir une opinion différente de Mme Ralph que celle qui a été exprimée par ma collègue. »

Plus récemment, lors d'une rencontre du groupe pro-paix et de gauche *La Paix maintenant (Peace Now)* tenue en 2009 à la synagogue Temple Israel d'Ottawa à laquelle j'assistais, Ralph a tenté de distribuer un texte faisant l'éloge du Président iranien Ahmadinejad. Ce geste a tellement fâché les sincères partisans d'un accord de paix généreux envers les Palestiniens qu'ils ont empêché la distribution du texte et s'en sont rapidement et clairement dissociés.

Le plus ironique et le plus triste dans tout cela est que, si jamais les alliés de Ralph étaient au pouvoir – et dans les endroits ou ils le sont – elle serait, en tant que lesbienne affichée, une de leurs premières victimes.

Une autre de leurs têtes d'affiche, Judy Rebick, plus connue dans les cercles de l'extrême gauche canadienne qu'au Québec, se sert elle aussi de ses origines juives pour dénigrer Israël.

En fait, elle a elle-même affirmé, lors de l'assemblée générale annuelle d'IJV tenue à Ottawa le 12 juin 2009, qu'elle avait rompu depuis longtemps avec la communauté juive et qu'elle ne s'identifiait comme juive que lorsque cela servait ses objectifs politiques (c.-à-d. lorsqu'elle peut utiliser ses origines juives pour délégitimer, démoniser et attaquer Israël)

En fait, IJV s'oppose à l'existence du seul État juif dans le monde. IJV s'oppose à la solution des deux États, mais appuie *Israel Apartheid Week* sur les campus universitaires du Canada et des États-Unis. IJV appuie la campagne de boycott, de désinvestissement et de sanctions (BDS) contre Israël, mais seulement contre Israël. IJV s'est aligné avec des groupes islamistes et extrémistes (la Fédération canado-arabe, Tadamon!) qui appuient des organisations telles que le Hamas et le Hezbollah dont un des objectifs majeurs est l'annihilation de l'État d'Israël. IJV a participé à des manifestations main dans la main avec des groupes hurlant « *Les Juifs sont nos chiens* » et « *Mort aux Juifs!'* »

Pourquoi ces défenseurs d'origine juive des droits des minorités, des femmes, des gays et lesbiennes font-ils alliance avec des gens aux valeurs opposées pour démoniser la seule démocratie de tout le Moyen-Orient?

Je me pose la question depuis longtemps. Je ne suis pas sûr d'avoir la réponse.

Est-ce parce que, justement, Israël est une démocratie libérale, avec une économie de marché et un allié des États-Unis, alors que cette ultragauche est antimondialiste, anticapitaliste et antiaméricaine?

N'oublions pas non plus qu'à la naissance du marxisme, du socialisme, du communisme et d'autres formes de gauchisme radical, déjà, des Juifs étaient d'avis que le sionisme (ou d'autres formes de particularisme juif) violait leur idée selon laquelle les Juifs devaient former une espèce d'avant-garde révolutionnaire pour la Révolution qui éliminerait toute forme de distinction nationale ou ethnique (« *prolétaires de tous les pays, unissez-vous!* », ça vous rappelle quelque chose?). Le même phénomène existe encore aujourd'hui. Pour les tenants juifs de cette philosophie, la forme de judaïté la plus pure est en fait dans la négation publique de cette judaïté. C'est par ailleurs le sujet de l'excellent roman *The Finkler Question* de Howard Jacobson, livre qui a conquis les critiques autour du monde.

Mais il y a plus, possiblement.

L'auteur britannique (non juif) Robin Sheppard en est venu à cette explication, que je trouve séduisante[186]: « *Ceci donne aussi un autre éclairage sur le statut de ce groupe, petit, mais vocal, de Juifs laïques dans la Diaspora qui se considèrent antisionistes et qui donc s'opposent à l'existence d'un État juif. Comme leur laïcisme bloque leur route vers une identité juive viable et durable par une immersion dans la religion et comme leur antisionisme bloque leur route vers une identité juive viable et durable, via une identification ancrée dans l'État d'Israël, ils se projettent ainsi eux-mêmes vers une conversion hors du judaïsme à long terme.*

Les Juifs antisionistes réagissent à de telles accusations en les rejetant avec une véhémence amère. Et c'est, en un sens, peu surprenant. Ils font alors face à une logique contre laquelle il n'y a pas de réponse sérieuse et qu'ils "prendront personnel". Ils en sont alors réduits à des sophismes et des dénis basés sur des définitions vagues et non convaincantes de ce qu'est le judaïsme – par exemple le judaïsme comme étant une série d'idéaux politico-philosophiques "non essentiels" – dont ils ne peuvent pas ne pas connaître la faiblesse. (...)

Ils peuvent être ou ne pas être des Juifs qui se haïssent (self-hating Jews), mais ils sont sûrement des Juifs qui se refusent de l'être (self-negating Jews) Ils ont adopté une maxime qui, si elle était adoptée par tous les Juifs, nierait absolument la possibilité même d'une identité juive comme élément viable à long terme de la race humaine (à l'exception, je le répète, des communautés ultrareligieuses fermées). Le Juif laïque et antisioniste est un Juif qui se refuse de l'être parce qu'il lui manque la capacité de projeter dans l'avenir une identité juive significative[187]. »

Taguieff va dans le même sens :

« [c]es "Alterjuifs", qui prennent systématiquement le parti des ennemis des Juifs, peuvent-ils toujours être considérés comme des Juifs? En dehors du hasard de leur naissance, en quoi sont-ils juifs? Peut-on leur appliquer la vieille formule talmudique selon laquelle "le Juif qui a péché reste juif"? Mais comment tolérer le fait qu'ils ne se disent juifs que pour mieux accabler les Juifs (les "Juifs juifs") de leurs accusations? Le "Juif non-juif" de Deutscher était à la fois dedans et dehors (cas de Heine ou de Freud). L'"Alterjuif" contemporain, quant à lui, n'est dedans que pour être contre[188]. »

Tout cela pour dire que, bien qu'il existe dans les communautés juives de la Diaspora et en Israël de fortes différences d'opinions quant à l'avenir de l'État d'Israël, quant aux relations de celui-ci avec les Palestiniens, quant au type de société qu'Israël doit être, il y a un vaste, un immense consensus voulant que la nation juive a droit à son État dans ses terres ancestrales au Proche-Orient. Et toute personne même se disant de confession ou d'origine juive, qui se dit antisioniste, ne peut être considérée comme représentative d'autre chose que de groupuscules très marginaux dans le monde juif.

Il est ironique de constater que, dans les milieux anti-israéliens, les Juifs anti-Israël sont considérés comme « courageux », comme des héros en somme. Ils sont pourtant au diapason d'une grande partie de la société et il n'y a pour eux aucun risque d'exprimer leurs opinions. S'il n'y aucun risque, comment peut-on les qualifier de courageux?

18. L'alliance verte-rouge[189]

Les gens réellement courageux sont ceux qui bravent un danger bien réel, un danger de mort, pour dénoncer les islamistes radicaux.

La question des liens grandissants entre une certaine gauche et cet islamisme radical se pose[190]. C'est ce dont je parle quand je mentionne l'alliance verte[191] (c.-à-d. islamiste)-rouge (c.-à-d. la gauche).

Ces liens ont été dénoncés ici par des modérés musulmans québécois et canadiens[192], notamment lors d'une conférence organisée par le site internet Point de Bascule[193] à Montréal le 2 octobre 2008[194]. Trois musulmans réellement courageux, menacés par des fatwas appelant à leur meurtre, le docteur Salim Mansur, l'auteur Tarek Fatah et Raheel Raza, une spécialiste du dialogue interculturel, ont clairement dénoncé la menace islamiste présente au Canada et l'inconscience de certains politiciens (principalement de gauche selon eux) qui tentent, consciemment ou inconsciemment, de tisser des liens avec eux.

Ils ont appelé à la vigilance contre les tentatives d'infiltration par ces groupes, dont les valeurs sont aux antipodes des valeurs québécoises et canadiennes. Qu'on pense par exemple à l'égalité des hommes et des femmes, aux droits des homosexuels ou aux droits des minorités religieuses, ethniques et culturelles

Alors, comment expliquer cette relation grandissante entre une partie de la gauche et les islamistes?

Que cette gauche veuille créer des liens avec l'islamisme radical ne peut s'expliquer que par l'application de la vieille maxime « l'ennemi de ton ennemi est ton ami. » En effet, les deux mouvements sont unis par une certaine haine de l'Occident et de ses porte-étendards, les États-Unis, Israël et les Juifs.

Prenons l'exemple d'Amir Khadir. Le 15 août 2006 (soit quelques jours après la désastreuse manifestation à propos de la Guerre du Liban), à Montréal, une manifestation s'est tenue devant un hôtel de Montréal où se tenait une activité de la communauté juive.

À cette manifestation, où se trouvait Amir Khadir, le chouchou de certains médias montréalais et co-chef de Québec solidaire, des drapeaux du Hezbollah furent encore brandis. Khadir ne s'en dissocia aucunement.

C'est le même Khadir qui, le 7 juin 2006 dans une entrevue à *La Presse* et dans une lettre ouverte dans ce même journal[195] parue le 14 décembre 2001, laissa entendre que les Américains pouvaient avoir eux-mêmes joué un rôle dans les attentats du 11 septembre 2001. Et qui, le 10 mai 2011, a, seul, voté contre une motion[196] (pourtant très modérée) appuyée par le Parti libéral, le Parti québécois et l'Action démocratique du Québec marquant la mort d'Osama Ben Laden[197].

Khadir s'est aussi surpassé à d'autres occasions. Le 1er juin 2010, alors qu'il commentait la situation suivant la tentative d'une flottille soi-disant humanitaire de forcer le blocus de Gaza, il a accusé en Chambre[198] le lobby pro-israélien de museler le gouvernement du Québec. Il a aussi tenu un point de presse[199] pendant lequel il a tenu des propos du même acabit, allant jusqu'à accuser la communauté pro-israélienne québécoise d'être dirigée par la droite et l'armée israéliennes. Ce sont de très, très graves accusations. Et qui sont fausses.

C'est une chose que d'exprimer son désaccord avec le gouvernement israélien, ou de critiquer ses partisans québécois. C'est légitime et sain dans une démocratie. Mais ce n'est pas ce que Khadir a fait.

Ce que Khadir dit, c'est que des citoyens du Québec n'ont pas le droit de faire des représentations à leurs élus et, s'ils le font, ils veulent museler ces derniers et le font au nom d'une armée et d'un segment précis du spectre politique d'un État étranger. C'est la version moderne du canard de la « double allégeance » et du sombre complot juif visant à contrôler les gouvernements.

Par ces accusations graves et infondées, le député de Québec solidaire a ainsi stigmatisé la communauté juive du Québec dans l'enceinte des élus du peuple québécois.

Khadir a dévoilé encore plus la sombre philosophie politique et la mauvaise foi qui sont les siennes en décembre 2010, suite à la controverse qu'il a créée en encourageant le boycott d'une boutique familiale de chaussures sur la rue St-Denis à Montréal simplement parce que celle-ci vend des chaussures fabriquées en Israël.

Dans une lettre envoyée à Jean-François Lisée et parue sur le blogue de ce dernier[200], Khadir tente de se sortir du pétrin en creusant encore plus son trou.

Il vaut la peine de s'y attarder.

Arguant que Québec solidaire n'avait pas de position sur le Hezbollah et le Hamas parce qu'ils n'ont « *pas été interpellés* » (depuis quand un parti a besoin d'être interpellé pour prendre position sur quoi que ce soit?), Khadir continue en avançant, sans preuve, sans rien pour soutenir son argument, que « *[l]e Hezbollah est sans doute moins fanatique que le Hamas ou que le gouvernement Ahmadinejad en Iran.* » Or, non seulement le Hezbollah est-il islamiste, extrémiste et exportateur de terrorisme jusqu'en Argentine, il est, de l'avis des experts, plus un instrument de l'Iran qu'un acteur libanais autonome. Il est alors ridicule de vouloir séparer le Hezbollah de son maître iranien comme tente de le faire Khadir.

Khadir continue en confirmant que son problème avec l'Iran est avec son Président actuel Mahmoud Ahmadinejad, et non avec le régime islamiste en soi (« *l'ex-président iranien M. Khatami était d'un tout autre acabit que son successeur [Ahmadinejad] qui est allié avec le clergé ultra-orthodoxe »).* Pourtant, la répression des femmes, des minorités sexuelles, des forces démocratiques, bref le caractère liberticide du régime islamiste n'a pas commencé avec l'arrivée d'Ahmadinejad au pouvoir en août 2005, mais bien à la naissance même du régime des Ayatollahs en 1979.

Khadir poursuit son texte en renversant la vérité, an parlant de « *menaces de frappe nucléaire lancées par Israël* ». Jamais, jamais, jamais Israël n'a menacé l'Iran de frappes nucléaires. C'est au contraire l'Iran qui, à maintes reprises, a menacé de rayer Israël de la carte. Bref, Khadir ment.

Khadir continue en affirmant que le Hezbollah et le Hamas ont le « *droit de résister à l'oppression* » ce qui, en langage décodé, signifie qu'il ne décourage pas leur utilisation du terrorisme.

Voici qui est véritablement Amir Khadir, le politicien le plus populaire du Québec. Il mérite bien que le qualitatif de fanatique que lui a donné Lysiane Gagnon[201].

Fin juillet 2006, Ginette Lewis, membre du comité régional (de Québec) de coordination de Québec solidaire a déclaré[202] son appui sans réserve au Hezbollah. Elle a salué la « *résistance farouche* » de la milice armée libanaise et a défendu l'utilisation de missiles par le Hezbollah. Finalement, elle a déclaré voir un « *signe d'espoir* » dans l'intensification des combats[203].

Le vendredi 7 mars 2008, une coalition de la gauche québécoise[204], qui comprenait les grandes centrales syndicales tenait une conférence de presse sur la situation à Gaza. Après les dénonciations usuelles contre Israël, le communiqué de presse alors émis[205] ne mentionna ni les tirs de roquettes à partir de Gaza contre les villes et communautés israéliennes, ni l'attaque horrible, délibérée, planifiée contre une école à Jérusalem qui a tué 8 jeunes hommes âgés de 15 à 26 ans et en blessa une dizaine d'autres.

Or, la conférence de presse se déroulait le lendemain de cette attaque contre l'école israélienne!

De plus, parmi les groupes participant à la conférence de presse se trouvait Tadamon, ce groupe pro-Hezbollah qui tente de faire retirer cette milice armée paramilitaire de la liste canadienne des groupes terroristes.

Le Bloc n'était malheureusement pas non plus immunisé contre ce phénomène. En plus de Maria Mourani, qui est allée jusqu'à utiliser son service internet de députée pour faire circuler un courriel pro-Hamas à ses collègues députés de la Chambre des communes[206], le député Marcel Lussier, défait en octobre 2008, déclarait pendant sa dernière campagne que le Canada devait reconnaître le groupe terroriste Hamas (reconnu comme groupe terroriste non seulement par le Canada, mais aussi par l'Union européenne et les États-Unis) comme le gouvernement légitime des Palestiniens.

Comme le résume Mario Roy, éditorialiste à *La Presse* : « *On remarquera ensuite à quel point la cause des Palestiniens, qui ont succédé aux "prolétaires" de jadis dans le martyrologe de la gauche standard, parvient à mettre le grappin sur tout ce qui bouge dans les sociétés occidentales*[207]. »

Ce ne sont que quelques exemples de la malheureuse irresponsabilité, de l'inconscience d'une certaine gauche canadienne et québécoise[208] dans le dossier du Proche-Orient.

19. L'antisémitisme[209] au Québec

À l'instar de ce que Nicolas Sarkozy a affirmé concernant la France[210], il est possible de dire que le Québec n'est pas antisémite, même s'il y a hélas de l'antisémitisme au Québec. C'est ainsi que je réponds lorsqu'on me questionne sur ce propos au Québec.

Celui-ci n'est, en effet, ni l'enfer raciste que dénoncent ses détracteurs à l'étranger (et au Canada anglais…), ni le pays de l'harmonie parfaite de la propagande frustre de certains.

Du « *mon petit Juif!* » que me lançait affectueusement ma grand-mère quand j'étais trop malcommode à son goût, aux appels au meurtre des Juifs entendus dans les rues de Montréal lors de manifestations anti-israéliennes[211], le Québec n'est malheureusement pas à l'abri de sentiments antisémites.

Je le dis sans hésitation : l'antisémitisme au Québec est toujours un sujet délicat à aborder pour un auteur. Ce le fut en tous les cas sûrement pour moi. Gérard Bouchard parle de cette difficulté de cette façon : « *Il existe, croyons-nous, une réticence parmi les Canadiens français à reconnaître et à analyser les expressions d'antisémitisme dont on trouve trace dans leur histoire. On la voit à la rareté des recherches et des publications à caractère historique sur le sujet. On la voit aussi au caractère polémique et défensif qu'empruntent la plupart des interventions publiques sur ce sujet. Elle s'est manifestée encore tout récemment à l'occasion du colloque du 25 mars 1999 à Montréal (au cours de l'événement lui-même et dans les commentaires qu'il a suscités). C'est à croire que, pour certains, le passé canadien-français serait tout simplement exempt d'antisémitisme, ce qui en ferait la seule population occidentale à pouvoir revendiquer pareil privilège. Quelles sont les raisons de cette réticence, de cette résistance? Quels en sont les coûts collectifs, les enjeux? Quels avantages y aurait-il à la surmonter?* » Et il répond partiellement ainsi aux questions qu'il a lui-même soulevées : « *Il est permis de voir là la raison principale (sinon la seule?) de la réticence manifestée chez les Canadiens français à se pencher sans arrière-pensée sur les annales de leur antisémitisme : c'est la crainte (largement fondée) que les résultats de leur autocritique ne soient utilisés contre eux, qu'ils servent principalement à relancer de vieilles représentations biaisées et offensantes[212]. »*

Je partage cette analyse. Mais crois aussi que la problématique de l'antisémitisme d'ici doit être abordée franchement, honnêtement et clairement.

Toute forme d'antisémitisme au Québec me fait doublement mal. Comme Juif évidemment, mais aussi comme Québécois. Je ne veux pas qu'une partie des membres de ma nation sombre dans le racisme et, dans ce cas plus spécifique, dans l'antisémitisme. Et je ne peux pas accepter non plus qu'on jette son fiel raciste sur ma fibre juive, sur ma femme et mes enfants.

Jack Jedwab a voulu évaluer la perception qu'ont les Québécois des Juifs et les chiffres sont troublants. Au Québec, les Québécois francophones sont le groupe le mieux perçu, suivi des anglophones, des immigrants, des autochtones et des Juifs. Pas moins de 6,5 % des Québécois disent détester les Juifs[213]. Ce n'est pas moi qui le dis. Je ne fais que rapporter les résultats d'une étude récemment publiée. Mais si on se fit à celle-ci, cela signifierait que des centaines de milliers de Québécois affirment détester les Juifs…

Dans une autre étude, cette fois-ci publiée en novembre 2010[214], l'Association d'études canadiennes expliquait que seulement 34 % des Canadiens francophones étaient d'avis que les Juifs avaient les mêmes valeurs qu'eux, comparativement à 73 % des Canadiens d'expression anglaise.

Il y a donc un certain problème au Québec.

L'histoire du Québec, comme celle de toutes les autres sociétés occidentales, a été en effet marquée par des manifestations d'antisémitisme.

En gros, il est en effet permis d'affirmer qu'au Québec, après les Patriotes et avant Vatican II « *[l]'idée dominante de l'époque était en effet que les Juifs, privés des lumières du christianisme, ne devaient pas être introduits au cœur des institutions et des sphères sociales réservées aux Canadiens français, de peur qu'ils n'en menacent la cohérence ethnique et la pureté idéologique*[215]. »

Ceci a amené Gary Caldwell à affirmer :

« *On peut affirmer sans le moindre doute que la société québécoise, à un moment de son histoire, adopta, nourrit et exprima une idéologie antisémite nettement définie. Les autorités civiles religieuses y souscrivirent et une partie de l'intelligentsia francophone l'embrassa avec enthousiasme*[216]. »

Suivant Vatican II et la concomitante Révolution tranquille au Québec – qui a amené le retrait de l'Église de grands pans de la société québécoise – « *les Juifs (...) cessaient d'être considérés comme des convertis potentiels, ou comme des marginaux dans une construction identitaire reposant sur la foi, et revêtaient en gros les mêmes attributs que les citoyens de la majorité démographique*[217]».

L'antisémitisme n'est cependant pas disparu du paysage québécois avec l'ouverture à la modernité des années 1960. Voyons ensemble quelques illustrations récentes de ce malheureux phénomène.

Internet

On l'a vu plus haut, l'internet est un outil de communication, d'échange et d'information extraordinaire. Mais l'internet a aussi un côté sombre. Il facilite aussi la transmission de pornographie dégradante, de violence, de racisme et d'antisémitisme. Les sites québécois les plus *mainstream* n'en sont pas exempts.

Vigile : un torchon électronique[218]

Quand j'étais député, je consultais régulièrement le site internet Vigile, qui n'a – il faut le rappeler - aucun lien institutionnel avec le Parti québécois ou le Bloc québécois. J'y contribuais aussi, assez souvent. J'aimais bien voir où en étaient les débats sur la souveraineté, quelles étaient les dernières suggestions pour faire avancer l'idée indépendantiste, ce que disaient et écrivaient des militants nationalistes à qui les pages des journaux nationaux n'étaient que rarement ouvertes. Cependant, je m'arrêtais peu aux autres sections et même, en fait, ne me souviens pas si ce site en était pourvu.

La première fois que je fus interpellé par Vigile, sur un sujet autre que la souveraineté du Québec ou un aspect de cette dernière, je le fus par Maria Mourani, alors candidate officielle (bientôt députée).

Je fus renversé du fait qu'une candidate à peu près inconnue attaque ainsi publiquement[219] un des porte-parole les plus en vue de sa propre formation politique.

Vigile est un site qui se veut le principal lieu de rencontre pour les souverainistes sur internet. Il est tenu par un certain Bernard Frappier, qui a une obsession anti-israélienne et qui flirte souvent avec l'antisémitisme, en plus de tomber régulièrement dans l'antiaméricanisme primaire d'un cégépien ayant mal digéré ses cours de philosophie marxiste.

Frappier n'hésite pas non plus à citer des personnages aussi peu fréquentables qu'Alain Soral, passé du Parti communiste français... au Front National de Le Pen.

Frappier est convaincu à ce point de la domination juive du monde que Vigile.net s'est récemment doté de deux rubriques intitulées respectivement « Colonie sioniste – Canada[220] » et « Colonie sioniste – Québec[221] ».

Les vieux thèmes antisémites de complots et d'argent y sont recyclés continuellement. Par exemple, le 30 janvier 2008, on pouvait y lire, en note éditoriale[222] :

« Il faut boycotter Israël, à commencer par le retrait par la STCUM (métro) des contrats accordés à une Cie israélienne dont on ne sait pas trop si elle nous protégera des attentats ou si elle les préparera elle-même... »

On y laisse clairement entendre que les Juifs pourraient être responsables d'attentats chez nous, ici, au Québec.

Toujours le 30 janvier 2008, sous la plume d'un dénommé Ivan Parent, on pouvait y lire : *« J'espère qu'il y aura un concert des nations pour dénoncer les exactions d'Israël à moins que cela fasse partie d'un autre complot[223] »*.

Encore le complot! Et Parent de continuer, traitant les Israéliens de nazis : *« N'est-il pas triste de voir les Juifs d'Israël s'abaisser au niveau de leurs tortionnaires d'autrefois? Je ne veux plus en entendre un seul qui se plaigne de la Shoa, ils font la même chose. »*

Qu'il est facile de délégitimer l'État d'Israël quand on l'accuse de se comporter comme l'Allemagne hitlérienne! En effet, selon Parent, les Juifs d'Israël sont en train d'opérer un génocide. Au moins, Parent ne cache pas qu'il est raciste contre les Juifs (donc antisémite) : *« Je ne suis pas raciste, mais quand je vois ce qui se passe, même si je m'en défends, c'est une option qui m'attire[224] »*.

Ce Parent est un habitué de ce genre d'article. Un autre délire antisémite plus récent[225], voyant des complots juifs partout, n'aurait pas été incongru dans la plus vulgaire presse nazie des années 30. Il y affirme notamment que « *[les Juifs] peuvent se permettre toutes les exactions, les horreurs, les prises de contrôle dans les sociétés dans lesquelles ils vivent et nous ne pouvons rien dire, car si nous le faisons, nous sommes des antisémites, des fantômes des nazis de l'époque. (…) [I]ls sont puissants, ils contrôlent les partis politiques et surtout, les banques internationales.* »

Dans un autre texte, il affirmait : « *par des détours hypocrites les juifs exploitent honteusement, vampirisent le pays dans lequel ils vivent, il n'est pas étonnant qu'ils aient été haïs partout où ils ont vécu*[226]. » Puis, dans un autre il dénonçait le fait que « *[l]'histoire même des Hébreux, les ancêtres des juifs et plus tard des Israéliens, en est une de massacres, de tueries, de génocides sous l'inspiration divine de Yahvé. La Bible est remplie de ces actions violentes. Ils n'ont fait que perpétuer leur histoire*[227]. »

Pas plus tard que le 6 janvier 2011, le même Parent y allait d'un autre refrain (que je me dois de citer en long ici pour bien comprendre de quoi il s'agit) aux accents des *Protocoles des Sages de Sion*[228] :

« *Nous savons que les lobbies juifs sont très puissants et, en fait, contrôlent, par le biais des banques internationales, presque tous les états. Ils modifient les taux d'intérêt comme ils le veulent, c'est d'ailleurs pour ça que la zone euro est prise à la gorge. Ce sont des malversations ourdies par les banques. On l'a vu très brièvement dans le cas de la Grèce. La banque juive-américaine de Goldman-Sachs a été à la base de détournements de fonds avec la complicité de haut dirigeants grecs. On l'a vu dans les journaux, mais, étrangement, cela a disparu très rapidement. Il y aura toujours, partout, des complices achetés à gros prix. Ici au Québec, Charest en est un exemple patent. On égorge les états les uns après les autres pour pouvoir les manipuler à volonté. Pour ce faire on doit aussi faire disparaître les acquis sociaux pour, dit-on, payer la dette et, au point où c'en est rendu, il n'est à peu près plus possible pour personne de payer ces dettes instaurées surtout pour des dépenses militaires. Il n'est pas très difficile de voir pourquoi il y a toujours des guerres sur la surface de la terre. Le principe a été élaboré au départ dans un document (que je ne peux nommer ici sous peine de me faire censurer), un faux antisémite[229] dit-on, mais qui se vérifie quotidiennement, et repris plus tard par Milton Friedman de l'école de Chicago. Si nous résumons : couper les vivres pour détruire, contrôler[230]. »*

Évidemment, la situation est pire en situation de crise. Pendant la Guerre du Liban en 2006, la ligne entre critique légitime d'Israël et antisémitisme fut franchie à plusieurs reprises.

Par exemple, pendant ce conflit, le 28 juillet 2006, j'eus un haut-le-cœur en lisant le texte de l'auteur québécois bien connu Victor-Lévy Beaulieu sur le site souverainiste.

Bien que n'étant pas reconnu pour sa grande cohérence idéologique (il est un souverainiste ayant appelé à voter, et à travailler, pour l'Action démocratique du Québec, avant de devenir candidat du Parti indépendantiste, puis candidat indépendant) et ayant la réputation bien méritée d'être un *loose cannon* de type folklorique, il n'en demeure pas moins un écrivain de talent. Il mit ses vastes dons d'homme de plume au service d'un texte que je ne peux décrire que comme haineux.

Intitulé « Israël, l'Occident et le cochon », VLB y va d'une attaque en règle contre le peuple juif dans son ensemble[231]. Quelques longs extraits :

« Or, les Juifs, en tant que seul peuple élu de Dieu, ont toujours mis le droit au-dessus de tout et considéré la justice comme une corruption affaiblissante de celui-ci. Il n'y a donc jamais eu de justice en royaume de Judée et il n'y en a pas davantage, deux mille ans plus tard, en pays d'Israël. »(...)

« *Au nom de son droit à l'existence en tant que seul peuple élu de Dieu, et tel que c'est raconté dans l'Ancien Testament, les Juifs ont toujours préféré le bellicisme à la diplomatie, l'État guerrier à l'État de paix. L'Arche d'alliance, c'est avec leur dieu seul qu'il a rapport, ce qui explique sans doute qu'en toute son existence, le royaume de Judée n'a jamais eu comme amie ou comme alliée une autre nation qu'elle-même. Israël ne se comporte pas autrement que le royaume de Judée : Ce qui n'est pas moi est mon ennemi et je dois le détruire absolument. Voilà le droit, voilà mon droit.* » (…)

« *Fondé sur cette pensée, l'État d'Israël agit en conséquence. Il n'agit même pas par amour de lui-même, mais par haine des autres. Passé maître dans l'art de jouer à la victime, cet État-là ne jouit vraiment que lorsqu'il est victimaire. Comme il excelle alors! Et comme tous les moyens lui sont bons pour s'y détenir! L'Ancien Testament est plein de ces batailles préventives contre les supposés ennemis de la Judée : de l'assassinat sélectif à la guerre totale, du génocide à l'extermination absolue, les armes du droit judaïque ne connaissent pas la mesure, elles permettent même l'inceste pour que les mères juives puissent remplacer impunément les soldats qui manquent sur les presque éternels champs-charniers de bataille.*

À relire ainsi l'Ancien Testament, on doit constater que l'État d'Israël n'est que la continuation, en esprit et en action, du royaume de Judée. La seule différence, c'est que l'Occident, par profond et absurde sentiment de culpabilité, lui a fourni les armes meurtrières grâce auxquelles Israël peut maintenant imposer sa notion du droit, celui symbolisé par son Arche d'alliance avec Dieu seul, au détriment du concept de justice. Que sont donc ces guerres contre la Palestine et le Liban, sinon des guerres d'extermination, sinon des génocides odieux qui devraient, nous Occidentaux, nous colorer du rouge de la honte de la tête aux pieds parce que ne dire mot, c'est consentir, c'est accepter qu'un état totalitaire, déguisé en démocratie, dénature le droit en se l'appropriant pour lui seul? »(…)

« *Pourquoi n'en fait-on rien avec cet Israël belliqueux, haineux et totalitaire, pour ne pas dire plus simplement hitlérien?* »

Que dire de plus, sinon vomir?

Mais ce n'était pas fini. Le 10 août 2006, un nommé André Vincent publia un texte intitulé « Monsieur Juif »[232]. Ce texte constitue un véritable appel au meurtre.

Après avoir raconté l'histoire d'un vendeur juif itinérant de sa jeunesse, André Vincent poursuit : « *C'est le souvenir qui m'est resté de monsieur Juif, et c'est à cause de lui que j'ai mis longtemps avant d'en arriver à le détester.* »

Il poursuit : « *En Irak, j'ai vomi en masse, mais là... au Liban, c'est vraiment le bout d'la mort! Ça n'arrête plus : Pis ça fait mal en tabarnak tout l'temps. Et plus ça fait mal, plus ma haine pour monsieur Juif et son gros chum de cowboy grandit, même que je ne me reconnais plus.*

Jamais j'aurais pensé qu'un truc comme ça pouvait m'arriver un jour. Je ne veux pas de cette senteur de mort, je n'aime pas cette odeur de charnier; c'est comme si mon cœur avait mauvaise haleine, même **qu'il me vient parfois des arrière-goûts de meurtre contre monsieur Juif** *(NDLR : je souligne), et je suis certain que si l'un de mes petits-fils était mort au Liban ou en Palestine,* **je passerais le reste de mes jours à tenter de faire sauter des monsieur Juifs tout partout dans le monde, et même des enfants de monsieur Juif** *(NDLR : je souligne), pour que ça lui fasse aussi mal qu'à moi.* »

Vigile est allé jusqu'à publier un texte approuvant, au moins implicitement, l'antisémitisme d'Adrien Arcand, le « Führer canadien[233] ».

Plus récemment, les débats autour de l'affaire Michaud ont donné lieu à des détournements – dans les articles comme dans les commentaires laissés – dignes des *Protocoles des*

Sages de Sion. Deux exemples : une personne courageuse (sic) se cachant sous le pseudonyme de Gébé Tremblay a repris l'argument hitlérien que l'Allemagne nazie n'avait pas commencé la guerre de 1939-1945, mais que celle-ci avait été causée par les Juifs[234] tandis qu'un chroniqueur régulier du site, un certain Robert Barberis-Gervais, n'a pas hésité à avancer que le « lobby juif », par son contrôle des banques, contrôle le Québec[235].

Ceci est sans oublier le manifeste[236] fasciste à tendance nazie que Vigile a publié le 28 décembre 2010, dans lequel un certain Jean-Roch Villemaire, au nom du « Mouvement Nationaliste Révolutionnaire Québécois », proposait « *l'indispensable obligation de fermeture des frontières à l'immigration de masse* », de suspendre le droit du sol et d'appliquer à sa place le droit du sang puisque « *la nationalité est un héritage intimement lié à l'origine ethnique qui est propre à chaque peuple* ». Et, bien entendu, « *[l]e MNRQ est antisioniste, il brisera l'échine de l'idéologie sioniste et de ses avatars politiques, pour rendre le pouvoir au peuple québécois.* »

Beaucoup d'autres exemples pourraient malheureusement être donnés.

Ceci étant dit, lorsqu'un article dans *La Presse* est paru[237] en mars 2011, étalant au grand jour les dérives de Vigile, le Parti québécois, de même que ses ténors Louise Beaudoin[238], Bernard Drainville et Agnès Maltais, se distancèrent immédiatement et clairement de ce site web.

Ceci suffit pour démontrer que l'ouverture aux autres et la tolérance sont des valeurs qui sont au cœur du parti fondé par René Lévesque, lui-même un anti-antisémite convaincu et courageux. Et que Vigile ne peut prétendre parler au nom du mouvement souverainiste.

Sites de commentaires

Les grands médias ont maintenant tous des blogueurs, qui invitent leurs lecteurs à commenter les textes qu'ils y postent. Ça rend sûrement la lecture plus dynamique. Et plus démocratique. Cependant, comme l'anonymat y règne, les dérapages sont nombreux.

Qu'on me comprenne bien. Je ne remets pas en cause l'utilisation par des commentateurs chevronnés de ce médium, ni ne les accuse de quoi que ce soit. Ce que je dis cependant, c'est que les commentaires laissés vont souvent trop loin et sont régulièrement antisémites.

Par exemple, on connaît les opinions bien tranchées de Richard Martineau sur la question des accommodements raisonnables, notamment dans le domaine scolaire. J'ai beau ne pas être toujours d'accord avec lui, il n'en demeure pas moins que son blogue est un des sites internet que je consulte plusieurs fois par jour.

Le 11 février 2010, il fait deux entrées sur le sujet des écoles juives illégales. Et là, ça commence. Un certain xxxxxxxxx yyyyyyyyyyyyy (quel courage…) affirme : « *Si vous savez par qui la caisse du parti libéral est garnie vous ne vous poserez pas de question* » puis « *Tout est permis aux membres du peuple élu* ».

Puis, Martial Chehri écrit : « *On devrait lâcher un peu les Musulmans qui (demandent des accommodements a visages découvert) et s'occuper un peu plus des Juifs qui eux travaillent comme d'habitude en sous terrain , Ha oui c'est vrai, ils sont intouchable, ils sont les élus de Dieu* »

C'est suivi d'un Michel Germain, qui poursuit dans la même veine : « *La grande théorie des juifs... "Avec de l'argent on achète tout" surtout le party libéral... c'est incroyable tout l'argent qu'ils y mettent, mais le plus brillant, c'est qu'ils en retirent le double...* »

Je n'ai pris Martineau que pour donner un exemple (et, comme je disais, parce que je consulte son blogue régulièrement). Ce genre de commentaires est légion sur le site du blogue de Richard Hêtu (qui semble quelques fois plus intéressé à la politique au Proche-Orient, qu'il commente sans grande maîtrise du dossier, qu'à la politique américaine, qui est la raison d'être de sa chronique et de son blogue) et de Radio-Canada.

Comme de plus en plus de gens – surtout des jeunes – s'informent sur internet, il est essentiel de comprendre que des commentaires antisémites semblables auront un impact sur des milliers de gens.

Commission Bouchard-Taylor[239]

La Commission Bouchard-Taylor tint des audiences partout au Québec. Elle a suscité un intérêt important partout où elle est passée. Ses travaux furent diffusés en direct à la télévision québécoise.

On y entendit des propos sensés, on y présentât des mémoires solides, étoffés. Mais on y entendit aussi des énormités. Des propos xénophobes. Et certains carrément racistes.

Ceci étant dit, le Québec a été la première société occidentale à forte immigration à ainsi réfléchir collectivement sur les conséquences de mouvements migratoires importants. Cette réflexion n'est évidemment pas terminée, mais les discussions sont plus ouvertes qu'ailleurs. Il s'agit de bien les encadrer et d'en tirer les meilleures idées pour l'avenir de la société québécoise.

La raison pour laquelle je désire parler de la Commission Bouchard-Taylor ici a trait à l'accusation maintes fois entendue voulant que les Juifs imposent à tous une « taxe casher[240]. »

Le vendredi 11 mai 2007, le réseau de télévision TVA diffusait, au cours de son émission JE (autrefois animée par ma sœur!), un reportage sur le nombre de produits casher sur les étagères des grandes chaînes de distribution alimentaire du Québec[241]. Selon le reportage, les consommateurs québécois achèteraient à leur insu des produits alimentaires en payant les coûts d'une certification dont ils ne seraient pas demandeurs. Ces allégations entretiennent évidemment le mythe d'une minorité juive qui contraindrait la majorité à se conformer à ses règles religieuses.

Le reportage a complètement passé sous silence les motivations d'affaires qui poussent les entreprises à obtenir la certification casher.

Et d'abord, qu'est-ce que la nourriture casher? Ça n'a rien à voir avec des bénédictions de rabbins, contrairement à ce qui a été affirmé à maintes reprises. Casher signifie en hébreu « convenable » ou « conforme ». Les prescriptions relatives à la nourriture casher sont appelées règles de la « cacherout ». Elles proviennent de la Bible juive (l'Ancien Testament pour les chrétiens) et du Talmud (transcription écrite de la tradition orale juive).

Pour être considérés casher, les aliments doivent être sélectionnés, combinés et préparés en fonction des rituels traditionnels et des lois de la religion juive.

La Loi définit très précisément les aliments qui peuvent être certifiés casher :
• Les produits consommés dans leur état naturel ou état de récolte tels que les fruits et les légumes;
• Les viandes provenant de ruminants ayant les sabots fendus (bovins, ovins, caprins) et abattus selon certaines règles;
• La volaille (uniquement d'élevage), abattue selon les mêmes règles;
• Les poissons ayant des nageoires et des écailles, et eux seuls. Ainsi, les fruits de mer, les coquillages et les crustacés ne sont

pas autorisés.

Il y a aussi interdiction de mélanger les produits laitiers et la viande. Même certifiés, viandes et produits laitiers ne peuvent être préparés ou consommés ensemble. Par ailleurs, toutes les surfaces et tous les ustensiles qui entrent en contact avec la nourriture casher ne doivent servir qu'à la fabrication d'aliments casher. Cette règle s'applique à la cuisson, la conservation et l'utilisation des ustensiles.

Respecter la cacherout signifie donc créer un environnement complet qui soit exclusivement casher. Ces règles exigent également la supervision indépendante de tout espace public et commercial, pour en garantir le strict respect. Bref, le caractère casher est facilement identifiable et reconnaissable pour les produits simples, à l'état naturel.

Il n'en est pas de même des produits transformés (produits laitiers, produits d'épicerie, plats préparés). Pour être consommés, ces produits doivent être certifiés. La certification casher est une garantie pour les consommateurs de contrôle des matières premières, de vérification de la fabrication, de la transformation et du conditionnement.

Les Juifs orthodoxes appliquent des principes que le vocabulaire actuel nomme « principe de précaution » et « traçabilité. » Cela signifie simplement que tout produit qui n'est pas explicitement contrôlé pendant toutes ses phases de production est refusé.

La viande casher consommée par les juifs pratiquants provient d'abattoirs casher et est vendue exclusivement dans des sections casher clairement identifiées. La certification casher de la viande ne vise donc nullement le grand public.

Les aliments manufacturés ne sont donc casher que s'ils ont été fabriqués sous un contrôle permettant d'assurer que toutes les règles ont été respectées. C'est ce contrôle qui entraîne un minuscule surcoût des produits casher.

Le coût réel de la certification a été estimé en 1975 à un millionième de sous par produit par le *New York Times*. Le coût pour le consommateur est donc infinitésimal[242].

Selon un article de *La Presse*, « *l'effet sur le prix est minime puisque ces produits sont fabriqués en grand volume. Dans la portion épicerie chez Métro, 75 % des produits sont casher. Or, les fournisseurs de Métro ne facturent pas plus cher pour cette certification, assure sa porte-parole, Marie-Claude Bacon (ça ne s'invente pas!) Pour l'obtenir, les entreprises doivent suivre des règles très strictes et mettre de côté certains ingrédients. Une minorité de produits sont plus chers et ce ne sont pas des produits de consommation courante. On parle de produits comme la viande casher, généralement en vente dans des épiceries spécialisées. Cette dernière est vendue dans quelques grandes surfaces seulement au Québec, et toujours clairement marquée comme telle*[243] ».

Au Québec, 30 000 juifs québécois (35 % de l'ensemble de la communauté) se nourrissent exclusivement de mets casher, un micro marché[244] qui ne peut expliquer à lui seul la surabondance de produits labélisés casher sur les tablettes de nos épiceries.

Aux États-Unis, pays vers lequel nos exportateurs se tournent, le marché de la nourriture casher est évalué à 10 milliards de dollars. De plus, selon une étude réalisée par Kosherfest, le marché américain du casher est en forte expansion avec des chiffres de croissance annuelle situés entre 10 et 15 %.

Toujours aux États-Unis, seulement 14 % des consommateurs qui achètent régulièrement des produits casher le font parce qu'ils suivent les règles de la cacherout. Les autres achètent des produits casher pour une multitude de raisons : ils sont végétariens, ils sont allergiques aux produits laitiers, ils sont allergiques aux fruits de mer, parce que selon certains musulmans, si les produits sont casher, ils sont aussi automatiquement hallal ou parce qu'ils croient que les produits casher sont plus propres que les produits non casher entre autres raisons[245].

Les chiffres sont différents au Québec. Ici, à peine 30 % des consommateurs de produits casher sont Juifs. Les 70 % restants se répartissent entre musulmans, écologistes et le grand public. Preuve que le marché est porteur : 70 % de cette population est âgée de 18 à 35 ans. Seuls 21 % d'entre eux achètent casher pour des raisons religieuses, la majorité des sondés mettant de l'avant la qualité des produits et des filières de préparation.

Autrement dit, une majorité des consommateurs de produits casher ne sont pas religieux, mais achètent pour la qualité du label. Comme rien n'oblige une compagnie ou une industrie à adopter ce label, l'explication vient du désir de développer une nouvelle clientèle. Les entrepreneurs québécois font simplement preuve d'initiative en anticipant ou en accompagnant cette nouvelle tendance pour mieux conquérir de nouvelles parts de marché, principalement aux États-Unis.

Il n'y a donc pas de « complot juif » visant à imposer une « taxe casher » aux Québécois[246].

Dieudonné

Je ne comprends pas la popularité de cet horrible personnage au Québec, qui est maintenant honni en France. Avec raison.

Mais au Québec, il remplit les salles. Il est invité sur les émissions de télévision les plus populaires. Par les stations de radio.

Comme l'a écrit le chroniqueur du *Devoir* Christian Rioux[247], « *[s]i l'humoriste Dieudonné doit demander un jour l'asile politique quelque part, ce sera probablement au Québec.* »

Au départ humoriste talentueux, Dieudonné a depuis plusieurs années sombré dans un antisionisme et un antisémitisme obsessionnels. Il fréquente les groupuscules conspirationnistes, d'extrême droite et d'extrême gauche. Et il attaque les Juifs au vitriol.

La controverse Dieudonné commence véritablement en décembre 2003, à la télévision française. Déguisé en « colon israélien facho », Dieudonné termine son sketch en faisant le salut nazi et en lançant « *Isra-Heil* ». Il fait alors le lien entre Israël et l'Allemagne nazie, l'équation entre la victime et son bourreau.

Comme l'écrit avec raison la journaliste française Anne-Sophie Mercier : « *Dans notre inconscient collectif, le nazisme reste le mal absolu. Ce qui est nazi doit être combattu par tous et disparaître.*

Dans le *Journal du Dimanche*, en février 2004, il accuse les Juifs d'être des « *négriers reconvertis dans la banque*[248] ». Dieudonné fut condamné par la justice française pour ces propos, une décision confirmée par la Cour d'appel de Paris le 15 novembre 2007.

Lors d'une conférence à Alger le 16 février 2005, il se fait poser une question sur le mot « antisémitisme ». Il répond : « *Ça ne veut plus rien dire (…). C'est une vaste escroquerie (…). Rien que le terme est une aberration, une escroquerie. Mais en France il ne faut pas changer de mot, parce que le mot, il a toujours fait bingo. Donc on garde, voilà, c'est une manipulation. Je parle de pornographie mémorielle. Je pense que ça devient pornographique*[249]. »

Ces déclarations ont été condamnées vigoureusement en France. Du Parti socialiste, par la voix de son Premier secrétaire, à l'UMP (droite), par la voix du porte-parole du gouvernement d'alors Jean-François Copé, les propos de Dieudonné ont été condamnés par le monde politique français.

Une réaction politique a cependant retenu mon attention : celle de Harlem Désir, ancien président de SOS-Racisme, militant antiraciste bien connu en France et député socialiste européen :

« *Il faut boycotter Dieudonné et ses spectacles comme on a boycotté, hier, l'apartheid et demander à la justice de le condamner sans ménagement. (...) En déclarant à la presse algérienne que "le sionisme est le sida du judaïsme" après avoir parlé de la Shoah comme d'une "pornographie mémorielle", Dieudonné ajoute l'ignoble à l'indécence. (...) Il est aujourd'hui l'un des plus grands antisémites de France*[250]. »

Les grands médias hexagonaux ne manquèrent pas non plus de commenter. Le quotidien *Le Monde*, en éditorial, a écrit : « *L'humoriste Dieudonné ne fait plus rire. Et ce constat vaut déjà condamnation. À 39 ans, le comédien appartient désormais au passé, lorsqu'il formait un duo inénarrable avec le comique Élie Semoun dans les années 90. Aujourd'hui, cet artiste est sorti de scène, comme on dit d'un véhicule qu'il est sorti de route. Son discours est saturé d'antisémitisme au point que l'on peut se demander s'il ne lui est pas aussi naturel que la prose à Monsieur Jourdain, le personnage de Molière (...).*

Comme Jean-Marie Le Pen, président du Front National et expert en petites phrases nauséabondes, Dieudonné lance ses traits et se rétracte aussitôt sur le thème : je n'ai pas dit ce que vous avez entendu. Autrement dit, le raciste n'est pas celui que l'on croit! Malheureusement pour lui, il n'y a pas de complot. Seulement un comique à la dérive saisi par un militantisme communautariste indigne[251]. »

L'hebdomadaire de gauche *Le Nouvel Observateur*, sous la plume de Claude Askolovitch y va d'une chronique très dure intitulée *Dieudonné : Enquête sur un antisémite*[252].

Le 28 mars 2005, Dieudonné en remet. Il déclare sur les ondes de la station de radio Beur FM : « *Dans le livre de classe de mes enfants, j'ai arraché les pages sur la Shoah.* »

En annonçant sa candidature (qui ne durera pas longtemps) à la présidence de la République française, en janvier 2006, Dieudonné prend la défense du Président iranien Mahmoud Ahmadinejad qui appelle à rayer Israël de la carte.

Sans gêne, il défend la chaîne de télévision du groupe terroriste libanais Hezbollah, Al Manar[253], qui diffuse sur ses ondes une série télévisée antisémite inspirée du faux document intitulé Le Protocole des sages de Sion.

Le 11 novembre 2006, il se rend au lancement de la campagne présidentielle du leader d'extrême droite Jean-Marie Le Pen. Le Pen et Dieudonné ont même des liens familiaux maintenant. En effet, le leader d'extrême droite a été choisi par Dieudonné pour être le parrain de son quatrième enfant.

Le 26 décembre 2008, il a remis un prix au négationniste bien connu Robert Faurisson sur la scène du Zénith. Pour ce qu'il a dit lors de cet événement, Dieudonné a été condamné par la Cour d'Appel de Paris en mars 2011, pour injures racistes[254].

On pourrait continuer encore longtemps.

Notamment avec sa condamnation par la Cour supérieure du Québec à verser 75 000 $ au chanteur Patrick Bruel pour avoir traité ce dernier de « supermilitant » sioniste, de « militaire israélien » qui approuve que l'armée israélienne « tue les enfants palestiniens » au Sud-Liban lors de l'émission Les Francs-Tireurs du 29 novembre 2006, à Télé-Québec[255]. Dieudonné avait également affirmé que le chanteur souffrait du « *complexe de supériorité de certains Israéliens* », c'est-à-dire qu'il pense qu'il fait partie « d'un peuple supérieur ».

Dieudonné est devenu tellement obsédé par les Juifs qu'il a même fondé un Parti antisioniste pour les élections européennes de 2009, élections au cours desquelles il a fait patate.

Ces quelques exemples donnent une bonne idée de ce

personnage nauséabond qui, pourtant, attire toujours autant beaucoup de Québécois.

Pourquoi?

Antisionisme[256] et antisémitisme[257]

Il est courant pour les antisionistes de se défendre d'être antisémites. Mais ce qu'ils font, c'est refuser au peuple juif le même droit à l'autodétermination qu'ils reconnaissent à tous les autres peuples du monde. Partant de là, il est facile d'en tirer cette conclusion[258].

D'ailleurs, le pasteur Martin Luther King Jr., célèbre champion des droits civiques des Noirs américains, récipiendaire du Prix Nobel de la Paix en 1964, orateur fabuleux, n'a pas hésité à affirmer que « *l'antisionisme n'est rien d'autre que de l'antisémitisme déguisé* » et « *[n]e vous y trompez pas : lorsque quelqu'un critique le sionisme, ce sont les Juifs qu'il vise*[259] ». En fait, l'antisionisme est, à mon avis, une forme de racisme.

D'ailleurs, l'Union européenne a elle aussi fait le lien entre antisionisme et antisémitisme. L'Observatoire européen des phénomènes racistes et xénophobes, institution de l'Union européenne qui a été remplacée en 2007 par l'Agence des droits fondamentaux de l'Union européenne, a publié en 2004 une définition de travail de l'antisémitisme et a donné des exemples d'attitudes antisémites[260].

Leur définition de travail est la suivante: « *L'antisémitisme est une certaine perception des juifs, pouvant s'exprimer par de la haine à leur égard. Les manifestations rhétoriques et physiques de l'antisémitisme sont dirigées contre des individus juifs ou non-juifs et/ou leurs biens, contre les institutions de la communauté juive et contre les institutions religieuses juives.* »

Plus loin, l'Observatoire affirme que « *l'État d'Israël, perçu comme une collectivité juive, peut aussi être la cible de ces attaques* » et donne des « *exemples non exhaustifs de réflexions antisémites en rapport avec l'État d'Israël:*

· *Nier au peuple juif le droit à l'autodétermination, en prétendant par exemple que l'existence de l'État d'Israël est une entreprise raciste.*

· *Faire preuve d'une double morale en exigeant d'Israël un comportement qui n'est attendu ni requis d'aucun autre pays démocratique.*

· *Utiliser des symboles et images associés à l'antisémitisme classique (par ex. : l'affirmation que les Juifs ont tué Jésus ou les meurtres rituels) pour caractériser Israël et les Israéliens.*

· *Faire des comparaisons entre la politique actuelle israélienne et celle des nazis.*

· *Tenir les juifs de manière collective pour responsables des actions de l'État d'Israël.*

Toutefois, les critiques à l'égard d'Israël comparables à celles exprimées à l'encontre d'autres pays ne peuvent être qualifiées d'antisémites. »

À la lumière de cette définition européenne de l'antisémitisme, il est facile de démontrer qu'accuser Israël d'être un État d'apartheid (c.-à-d. prétendre que l'existence de l'État d'Israël est une entreprise raciste) est faire preuve d'antisémitisme.

Le lien antisionisme et antisémitisme a été décrit ainsi par l'intellectuel, professeur et journaliste Antoine Spire, alors membre des instances de la Ligue des Droits de l'Homme en France:

« *Aujourd'hui, l'antisionisme, même s'il ne se veut pas antisémite, vise non seulement la politique oppressive d'Israël contre les Palestiniens, mais aussi Israël et son lien avec ses soutiens en Diaspora qu'on accuse sans toujours aller y voir d'inconditionnalité; il en vient à récuser l'existence même d'un*

*État juif. C'est là que peut se nouer le lien entre antisionisme
et antisémitisme : de l'antisionisme au vœu de disparition de
l'État hébreu, il n'y a qu'un fil, et de la disparition de l'État
hébreu à la haine de ceux qui militent pour le droit à l'existence
de l'État d'Israël, il n'y a qu'un pas*[261]. »

Je le dis franchement: l'antisionisme est une forme de haine,
une haine qui amène quelqu'un à souhaiter la disparition d'un
pays en entier (Israël). Parce que c'est bien cela l'antisionisme:
vouloir que l'État d'Israël n'existe pas. Qu'il n'existe plus. Qu'il
disparaisse. Et pourtant, cette haine est couramment acceptée
au Québec et ailleurs en Occident (sans parler évidemment du
monde arabo-musulman). Je me demande d'ailleurs comment
serait traitée la personne qui ferait la promotion de la disparition
de la France, de la Russie ou du Québec…

Considérant tout cela, je n'ai pu qu'être déçu de la décision
malheureuse et regrettable du Bloc québécois de se retirer, en
mars 2010, de la *Coalition parlementaire canadienne de lutte
contre l'antisémitisme*[262] qui étudie le phénomène au Canada.
Le Bloc a acheté – à tort – l'argument des anti-Israël que le
but de la Coalition était de criminaliser (ou à tout le moins de
stigmatiser) toute critique d'Israël.

Ceci est complètement faux. Je crois que le Bloc n'a pas été
capable de voir que, bien que toute critique d'Israël n'est pas
antisémite (sinon la majorité des Israéliens et des Juifs de la
Diaspora serait considérée ainsi), il n'en demeure pas moins
que plusieurs critiques d'Israël sont antisémites, tel que je
viens de le démontrer.

L'argument du Bloc était d'autant plus faible qu'il aurait
dû savoir que la Fédération canado-arabe, qu'il voulait voir
invitée, est un repère d'islamistes et d'extrémistes[263].

Le retrait du Bloc de la *Coalition parlementaire canadienne
de lutte contre l'antisémitisme* et, conséquemment, son
refus de participer à plein à la *Conférence internationale*

d'Ottawa sur la lutte contre l'antisémitisme, qui réunissait des parlementaires et des experts de plus de 50 pays, tenue les 7, 8 et 9 novembre 2010[264] est d'autant plus singulier que même le Président palestinien Mahmoud Abbas a envoyé un message d'encouragement aux participants à cette conférence. Or, tout le monde sait bien qu'Abbas n'est pas le moindre des critiques de l'État d'Israël…

Un autre exemple du lien entre l'antisémitisme et l'antisionisme? La Coalition pour la Justice et la Paix en Palestine, qui réunit notamment la CSQ, la CSN, Alternatives, Québec Solidaire et l'AQOCI, est membre du comité organisateur de la Conférence BDS[265] (c.-à-d. boycott, désinvestissement et sanctions contre Israël[266] qui a eu lieu à Montréal du 22 au 24 octobre 2010[267].

Parmi les invités à cette conférence se retrouvait un dénommé Bongani Masuku, qui a été trouvé coupable de tenir un discours antisémite par la Commission sud-africaine des droits de l'homme.

En effet, le 28 septembre 2009, la Commission sud-africaine des droits de la personne a statué[268] que (traduction) *« les commentaires et les déclarations (de M. Masuku lors de manifestations et sur internet) sont de nature extrême, préconisent et impliquent que les communautés juive et israélienne méritent d'être méprisées, honnies, ridiculisées, les exposant ainsi à de mauvais traitements sur la base de leur appartenance religieuse ».*

De plus, la Commission a jugé que Masuku *« avait certainement l'intention d'inciter à la violence et à la haine »* et que d'autres déclarations de Masuku étaient à caractère *« intimidant et menaçant ».* La Commission a aussi estimé que les propos de Masuku incitent *« à la violence en vertu de la religion »*, qu'il est clair que *« les expressions reviennent à la promotion de la haine »* et que *« les déclarations et commentaires de M. Masuku sont injurieux et répugnants aux yeux de la société ».*

Ce n'est que lorsque ces informations – très embarrassantes, c'est le moins que l'on puisse dire – ont commencé à circuler sur internet[269] que, 11 jours avant l'ouverture de la conférence, le nom de Masuku a subitement disparu du site internet de la conférence...

Bien que j'essaie réellement, je ne comprends pas que des syndicats québécois importants et un parti politique représenté à l'Assemblée nationale se prêtent à une telle campagne et s'acoquinent à de tels racistes[270].

En fait, ironiquement, pendant que cette certaine gauche québécoise tente d'organiser la campagne BDS contre Israël, les syndicats palestiniens ont signé, avec leurs équivalents israéliens, une entente de collaboration sur les droits des travailleurs en août 2008[271].

Ce mouvement BDS n'a de plus aucune crédibilité. Un exemple? À l'automne 2010, pas moins de 38 lauréats de Prix Nobel ont publié un communiqué[272] condamnant les tentatives d'imposer BDS contre les institutions, les centres de recherche, les centres de formation et les universitaires israéliens.

Le communiqué note que les boycotts académiques et culturels, le désinvestissement et les sanctions sont complètement contraires aux principes de liberté académique, de liberté scientifique, de liberté d'expression et d'enquête et peuvent même constituer de la discrimination basée sur l'origine nationale.

De plus, toujours selon ces prestigieux récipiendaires nobélisés, au lieu de favoriser la paix, les efforts de BDS sont plutôt contre-productifs et nuisent à la dynamique de réconciliation pouvant mener à la paix.

Le 16 novembre 2010, le directeur pour la bande de Gaza de l'UNRWA (agence onusienne ayant charge des réfugiés palestiniens), John Ging, s'est lui aussi prononcé clairement contre le boycott d'Israël[273].

Le 18 janvier 2011, dans une lettre adressée à Adam Atlas, président du Congrès juif québécois, la chef du Parti québécois, Pauline Marois, affirmait clairement son refus d'appuyer quelconque forme de boycott contre Israël. Elle est allée plus loin et affirmant que :

« *[b)ien au contraire, nous sommes fiers de rappeler que c'est un gouvernement du Parti québécois qui est à l'origine, en 1997, de la signature de la première Entente de coopération en matière de culture, science et technologique avec l'État d'Israël.* »

À son tour, le 20 janvier 2010, le chef du Bloc québécois Gilles Duceppe, dans une lettre au même Atlas, manifestait aussi son désaccord avec la tactique du boycott[274].

Et le 9 février 2011, tous les députés de l'Assemblée nationale (sauf Amir Khadir, évidemment…) ont appuyé une motion appuyant la boutique Le Marcheur et réitérant leur appui à l'Entente de coopération entre le gouvernement du Québec et le gouvernement de l'État d'Israël, laquelle a été signée à Jérusalem en 1997[275].

De son côté, la première secrétaire (c.-à-d. la chef) du Parti socialiste français, Martine Aubry, a affirmé en novembre 2010 : « *Je pense que ceux qui prônent le boycott se trompent de combat : au lieu de porter la paix, ils portent l'intolérance, ils portent la haine. Et quand on veut un chemin de paix, on ne commence pas par porter cela*[276]. »

Que j'aimerais que Françoise David et Amir Khadir[277] écoutent ces éminentes personnalités au lieu de perdre leur temps et leurs talents à tenter de radicaliser le discours québécois sur le Proche-Orient. Khadir, qui semble perdre toute mesure lorsqu'il s'avance sur ces dossiers, aurait en particulier avantage à faire attention, lui qui, selon un proche de Québec solidaire,

« peut devenir très émotif sur la question palestinienne. Ça lui demande un effort pour se maîtriser[278]. *»*

Il existe une façon simple de distinguer les critiques légitimes envers Israël de l'antisionisme et de l'antisémitisme à partir de la grille d'analyse[279] des trois « D » de Natan Sharansky, un ancien dissident soviétique, qui fut ensuite ministre dans divers gouvernements israéliens.

Le premier D est celui de la démonisation. Quand l'État d'Israël est critiqué hors de toute proportion, par exemple en le comparant à l'Allemagne nazie, nous avons affaire à un premier D. Stéphane Gendron, dans une chronique parue dans le *Journal de Montréal* le 1er juin 2010[280], nous en donne un exemple éloquent lorsqu'il écrit : « *Quelle est la différence entre le ghetto de Varsovie et le camp de concentration de Gaza?*[281] *»*

Le deuxième D, c'est le test du double standard. Quand, par exemple, Israël est condamné pour un geste, alors que les actes de tous les États des environs et du monde sont passés sous silence. Stéphane Gendron, par exemple, dans cette même chronique du 1er juin, jette sa bile sur Israël suite à la mort de 19 personnes lors de l'incident de la flotille vers Gaza (alors qu'en fait, il y a eu 9 morts dans cet incident). Bien que chacune de ces morts soit déplorable et tragique en soi, jamais n'avons-nous lu une chronique de M. Gendron sur les exécutions commises par l'Iran sur sa propre population. Jamais je n'ai pu lire sous sa plume une comparaison entre la Chine et l'Allemagne nazie, malgré les massacres de Tibétains, et les centaines de personnes exécutées chaque année dans ce pays. En fait, en juillet 2007, le maire Gendron se proposait plutôt d'aller faire des courbettes devant des Chinois pour qu'ils installent une usine dans sa ville[282].

Le troisième D, c'est le test de la délégitimation. Il apparaît très clairement quand quelqu'un affirme que l'État israélien ne devrait pas exister. Toujours dans cette même chronique du

1er juin, Stéphane Gendron y va on ne peut plus clairement lorsqu'il écrit : « *Personne dans la Communauté internationale n'ose ramener à l'ordre ce petit pays illégitime* ».

Voilà un test tout simple que Stéphane Gendron échoue très clairement. Ce populiste démagogue a tenu des propos antisémites.

Le 5 juin 2010, Pierre Foglia, de *La Presse*, publiait une chronique[283] au titre tonitruant: « *Nous ne sommes pas des antisémites.* »

Dans cette chronique, il avançait, en résumé, que critiquer Israël n'est pas antisémite.

Il a parfaitement raison.

Critiquer le blocus autour de Gaza, comme le fait Foglia dans cette chronique, est-ce de l'antisémitisme? En soi, aucunement – bien qu'il manque dans l'analyse de Foglia toute considération à propos des intérêts sécuritaires d'Israël.

Affirmer ne pas comprendre le soutien américain envers Israël, comme le fait Foglia, est-ce de l'antisémitisme? Clairement pas.

Remettre en question la politique d'implantations juives en Cisjordanie/Judée-Samarie, comme l'a écrit Foglia dans cette chronique, est-ce de l'antisémitisme? Pas du tout. Je l'ai d'ailleurs fait à plusieurs reprises, y compris dans ce livre.

Mais je reviens à ce que Thomas Friedman écrivait:

« *Critiquer Israël n'est pas faire de l'antisémitisme, et ce serait ignoble de prétendre une telle chose. Mais réserver à Israël l'opprobre et les sanctions internationales – hors de toute proportion par rapport à toute autre partie du Moyen-Orient – relève de l'antisémitisme, et ne pas en convenir est malhonnête.* »

En d'autres mots, critiquer le seul État juif du monde n'est pas de l'antisémitisme, mais le faire d'une façon complètement disproportionnée, ça l'est.

Ce test est-il toujours passé par nos commentateurs?

Foglia revient sur le sujet des Juifs dans sa chronique du 12 août 2010, mettant Edgar Morin dans la catégorie des géants parce qu'il a rompu avec le peuple juif. Il affirme « *Je relis aujourd'hui encore ses textes incontournables sur la pensée complexe, mais, pour moi, Edgar Morin est aussi – je n'ose pas dire d'abord – le juif qui a rompu avec le peuple élu : "Je romps avec le peuple élu, mais demeure dans le peuple maudit" (Mes démons, 1994)*[284.] »

En d'autres mots, ce que dit Foglia c'est qu'un bon Juif est un Juif déjudaïsé « *désionisé* » un « *Juif non-juif* » comme s'est lui-même qualifié Edgar Morin[285].

J'imagine comment réagiraient les Québécois s'ils lisaient, par exemple, qu'un bon Québécois, c'est quelqu'un qui a décidé de ne plus parler français, de se couper de ses racines québécoises et de critiquer constamment ce que fait le gouvernement québécois…

Je laisse le dernier mot sur ce sujet à l'écrivain britannique Howard Jacobson, récipiendaire du prestigieux prix littéraire Booker en 2010 :

« *[j]e ne crois pas que le fait de critiquer Israël fasse de n'importe qui un antisémite. Il faut être idiot pour croire une chose pareille. Mais il faut être idiot pour croire que, de ce fait, la critique d'Israël ne peut jamais être antisémite, ou que l'antisionisme n'est pas un refuge où l'antisémitisme a parfois loisir de se développer*[286] ».

L'accusation de l'invention du peuple juif

Dans certains cercles, il circule une théorie selon laquelle le peuple juif fut « inventé » récemment par les sionistes. Évidemment, cette théorie vise à délégitimer l'État d'Israël. Le gourou de cette théorie est un professeur israélien antisioniste (dont l'histoire juive n'est pourtant pas la spécialité[287]) du nom de Shlomo Sand[288]. Sand a écrit un livre[289] à ce sujet qui a connu beaucoup de succès en France.

La CSN a évidemment fait venir ce pseudo-expert à Montréal en 2010 pour une conférence. Le message envoyé est clair : s'il n'y a pas véritablement de peuple juif, l'État d'Israël est illégitime.

Or, des recherches scientifiques et génétiques récentes[290] démontrent au contraire que les Juifs partout dans le monde (sauf les petites communautés de Juif éthiopiens et indiens) sont en faits descendants des Hébreux du Proche-Orient[291]. La recherche historique dément aussi les thèses de Sand.

Comme l'affirme le *New York Times*[292], ces découvertes génétiques « *réfutent la thèse de Shlomo Sand, faite l'an dernier dans son livre* Comment le peuple juif fut inventé, *selon laquelle les Juifs n'ont aucune origine commune, mais sont un mélange de peuples différents, originaires d'Europe et d'Asie centrale qui se sont convertis au judaïsme à différentes périodes[293]* ».

Je me demande si la CSN fera venir aussi à Montréal les généticiens qui ont réalisé ces recherches prouvant que le peuple juif est réel et ne fut pas inventé…

20. Les accommodements raisonnables

Des livres entiers ont été consacrés aux enjeux identitaires du Québec, particulièrement ces dernières années. Le but de mon ouvrage n'est pas d'en rajouter un de plus. Je me permets quand même ces quelques réflexions, qui situeront le point de départ de mon raisonnement dans ce domaine hautement complexe.

D'abord, le Québec est une démocratie. Cela peut paraître une évidence, mais il est important de le réitérer puisque d'importantes conséquences en découlent.

L'État doit être laïc. Pas de, *mais*, pas de *si*, pas de *à condition que*.

La femme est l'égale de l'homme. Cela doit être reflété dans nos institutions. Ici encore, pas de, *mais*, pas de *si*, pas de *à la condition que*.

Et le français est la langue de la nation québécoise, avec le respect historique qui a toujours été démontré envers ses minorités. À ce sujet, il est d'ailleurs important de noter que, « *[d]epuis [l'époque de René Lévesque], le Congrès juif canadien n'a d'ailleurs plus remis en cause l'importance de l'intégration des nouveaux arrivants dans un cadre francophone ni la légitimité des demandes linguistiques de la majorité démographique, tant que les principes fondamentaux du droit étaient préservés sur le territoire du Québec*[294]. »

Maintenant que toute ambiguïté est dissipée (si ambiguïté il y avait…), maintenant que mes positions sont claires, voyons les modalités de ces principes.

Historique du débat récent

Tout ce débat est né autour de la décision de la Cour suprême du Canada de permettre le kirpan, poignard symbolique, porté par les sikhs orthodoxes pour rappeler le besoin de lutter contre l'oppression et l'injustice, dans une école publique québécoise. La décision de la Cour suprême permit le port du kirpan, mais seulement s'il était bien enveloppé et inaccessible.

Cela fut suivi par une décision d'un YMCA de Montréal de faire givrer ses fenêtres suite à la demande d'une école voisine de garçons juifs ultraorthodoxes. Cette décision, prise entre voisins, a déclenché une véritable tempête, d'abord médiatique, puis de société.

On peut être en désaccord avec la décision du YMCA (je le suis) d'accéder à la requête de l'école hassidique sans céder aux débordements qu'on a connus.

Puis vinrent les débats sur le voile islamique, le niqab et la burqa. Certains médias se mirent à la recherche de tout incident pouvant toucher une communauté minoritaire au Québec. Et à l'amplifier.

Bien sûr, toutes les sociétés d'immigration se posent périodiquement la question de l'intégration de ses immigrants. C'est normal. Je dirais même que c'est sain. Ce qui m'agace parfois, c'est la façon dont on pose le débat.

Le Québec débat ouvertement de son identité

Il est remarquable que le Québec ait décidé de débattre ouvertement de ces questions. Trop souvent, les questions d'immigration et d'identité sont occultées, balayées sous le tapis, pour ne revenir que sous les termes de référence des partis de droite dure ou de populistes crasses.

En effet, tout n'est pas rose avec l'immigration. Et si, par crainte de se faire accuser de racisme et/ou de xénophobie, une société refuse d'en débattre honnêtement, elle devra le faire sous la pression de groupes qui voudront débattre non pas des modalités de l'immigration (critères de sélection, provenance, etc.), mais de la désirabilité même de celle-ci.

Au Québec, la première tentative publique[295] de structuration du débat vint sous la forme de la Commission Bouchard-Taylor.

La Commission tint des audiences partout au Québec. Elle suscita un intérêt important partout où elle est passée. Ses travaux furent diffusés en direct à la télévision québécoise. On y entendit des propos sensés, on y présentât des mémoires solides, étoffés. Et d'autres, moins.

Un des messages (à mon avis troublant) qu'on y entendit de certains Québécois « de souche » en direction des immigrants et des communautés culturelles, c'est ceci : « *Nous sommes petits. Nous sommes faibles. Nous sommes sur le point de disparaître. Joignez-vous à nous.* »

On conviendra que, comme « argument de vente » aux nouveaux arrivants, ce n'est pas fort, fort…

Bien sûr, je l'ai dit et répété : la situation des francophones en Amérique du Nord est précaire. Les francophones représentent à peine 2 % de la population de ce continent. De plus, ils vivent à côté du plus puissant empire linguistique, culturel, politique, économique et militaire de l'histoire humaine. Certaines craintes sont normales. Et saines.

En fait, le Québec est, à ma connaissance, la seule société minoritaire qui est en même temps une société à forte immigration. De plus, en proportion de la taille de sa population, « *[d]epuis la fin des années 1940, le Québec a toujours fait partie des dix sociétés industrialisées qui recevaient le plus d'immigrants par habitant[296]* ».

Mais la société québécoise est plus solide que certains intervenants dans le débat veulent bien le croire. Elle a survécu plus de 400 ans dans cette situation. Elle a même prospéré culturellement, économiquement et politiquement, surtout depuis son ouverture à la modernité avec la Révolution tranquille.

L'identité : une question existentielle, particulièrement pour les souverainistes – avec raison

Les souverainistes, qui veulent bâtir un État indépendant afin que puisse prospérer la nation québécoise en toute liberté, sont particulièrement interpellés par ce débat. Car qui dit nation, dit aussi définition de cette nation.

Le Bloc québécois a été la première formation politique, au tournant du millénaire, à s'intéresser à ces enjeux[297]. Il l'a fait avant même le débat actuel sur les accommodements raisonnables.

Gilles Duceppe avait alors affirmé : « *Les Canadiens français, les Canadiens anglais, les nouveaux arrivants, ceux qui sont arrivés depuis longtemps, se sont transformés au fil des ans en Québécois. Nous ne sommes plus ce que nous étions et pas encore ce que nous voulons devenir. C'est pour ça que je nous convie tous à devenir le peuple fondateur du Québec souverain et moderne*[298]. »

Depuis, les débats se sont enflammés. Plusieurs penseurs, et non des moindres, y ont contribué.

C'est d'autant plus vrai que le mouvement souverainiste est dans une phase d'introspection et se demande comment faire avancer l'idée de la souveraineté alors que la population du Québec semble assez apathique face à cette question. En fait, certains font le lien entre plafonnement des appuis à la souveraineté et débat identitaire.

Dans un récent livre, Joseph Facal écrit : « *[o]n perçoit cette oscillation entre le nationalisme culturel et le nationalisme* politique. *Ce n'est pas l'effet du hasard si, au moment où le mouvement souverainiste a l'air de plafonner et que l'horizon de la réforme constitutionnelle est plus bloqué que jamais, les inquiétudes à propos de la langue française et de la situation démographique du Québec semblent ressurgir avec une acuité particulière. Quand le chemin politique est entravé, le nationalisme reprend sa tonalité culturelle*[299]. »

Le chroniqueur du Devoir Michel David est d'un avis similaire lorsqu'il écrit, à propos de la proposition principale du Parti québécois, dévoilée en juin 2010 :

« *À défaut d'un référendum, la question identitaire est devenue la marque de commerce du PQ. Citoyenneté québécoise, charte de laïcité, enseignement de l'histoire nationale et surtout renforcement de la loi 101*[300]. »

De revenir sur ces questions fondamentales, ce n'est pas un mal en soi, au contraire. Il est nécessaire et légitime de faire ainsi. Il faut cependant prendre bien garde de ne pas nous replier sur un passé révolu, sur une identité qui n'existe tout simplement plus et ainsi exclure des Québécois – dont plusieurs sont par ailleurs nés ici, mais dont les racines familiales ne remontent à la Nouvelle-France.

Il semble que plusieurs Québécois francophones, voyant que leur rêve d'un Québec souverain ne se réalisera probablement pas dans un avenir immédiat, aient décidé, consciemment ou non, de se replier sur leur identité historique, essentiellement canadienne-française. Ils ont décidé de se concentrer sur la protection de ce qu'ils considèrent être le cœur de leur identité.

Or, dans un monde globalisé, avec tous les défis auxquels fait face le Québec, dans une société qui a besoin d'immigrants pour maintenir sa croissance démographique, il faut éviter, entre Québécois, la division entre le « nous » et le « eux », entre Québécois d'origine canadienne-française et les Québécois d'autre origine.

L'identité québécoise qui se bâtit depuis les années 60, et surtout depuis la loi 101, est ouverte. Elle est inclusive. Elle est moderne. Ceci ne veut pas dire cependant que tout va. Les menaces de débordements (notamment islamistes) existent et j'en parle ailleurs dans cet ouvrage.

On ne peut devenir Canadien français. On le naît. Mais on peut devenir Québécois. Pour caricaturer et simplifier, on ne peut tous avoir grandi en mangeant du pâté chinois, de la poutine ou de la tourtière. Mais on peut, tout en ayant grandi en mangeant de la paella, du couscous ou du gefilte fish, être fier d'être Québécois. On peut participer à cette expérience unique de bâtir une société majoritaire francophone en Amérique du Nord. En d'autres mots, le but doit être l'intégration, pas l'assimilation (au sens de l'effacement de toutes les différences).

Le multiculturalisme : une idéologie dangereuse pour le Québec

Ce qui ne veut pas dire cependant de tout accepter[301]. Trop souvent, les demandes de certains groupes minoritaires découlent de valeurs aux antipodes de la société québécoise et mènent à un extrémisme pouvant être violent. Je pense notamment à l'islamisme (qui est, je le rappelle, un mouvement politique extrémiste, ce qui n'est pas du tout la même chose que l'islam, la religion).

Clairement, la position que je défends ne fait aucunement de moi un partisan du multiculturalisme. Non seulement cette idéologie (car c'en est une) a-t-elle été imposée au Québec par Pierre Trudeau afin de noyer la nation québécoise dans un grand ensemble canadien, mais elle est de plus à la source de graves problèmes d'intégration, d'extrémisme et d'antilibéralisme dans de nombreux pays[302]. Le Québec d'aujourd'hui est multiethnique, oui, mais n'a pas à adopter l'idéologie multiculturelle.

Je rejoins ici le point de vue de Mario Roy de *La Presse*[303] :

« *[l]a "nouvelle" immigration, celle issue de sociétés – en particulier musulmanes – dont les valeurs sont très différentes de celles des sociétés d'accueil, entre partout en collision avec celles-ci.*

(…)

Pourquoi viennent-ils (les immigrants)? Essentiellement, pour la prospérité, la sécurité et la liberté qu'ils n'ont pas, ou peu, dans leur pays d'origine.

Or, nous n'avons pas encore suffisamment compris que ces attraits doivent leur existence aux valeurs communes des nations occidentales, dont la nôtre. L'égalité des sexes, la liberté d'expression ou la laïcité de l'espace public, par exemple, ne sont pas des figurines décoratives que l'on pique au sortir du four sur le gâteau de la prospérité, de la sécurité et de la liberté. Ce sont les ingrédients essentiels à partir desquels on le cuisine!

Pas de valeurs inspirées des Lumières, pas de gâteau!

Comment se fait-il alors qu'il se trouve des minorités pour s'attaquer à ces valeurs? Et qu'il se trouve des majorités pour tolérer cette suicidaire entreprise? Car voilà bien le travail du multiculturalisme, non pas théorique, mais appliqué : scier ensemble la branche sur laquelle nous, les "de souche" comme les nouvelles pousses, sommes tous assis! »

Le critère, on y revient forcément, c'est ce qui est raisonnable.

Laïcité

L'État et la religion doivent être séparés. Mais la laïcité de l'État ne veut pas dire absence de religion dans la société. Ça veut dire neutralité de l'État. En d'autres mots, la laïcité est un devoir de l'État; elle n'est pas une contrainte imposée aux citoyens de l'État par celui-ci.

Bien sûr que le Québec est une société à majorité catholique[304]. Mais est-ce la même chose qu'une société *institutionnellement* catholique? Bien sûr que non.

Plusieurs Québécois se font les défenseurs d'une laïcité stricte. Or, la laïcité implique un État complètement neutre religieusement. Appliquée jusque dans ses conséquences logiques, elle entraînerait au Québec l'abolition des congés fériés pour des raisons religieuses, y compris Noël et les jours saints autour de Pâques. Parce que logiquement, pour un État laïque, les fêtes religieuses ne devraient pas être reconnues.

Bien sûr que personne ne demande cela. Tous sont d'accord sur le fait qu'il peut y avoir des exceptions au principe de laïcité, notamment pour accommoder l'histoire. Et la majorité. C'est, peut-on dire, un *accommodement raisonnable* au principe de laïcité.

Certains, ajoutant une certaine dose de mauvaise foi, affirment qu'aujourd'hui, Noël n'est plus une fête religieuse. C'est faux, bien entendu. La nature même de Noël est religieuse. Ce n'est pas parce que les Québécois ne sont plus aussi pratiquants qu'avant que cela change la nature même de la journée. Bref, nous acceptons, dans ce cas, en tant que société, un empiétement du religieux sur l'étatique. Parce que c'est raisonnable.

Faisons une analogie. Ce n'est pas parce que la Fête du Canada, le 1er juillet, n'est pas vraiment fêtée au Québec et que c'est devenu le festival du déménagement que ça change la nature même de cette fête, qui est de marquer la naissance de la Confédération.

Autre chose. Laïcité ne veut pas dire que les gens n'ont pas de croyances ou d'habitudes, ou de coutumes religieuses.

Mettre le fait que le système d'éducation devienne neutre et l'apparition de nouvelles manifestations personnelles de coutumes religieuses (telles que le port du foulard islamique ou le port du turban) sur le même pied est une erreur de logique.

La laïcité ne demande pas que les citoyens renoncent à leurs croyances. La laïcité permet plutôt de faire en sorte que les citoyens de toutes les croyances soient sur un pied d'égalité.

Quand on entend « *on sort les crucifix des écoles et eux, ils entrent leurs voiles et leurs turbans* », c'est comparer des pommes et des oranges. Les manifestations personnelles, individuelles, de l'appartenance religieuse ne vont pas à l'encontre de la laïcité. Pourvu que, bien entendu, les règles de base et les valeurs fondamentales de la société soient respectées.

Ce qui nous ramène à la burqa et au niqab.

Contrairement à la position d'un groupe de Juifs orthodoxes allé présenter officiellement son opposition à l'Assemblée nationale[305], j'aurais plutôt tendance à être d'accord avec le projet de loi 94 du gouvernement Charest sur le niqab et la burqa. Bien que n'étant pas allergique au port de signes religieux ostentatoires, je tire la ligne, clairement et fermement, à propos du visage couvert.

Dans une société telle que le Québec de 2011, que les femmes (ou les hommes) aient le visage couvert fait preuve d'un séparatisme social, d'une auto-exclusion contraire au désir de vivre ensemble, une nécessité dans une société de plus en plus plurielle, pour fonctionner en harmonie.

Quant au système scolaire, toutes les écoles du Québec (y compris les écoles juives ultraorthodoxes) doivent respecter le curriculum du ministère de l'Éducation. À ce principe, aucun accommodement ne doit être accordé. Aucune dérogation ne doit être acceptée. Aucune.

Ceci étant dit, que des écoles décident d'ouvrir le samedi ou le dimanche afin d'avoir assez de temps pour pouvoir enseigner aussi d'autres sujets (y compris religieux), je n'y vois pas d'inconvénient. À la condition, non négociable, que l'obligation d'enseigner le curriculum québécois soit respectée.

Une conclusion sur les accommodements raisonnables – si une telle chose est possible – dans ce débat hautement émotif : au Québec, il y a assez d'intelligence collective, d'ouverture intellectuelle et de raison pour trouver une solution raisonnable à l'intégration des Québécois de différentes traditions et pour continuer de bâtir une société ouverte, originale, francophone et plurielle en Amérique du Nord.

21. De grosses vaches sacrées à abattre

Plusieurs Québécois ont tendance à déifier certaines organisations, les mettant hors de portée de toute critique. Comme si elles étaient parfaites seulement parce que l'objectif pour lequel elles ont été fondées était louable. Or, je crois qu'il y a de la place pour critiquer toute organisation humaine, que ce soit un État, une religion, un parti politique, un gouvernement, un syndicat, une organisation internationale ou une ONG.

L'ONU fait partie de l'ADN des Québécois – et des Canadiens. Nous avons ici un très grand respect pour l'ONU – respect qui se transforme malheureusement quelques fois en aveuglement volontaire.

Attention. Je ne dis pas que l'ONU n'a rien fait de bon. Je dis cependant qu'elle est loin d'être parfaite, notamment en ce qui touche à la protection des droits des minorités, des femmes ou en ce qui concerne le conflit israélo-arabe[306].

Je m'attarderai à deux exemples qui, j'en suis sûr, font la démonstration que le ridicule ne tue pas.

La République islamique d'Iran, l'un des régimes les plus répressifs et les plus misogynes au monde, a été élue… sur la Commission de la condition de la femme de l'ONU le 28 avril 2010[307].

Cette commission a pour objectif l'amélioration du statut de la femme à travers le monde et l'atteinte de l'égalité femme-homme dans tous les domaines[308]. Ceci est d'autant plus ironique que l'Iran n'a même pas signé la Convention internationale pour l'élimination de toutes les formes de discrimination à l'égard des femmes.

De toute façon, qui doute de l'existence d'un véritable régime d'infériorisation – oserai-je dire d'apartheid? – contre les femmes sous le régime des ayatollahs?

Parlant d'ayatollahs – et n'oublions pas qu'il n'y a pas de séparation de l'État et de la religion en Iran, ce pays étant une République islamique – un des plus importants de ceux-ci a récemment affirmé que « *Beaucoup de femmes mal habillées (c'est-à-dire, selon lui, ne respectant pas la tenue islamique) corrompent les jeunes, et l'augmentation des relations sexuelles illicites fait accroître le nombre des tremblements de terre*[309]. » En d'autres mots, les femmes habillées sexy sont la cause des tremblements de terre!

Peut-on réellement donner sans hésitation et à tous coups de la crédibilité à une organisation telle que l'ONU, qui laisse accéder la République islamique d'Iran à une de ses branches importantes, celle qui doit défendre les droits des femmes?

Exemple numéro 2 : le Conseil des droits de l'homme. Depuis sa création en 2006, le Conseil des droits de l'homme de l'ONU a émis 50 condamnations de pays membres, dont 35 contre le seul État d'Israël, c.-à-d. 70 % de toutes les condamnations.

Des dix sessions d'urgence tenues pour critiquer certains États, six l'ont été contre Israël. Des massacres d'innocents récents et bien connus – comme en Iran, en Chine, au Nigéria, en Irak, au Pakistan, en Afghanistan, au Kenya et au Zimbabwe – ont été complètement passés sous silence.

La réalité dépasse quelques fois la fiction : le 13 mai 2010, ce parangon de vertu démocratique qu'est la Libye a été élu au Conseil des droits de l'homme de l'ONU[310]. La Libye a reçu 155 voix, sur 192 États membres. Élue en même temps que d'autres brillants exemples de pays où les droits de la personne sont respectés tels que le Qatar et l'Angola, la Libye se joindra, au sein de ce Conseil, à ces paradis des droits de la personne que sont, entre autres, la Chine, la Russie et Cuba. Pourtant, tous connaissaient le caractère dictatorial (et clownesque…) du régime Kadhafi; son côté sanguinaire a été clairement exposé lors de la révolte en début 2011.

Le 26 mars 2008, le Conseil des droits de l'homme de l'ONU nommait l'Américain Richard Falk comme Rapporteur spécial sur la situation des droits de l'homme dans les territoires palestiniens occupés depuis 1967[311]. Son rapport[312] daté du 7 juin 2010 passe sous silence les nombreux manquements aux droits de la personne dont est coupable le Hamas, les exécutions politiques qu'il pratique, son oppression des femmes, des homosexuels et son idéologie islamiste extrémiste, dont sa Charte[313] fait pourtant ouvertement la promotion. Son parti-pris pour le Hamas est tellement évident que, selon Falk lui-même, l'Autorité palestinienne lui a demandé de démissionner de son poste, l'accusant d'être un partisan du Hamas[314].

C'est ce même Richard Falk qui a signé l'avant-propos d'un livre intitulé *The New Pearl Harbour*[315] par David Ray Griffin, livre dont la thèse est que les attentats du 11 septembre 2011 ont été organisés par le gouvernement américain. Ce n'était pas la première – ni la dernière – fois qu'il avançait cette thèse[316].

Plus récemment, en janvier 2011, le Secrétaire général de l'ONU lui-même, Ban Ki-moon a dû le condamner, parce que Falk a répété ses âneries sur les attaques du 11 septembre 2001 sur son blogue[317].

Et on pense qu'avec de tels personnages, l'ONU accroît sa crédibilité?

L'agenda du Conseil, qui réglemente chacune de ses sessions, n'a qu'un seul item permanent. Devinez quel État en est la cible? Israël, bien entendu[318]. Et après, on voudrait nous faire croire que l'ONU est une organisation neutre, crédible en ce qui touche l'État d'Israël?

Certaines personnalités très importantes sont d'accord avec ce constat de partialité de l'ONU. Lors de son dernier discours en tant que Secrétaire général de l'ONU au Conseil de Sécurité le

12 décembre 2006, Koffi Annan (pourtant pas connu pour ses sympathies pro-Israël) en prenait acte et, malheureusement, ce qu'il disait alors est toujours d'actualité :

« *Ce peut être une source de satisfaction pour certains d'approuver à l'Assemblée générale, session après session, des résolutions condamnant Israël, ou de tenir des conférences dans le même but. Mais il faudrait aussi se demander si l'on apporte ainsi quelques secours ou avantage tangible aux Palestiniens. Des résolutions, il y en a eu décennie après décennie. Il y a eu prolifération de comités spéciaux, de sessions extraordinaires et de divisions et services du Secrétariat. Cela a-t-il eu un effet quelconque sur les politiques d'Israël, sinon de renforcer dans ce pays, et chez nombre de ceux qui le soutiennent, la conviction que cette grande organisation est trop partiale pour se voir confier un rôle notable dans le processus de paix au Moyen-Orient?*

Pis encore, le discours tenu sur ce problème implique dans certains cas le refus de concéder même la légitimité de l'existence d'Israël, sans parler de la justification de ses inquiétudes en matière de sécurité. Nous ne devons jamais oublier que les Juifs ont de très bonnes raisons historiques de prendre au sérieux toute menace contre l'existence d'Israël. Ce que les nazis ont fait aux Juifs et à d'autres reste une tragédie, indéniable, unique dans l'histoire de l'humanité. Or, à l'heure actuelle, les Juifs se trouvent souvent face à des mots et des actes qui semblent leur donner raison quand ils craignent que le but de leurs adversaires soit d'annihiler leur existence en tant qu'État et en tant que peuple[319]. »

Plus près de nous, l'ancien ministre Joseph Facal consacrait une chronique sur ce même sujet, allant jusqu'à appeler l'ONU « *La fabrique de la haine*[320] ». Ce texte est mordant et juste. Du grand Facal.

Dans ce texte, il décrit l'ONU comme « *un monument à l'incompétence, à l'hypocrisie et à la mauvaise foi.* » Ses chiffres sont percutants : « *La guerre qui a fait rage au Congo entre 1998 et 2003 aurait fait autour de 4 millions de victimes. Elle a fait l'objet de 56 motions en bonne et due forme dans les diverses instances onusiennes.*

La guerre civile qui sévit au Soudan depuis 1983 a fait périr environ 1,3 million de personnes. Mais elle n'a suscité que 14 motions à l'ONU. Les Africains peuvent se massacrer dans l'indifférence la plus complète du reste du monde.

Le conflit israélo-palestinien, lui, aurait fait environ 7000 morts entre l'an 2000 et aujourd'hui. Israël a cependant été l'objet de… 249 motions de condamnation à l'ONU. N'y a-t-il pas là comme une scandaleuse disproportion?

Il en déduit, avec raison, que l'ONU souffre « *d'obsession anti-israélienne* », qu'à chaque fois qu'Israël est en cause, « *les critères diplomatiques et moraux changent* » et que, par conséquent, « *[d]ès qu'il est question d'Israël, l'ONU fait penser à un sanatorium dont les patients auraient pris le contrôle.* »

Que j'aurais aimé écrire ce texte!

J'insiste sur l'ONU parce que ce qui s'y passe est très suivi par les Québécois. Et, malheureusement, le biais anti-Israël inhérent de l'ONU alimente toutes les tentatives de délégitimation et de démonisation de l'État d'Israël.

Le dernier exemple est le rapport Goldstone, qui faisait suite au conflit à Gaza en décembre 2008-janvier 2009. Des litres et des litres d'encre ont été versés pour analyser et critiquer ce rapport[321]. Ici n'est pas le lieu de l'examiner en profondeur. J'en souligne rapidement certains éléments.

Bien que ce rapport conclue aussi que les groupes armés palestiniens ont commis des crimes de guerre et possiblement des crimes contre l'humanité en bombardant le sud d'Israël, il est évident, à la lecture du rapport, que cette tentative d'équilibre n'est que de la poudre aux yeux. Le rapport se concentre beaucoup, beaucoup plus sur Israël. Il ignore pratiquement les crimes du Hamas qui ont déclenché l'opération militaire israélienne.

De plus, comme on l'a vu plus haut, le commanditaire du rapport, le Conseil des droits de l'homme de l'ONU, est connu comme étant biaisé contre Israël. En fait, il vaut la peine de le répéter, le Conseil des droits de l'homme a condamné l'État d'Israël plus que tous les autres pays membres de l'ONU réunis…!

Avant même que le comité de Goldstone ne commence sa pseudo-enquête, le Conseil des droits de l'homme avait déjà déclaré qu'Israël était coupable de « *violations massives des droits humains.* » En effet, le mandat du Comité Goldstone lui-même commençait en: « *condamnant fortement l'opération militaire israélienne qui a résulté en des violations massives des droits de la personne du peuple palestinien et en destruction massive des infrastructures palestiniennes* ».

C'est dire que la culpabilité d'Israël était préjugée dès le départ.

Le mandat du comité Goldstone était tellement biaisé que : a) il ignorait toutes les preuves bien connues de non-respect des droits de la personne par le Hamas et b) plusieurs candidats de prestige ont refusé de présider ce comité, incluant l'ex-Présidente de l'Irlande, Mary Robinson (pourtant peu suspecte de ne pas être critique d'Israël…) qui a déclaré que cette enquête était « guidée non pas par les droits de la personne, mais par la politique ».

Parmi les membres du Comité Goldstone se trouvait la professeure Christine Chinkin. Celle-ci a notamment signé pendant le conflit à Gaza (donc avant sa participation à la pseudo-enquête) une lettre ouverte intitulée « *Le bombardement de Gaza par Israël n'est pas de l'autodéfense, mais un crime de guerre*[322] ».

Ceci va nettement contre l'adage de droit que non seulement justice doit-elle être rendue, il doit y avoir aussi apparence de justice. Ceci indique que Chinkin avait préjugé des conclusions. Ceci a aussi amené plus de 50 juristes britanniques et canadiens à lui demander de se retirer du Comité Goldstone.

Entre parenthèses, en entrevue sur ce sujet précis en août 2009, Goldstone a affirmé : « *Si cela avait été une enquête judiciaire, cette lettre aurait mené à une disqualification*[323]. » Pourtant, en affirmant juger Israël selon le droit international, le Comité Goldstone s'est comporté exactement comme un tribunal.

Le juge Goldstone, ce n'est malheureusement pas connu, est devenu juge sous le régime d'apartheid. En fait, comme l'a rapporté le journal israélien *Yediot Ahronot*, il a non seulement servi le régime d'apartheid sud-africain, il a condamné à mort 28 Noirs – en défendant clairement et fortement la peine de mort dans ses jugements – et il en a fait fouetter (c.-à-d. torturer, ce qui est un crime contre l'humanité) plusieurs autres[324]. Sa défense « *je suivais la loi* » ressemble à celle des nazis lorsqu'ils étaient mis devant les actes innommables qu'ils avaient commis.

Les autres membres du Comité, dont Goldstone lui-même, ont signé une lettre en mars 2009 se disant « *profondément choqués* » par les événements de Gaza. S'ils avaient déjà leur idée toute faite, comment peuvent-ils aujourd'hui prétendre juger impartialement?

Le supposé expert militaire du Comité Goldstone, le colonel irlandais Desmond Travers, a plus tard montré sa partialité anti-Israël en affirmant que le Hamas n'avait tiré que deux missiles sur Israël avant le conflit à Gaza[325], ce qui est évidemment faux, les partisans du Hamas eux-mêmes glorifiant les milliers de missiles lancés, des missiles que j'ai moi-même vus et tenus dans mes mains lors de plusieurs visites dans la ville frontalière israélienne de Sdérot.

De plus, les membres démocratiques du Conseil des droits de l'homme de l'ONU – incluant tous les pays de l'Union européenne y siégeant (France, Allemagne, Italie, Royaume-Uni), le Japon, le Canada et la Suisse – ont tous refusé d'endosser le mandat de la mission Goldstone parce qu'il était biaisé.

Comme le dit si bien l'intellectuel français Pierre-André Taguieff :

« *L'objectif des ennemis de l'État juif est de conférer une légitimité internationale aux accusations criminalisantes visant Israël et, ainsi, de lui interdire à l'avenir de riposter aux attaques de groupes islamistes. Ce qui revient à condamner à mort Israël (...). Pour ceux qui soutiennent le rapport Goldstone, il s'agit donc à la fois de délégitimer l'État juif en l'accusant de crimes de guerre, voire de crimes contre l'humanité, et d'enrayer sa capacité de riposte militaire*[326] ».

Les dernières miettes de crédibilité de ce rapport ont été détruites par... le juge Goldstone lui-même. Le 1er avril 2011, dans les pages du *Washington Post*[327], le juge Goldstone s'est rétracté. Dans sa lettre ouverte, il affirme: « *Si j'avais su à l'époque ce que je sais maintenant, le rapport Goldstone aurait été un document bien différent* » et qu'Israël n'avait pas intentionnellement ciblé les civils de la Bande de Gaza, confirmant ce qu'Israël a toujours affirmé. De plus, dans sa lettre ouverte, Goldstone confirme les chiffres de l'armée israélienne concernant le nombre des victimes civiles.

Il ajoute que les « *crimes présumés commis par le Hamas étaient intentionnels sans l'ombre d'un doute*[328] ».

Ainsi, les accusations de crimes de guerre et de crimes contre l'humanité qui ont été lancées contre Israël sur la base de ce rapport ne tiennent plus. J'attends maintenant de voir les excuses de ceux qui ont attaqué Israël de façon mensongère et diffamatoire. Je sais, je sais, je risque d'attendre longtemps...

Je sais très bien le prestige qu'a l'ONU auprès des Québécois et des Canadiens. Je sais que l'ONU est la pierre d'assise sur laquelle est bâti l'ensemble de la pensée diplomatique canadienne. Je sais donc que la critiquer aussi durement n'est pas politiquement correct.

Il n'en demeure pas moins que l'ONU, qui devrait faire partie de la solution du conflit arabo-israélien, fait plutôt partie du problème. Et qu'elle n'a pas la neutralité, la crédibilité et l'impartialité nécessaires pour jouer un rôle constructif dans cette région troublée.

Une autre idée reçue doit être réfutée : celle que les grandes ONG internationales n'ont aucun agenda politique, qu'elles sont neutres et hors de portée de toute critique. Je m'insurge contre cette idée.

Un exemple: *Human Rights Watch* (HRW). Parce que cette organisation fait du bon travail dans un ou des dossiers, cela ne signifie pas automatiquement qu'elle fait du bon travail dans tous les dossiers.

HRW est souvent cité par ceux qui critiquent Israël, comme si tous ces rapports étaient parole d'évangile. Peu savent – ou s'ils savent, ils font comme s'ils ne savaient pas – que HRW est hautement biaisé contre Israël.

En juillet 2009, le quotidien *The Wall Street Journal* dévoilait que HRW avait sollicité des dons en... Arabie Saoudite, se vantant, afin de ramasser plus de fonds, de devoir faire face aux critiques des groupes pro-Israël[329].

Autrement dit, HRW se servait de ses positions contre Israël pour amasser des fonds dans un pays tel que l'Arabie Saoudite.

Évidemment, tous savent que ce pays est un paradis pour les droits humains, les femmes et les minorités... Voyons plutôt cet extrait d'une dépêche de l'AP de juin 2010 :

« Un tribunal saoudien a condamné un jeune homme à quatre mois de prison et 90 coups de fouet pour avoir embrassé une femme dans un centre commercial[330]. »

Un autre exemple : depuis 2000, HRW a publié plus de rapports sur les supposés abus commis par Israël que sur tous les autres pays de la région sauf deux[331]. Il y a plus de rapports sur Israël que sur l'Iran, l'Arabie Saoudite, la Syrie ou l'Algérie. Ou, dit d'une autre façon, il y a à peu près autant de rapports sur Israël (une démocratie libérale de type occidental) que sur la l'Iran, la Libye et la Syrie (trois dictatures) *réunis*!

Le parti pris anti-Israël est devenu si fort, si évident, que son fondateur et ex-président Robert Bernstein en est venu à s'exprimer publiquement contre sa propre organisation, son propre bébé. Dans une lettre ouverte qui a fait grand bruit, publiée dans le *New York Times*[332]. Bernstein s'est vu dans l'obligation de dénoncer la perte de crédibilité d'un groupe qu'il avait lui-même bâti de ses propres mains.

Tout ça pour dire que le conflit israélo-arabe est si toxique, il est devenu si symbolique, que même des organisations autrement crédibles en sont venues à perdre la tête.

La guerre civile au Congo a fait près de 7 millions de morts. Les meurtres, les massacres, les viols, l'auto cannibalisme forcé ont été constatés. C'est l'horreur absolue[333].

Or, l'attention portée à ce pays par les superpuissances humanitaires que sont HRW et Amnistie Internationale[334] (AI) est minuscule comparé à celle portée à Israël. Par exemple, en 2009, AI a émis 62 communiqués critiquant Israël et... un seul sur le Congo. Et ce n'est qu'une illustration parmi tant d'autres.

Pour HRW et AI, la vie des gens du Tiers Monde semble compter moins que celle d'autres pays du monde. C'est encore une forme de racisme et d'aveuglement moral[335].

C'est la raison pour laquelle je dis aux gens avec qui j'échange, aux gens à qui j'enseigne, aux gens avec qui je débats : ne vous fiez pas aveuglement aux médias. Ne prenez pas les résolutions de l'ONU ou les rapports des ONG pour du *cash*. Allez en Israël. Allez en Cisjordanie/Judée-Samarie.

Et si vous êtes honnêtes et équitables, vous aurez une opinion radicalement différente de celle qui est malheureusement trop souvent répandue au Québec, comme dans bien d'autres régions du monde.

22. Le Proche-Orient… au Québec

Quand j'étais député, j'étais la voix anglaise officieuse du Bloc. Mis à part Gilles Duceppe, personne n'a autant dialogué avec le Canada anglais, autant participé à des émissions de télévision et de radio en langue anglaise, autant prononcé de discours à l'extérieur du Québec que moi.

Bien entendu, mes années passées en Ontario, les liens familiaux et amicaux que j'y avais tissés y étaient pour quelque chose. J'ai toujours apprécié le Canada et ai toujours fait bien attention de dialoguer dans le plus grand respect.

Bien que ne m'étant pas gêné pas pour parler de l'indépendance du Québec, de la séparation du Québec du Canada, de façon générale, cela se faisait sur un ton correct. Même dans les émissions de lignes ouvertes radiophoniques dans des régions peu suspectes d'entretenir des opinions favorables sur le Québec et sur l'accès de celui-ci à la souveraineté.

En fait, et c'est ironique, il est plus facile de parler de l'indépendance du Québec au Canada, que d'avoir un dialogue respectueux sur la situation au Proche-Orient. Ceci est d'autant plus vrai lors des périodes de tensions.

On peut même constater, de la part des adversaires de l'État d'Israël, une sorte d'importation du conflit, ce qui mène nécessairement à une dégradation du discours civique chez nous, avec l'utilisation d'une rhétorique empoisonnée pour notre vivre-ensemble. Ce que j'ai pu constater moi-même à maintes reprises.

Prologue à la Deuxième Guerre du Liban

Ce n'est que quelques petits mois après mon association formelle avec le CCI que survint la Seconde Guerre du Liban. Pour bien comprendre ce qui s'y est passé, un (trop) court rappel historique s'impose.

Le 24 mai 2000, Israël s'est complètement retiré du Liban, se conformant ainsi à ses obligations en vertu de la résolution 425 (1978) du Conseil de sécurité des Nations Unies. Israël a repositionné ses troupes à la frontière internationalement reconnue et acceptée par l'ONU.

Le Premier ministre israélien de l'époque, Ehud Barak, avait pris cette initiative dans le contexte d'un projet d'entente régionale plus large. Barak souhaitait en effet un accord avec la Syrie. Le principal point d'achoppement entre Israël et la Syrie est bien entendu le Plateau du Golan, conquis par Israël lors de la Guerre des Six Jours.

Une entente entre la Syrie, qui occupait alors le Liban, et Israël s'avéra impossible et Israël décida de réaliser son retrait du territoire libanais de façon unilatérale.

Depuis ce retrait, le Hezbollah, milice islamiste chiite appuyée, armée, formée au pas, et aux ordres du régime iranien, n'a cessé de revendiquer une parcelle de territoire connue sous le nom des « fermes de Chebaa » (appelées Har Dov par les Israéliens).

Les Nations Unies considèrent que cette zone fait historiquement partie du plateau du Golan et entre donc dans le cadre des négociations entre Israël et la Syrie. Néanmoins, afin de maintenir sa raison d'être et sa légitimité comme mouvement « national » libanais, le Hezbollah a continué d'utiliser les fermes de Chebaa comme prétexte pour lancer des attaques contre Israël.

Le gouvernement libanais, craignant de compromettre le fragile équilibre politique du pays, n'est jamais intervenu efficacement pour désarmer le mouvement Hezbollah et imposer l'autorité de l'armée libanaise dans la zone bordant la frontière avec Israël.

Israël a demandé à maintes reprises à la communauté internationale d'inciter le gouvernement libanais à contrôler et à désarmer le Hezbollah et d'exercer sa souveraineté sur son propre territoire national, comme il était de sa responsabilité de le faire.

Malheureusement pour le peuple libanais, il a subi les conséquences de l'inaction de son propre gouvernement. Ce désistement du Liban face à ses obligations en vertu des résolutions 425 et 1799 (2004) du Conseil de sécurité des Nations Unies a enhardi le mouvement Hezbollah et l'a incité (avec ses États commanditaires, la Syrie et l'Iran) à continuer d'utiliser le Sud-Liban comme base de sa campagne incessante et multiforme pour détruire Israël.

En plus des lancements sporadiques de missiles, les militants du Hezbollah, en octobre 2000, ont pénétré sur le territoire israélien et ont enlevé trois soldats des forces armées israéliennes en poste dans la zone des fermes de Chebaa (Har Dov)[336].

Voilà le contexte. Voyons maintenant les acteurs principaux.

Le Hezbollah : une milice armée aux antipodes des valeurs québécoises

Qu'est-ce que le Hezbollah? C'est un mouvement de la communauté musulmane chiite en rapide expansion au Liban. Il s'est affirmé à compter du milieu des années 1980 et a acquis un soutien populaire suite à sa campagne visant à chasser Israël du Liban.

Le mouvement s'oppose à Israël et à l'Occident et prône la création d'un gouvernement musulman intégriste. Le Canada, les États-Unis et Israël le considèrent comme une organisation terroriste.

Le Hezbollah (« Parti de Dieu », en arabe) a gagné le soutien d'une partie des masses libanaises en établissant des écoles, des hôpitaux et d'autres services sociaux. Il s'est également constitué en mouvement sociopolitique, faisant élire 14 députés au parlement libanais (qui en compte 128).

Le Hezbollah a été impliqué – ou est soupçonné de l'avoir été – dans de nombreuses attaques terroristes contre les États-Unis, Israël ou d'autres cibles occidentales, y compris les attaques-suicides au camion menées à Beyrouth en 1983 et qui ont tué 241 Marines américains et 58 soldats français dans leurs cantonnements respectifs. De même, il serait responsable, selon une enquête approfondie de la CBC diffusée en novembre 2010, de l'attentat ayant causé la mort de l'ex-premier ministre du Liban Raffic Hariri[337]. À l'été 2011, des accusations formelles à cet effet ont été émises contre des membres du Hezbollah par le Tribunal spécial international créer afin d'enquêter sur le meurtre d'Hariri.

L'attaque suicide contre les tours Khobar en Arabie Saoudite en 1996, qui a fait 19 victimes, a aussi été attribuée à des militants du Hezbollah. En 1994, le mouvement a aussi été blâmé pour l'explosion d'un centre communautaire juif en Argentine. 85 personnes sont mortes. À l'été 2011, des accusations formelles à cet effet ont été émises contre des membres du Hezbollah par le Tribunal spécial international crée afin d'enquêter sur le meurtre d'Hariri.

J'ai été choqué de lire et d'entendre, ici au Québec, certains affirmer que le Hezbollah était un « mouvement de résistance ». Résistance à quoi?

Israël, au moment du déclenchement de la Seconde Guerre du Liban, avait quitté le Liban complètement, à la satisfaction de l'ONU, depuis plus de 6 ans!

Bien que plusieurs Québécois ne veuillent pas le voir, ce dont il est question ici, c'est d'une lutte idéologique entre le monde occidental et des mouvements islamistes qui veulent imposer leur idéologie fanatique et extrémiste à la planète entière.

Ces mouvements islamistes extrémistes sont prêts à tout pour parvenir à leurs fins. Y compris le meurtre de civils innocents : le Hamas en Palestine, le Hezbollah au Liban, Al-Qaïda en Irak, les talibans en Afghanistan (161 Canadiens morts en date du 26 juin 2011), les attaques meurtrières de Madrid du 11 mars 2004 (190 morts), de Londres du 7 juillet 2005 (52 morts), de Beslan en Russie en septembre 2004 (323 morts), du 11 septembre 2001 (2819 morts à New York, 125 à Washington) et à Mumbai le 11 juillet 2006 (180 morts)

On le voit, l'islamisme extrémiste militant est un danger non seulement pour Israël qui se trouve sur la ligne de front, mais aussi pour l'ensemble des démocraties occidentales éprises de liberté et de droits de la personne. Le Hezbollah fait partie intégrante de cette menace.

Le Liban : pas ce qu'on imagine d'ici

Je doute que les Québécois aient une véritable connaissance du Liban. Ce qu'ils croient en connaître ressemble plus à une image d'Épinal qu'à la réalité : un petit État francophone, victime de ses puissants voisins, sans responsabilité aucune pour les tragédies qui l'assaillent.

De plus, voir et entendre les propalestiniens du Québec promouvoir le vertueux Liban (comparé à l'État d'Israël raciste) est très ironique. Cela m'avait été mentionné un jour par un Palestinien né au Liban, mais maintenant chauffeur de taxi au Canada. Après avoir vérifié, je me suis rendu compte que ce chauffeur de taxi – que je considérais comme une espèce de *Capitaine Bonhomme* avec ses exagérations – avait parfaitement raison.

Il y a aujourd'hui plus de 400 000 réfugiés au Liban. Ces camps de réfugiés sont parmi les pires camps de réfugiés palestiniens dans le monde en termes de conditions de vie.

Le gouvernement libanais refuse, depuis des décennies, de donner la citoyenneté libanaise à ces réfugiés, même à ceux qui sont nés au Liban, même à ceux qui sont de mères libanaises et de pères palestiniens. Ils ont donc le statut d'étranger, même s'ils sont nés au Liban!

Ces Palestiniens n'ont pas accès à l'école publique, n'ont toujours pas accès à la plupart des professions[338] (dont le droit et la médecine[339]), n'ont pas accès au système national de santé et ne peuvent être propriétaires. Pour travailler, ces Palestiniens doivent obtenir un permis de travail du gouvernement libanais. Or, ces permis sont très rarement délivrés. Par exemple, entre 1982 et 1992, aucun permis de travail ne fut accordé à des Palestiniens. Aucun!

On comprend le cercle vicieux dans lequel ces Palestiniens se trouvent : ils n'ont pas accès au système d'éducation public; ceux qui étudient dans les écoles gérées par l'ONU n'ont aucun incitatif à poursuivre leurs études puisque la plupart des professions leur sont inaccessibles. Le nombre de chômeurs est donc incroyablement élevé, et la pauvreté est endémique[340].

Les problèmes de santé qui en découlent sont aussi importants. Malgré cela, il n'est pas rare que les hôpitaux libanais refusent de traiter des patients palestiniens.

Quant à la propriété, les Palestiniens n'y ont pas droit au Liban. Les rares Palestiniens qui réussissent à devenir propriétaires verront leur bien passer entre les mains de l'État libanais à leur décès.

Cet état de fait est le résultat d'une politique active de discrimination de la part des Libanais envers ceux que la propagande appelle « leurs frères palestiniens ».

Si le Liban est d'une dureté ignoble envers les réfugiés palestiniens qui se trouvent sur son territoire, il n'est pas non plus innocent dans ses relations (ou dans son absence de relations) avec Israël.

Finalement, que dire de l'accueil triomphal réservé au Président iranien Mahmoud Ahmadinejad en octobre 2010 lors de sa visite au Liban? Alors que le monde entier connaît son rôle dans la répression sanglante des velléités démocratiques de son propre peuple à l'été 2009, alors qu'il fait rapidement avancer son pays vers la fabrication illégale d'armes nucléaires malgré les multiples condamnations de la communauté internationale, alors qu'il nie l'Holocauste, alors qu'il menace de rayer Israël de la carte, alors qu'il exporte le modèle théocratique islamiste extrémiste, alors qu'il dirige un régime faisant peu de cas des droits des femmes et qui exécute les homosexuels, Ahmadinejad est, pour reprendre les mots de *La Presse*, « accueilli en héros » au Liban[341].

Le Hezbollah déclenche la guerre

Le 12 juillet 2006, le Hezbollah traversa la frontière libano-israélienne tuant 8 soldats israéliens et en kidnappant deux, sur le sol israélien. En droit international, ce geste constitue un acte de guerre. Et constitue la genèse du conflit de l'été 2006.

Toujours en droit international, un État a un droit absolu de se défendre dans un tel cas. Israël ne pouvait plus tolérer que ses citoyens soient constamment sous la menace de groupes armés du Hezbollah ou sous le feu de ses missiles. Comme tous les États souverains, Israël a la responsabilité en vertu du droit international de prendre les mesures qui s'imposent pour assurer le retour sans accident de ses soldats enlevés et d'assurer la protection de ses citoyens.

Israël a aussi le devoir de rendre impossible ou de décourager toute attaque future de forces ennemies comme le Hezbollah, que celui-ci agisse en son nom propre ou comme intermédiaire pour l'Iran ou la Syrie.

La situation a ainsi obligé Israël à réagir, à prendre ses

responsabilités envers ses citoyens.

En effet, comme les Québécois et les Canadiens, les Israéliens ont le droit de vivre en paix, sans la menace constante de violence. On peut même affirmer que la responsabilité première d'un État est de protéger la vie et la sécurité de ses citoyens.

Israël a donc décidé de tenter de libérer ses soldats kidnappés et d'éliminer la menace que faisait peser le Hezbollah sur les citoyens israéliens. Le danger venait des bombardements de missile à sa frontière nord.

Il n'y a aucun doute que le Hezbollah n'aurait pas pu obtenir les missiles et les autres équipements militaires dont il disposait si le gouvernement libanais avait refusé que ces armements entrent au Liban. La menace que représentait le Hezbollah sur la frontière nord de l'État hébreu est attribuable à l'incapacité (ou au manque de volonté) du gouvernement libanais de déployer ses troupes au sud du pays.

De son propre aveu, le Hezbollah agit de concert et en accord avec le mouvement Hamas et se concerte avec les forces qui le soutiennent à Téhéran. Il ne fait pas de doute qu'Israël et par extension, toutes les démocraties occidentales font face à un réseau d'extrémistes islamiques déterminés à créer de l'instabilité et des conflits à l'échelle mondiale.

Ironiquement, alors que le monde arabe, dans son ensemble, comprenait les enjeux géopolitiques du conflit (notamment le danger que posent les groupes islamistes terroristes sur la stabilité de la région et le rôle de l'Iran islamiste et théocratique derrière), une frange importante de la société québécoise identifia tout de suite Israël comme étant l'agresseur.

De plus, comme l'affirma Christian Rioux dans le *Devoir* du 21 juillet 2006 « *[c]e que contestent le Hezbollah et la faction radicale du Hamas, ce n'est pas la frontière de 1967, mais celle de 1948* » (NDLR c.-à-d. l'existence même de l'État d'Israël).

Le leader du Hezbollah, Nasrallah, a démontré son intransigeance, son extrémisme et son refus complet d'en arriver à la paix dans la région en affirmant que la paix ne verra jamais le jour tant qu'Israël existera[342].

Plusieurs, au Québec, n'ont pas semblé l'avoir remarqué : les actions du Hezbollah ne servent que les régimes extrémistes de la région : la Syrie et, surtout, l'Iran. D'où les critiques féroces contre le Hezbollah de la part des pays arabes modérés : la Jordanie, les pays du Golfe, et les deux principaux États arabes, l'Égypte et l'Arabie Saoudite lors du sommet de la Ligue arabe tenu pendant le conflit[343]. En fait, au début du conflit, même les gens autour du Premier ministre libanais Siniora voulaient – et disaient ouvertement souhaiter – qu'Israël anéantisse le Hezbollah[344].

Quant aux grandes puissances du monde réunies au sein du G8, elles ont, lors du sommet du 16 juillet 2006, aussi mis clairement la responsabilité de la crise sur les épaules du Hamas et du Hezbollah. Le communiqué officiel affirmait :

« La crise actuelle est le résultat des efforts des forces extrémistes afin de déstabiliser la région et frustrer les aspirations pacifiques et démocratiques des peuples palestinien, israélien et libanais. À Gaza, des éléments du Hamas ont lancé des attaques à la roquette contre le territoire israélien et kidnappé un soldat israélien. Au Liban, le Hezbollah, en violation de la ligne bleue (NDT c.-à-d. la frontière internationalement reconnue), a attaqué Israël à partir du territoire libanais et a tué et capturé des soldats israéliens, renversant ainsi la tendance positive commencée avec le retrait de la Syrie en 2005 et sapant le gouvernement démocratiquement élu du premier ministre Fuad Siniora[345] ».

Pendant ce temps, au Québec, grâce notamment à une presse très sympathique envers les Libanais, mais assez peu critique envers le Hezbollah et dépeignant les Israéliens comme des guerriers sans merci, on commença à entendre des choses horribles.

Alors que les images de la dévastation au Liban roulaient en boucle sur les chaînes d'information continue, la situation des civils israéliens était ignorée. Alors que le nord de l'État d'Israël se vidait, qu'un tiers de la population (UN TIERS!!!) israélienne était déplacée, mutisme presque complet de nos médias. Pourquoi?

Les lignes ouvertes éprouvèrent beaucoup de Québécois juifs. La ligne entre la critique d'Israël et l'hostilité voire la haine envers les Juifs fut franchie plusieurs fois.

Une ignoble manifestation à Montréal

Puis vint la manifestation dans les rues de Montréal. Beaucoup de choses ont été dites sur cette manifestation. D'abord est-ce que je crois que la majorité des participants étaient de bonne foi? Oui. Voulaient-ils simplement marcher pour l'arrêt du conflit? Sûrement.

Mais ils ont été bernés par les organisateurs, qui avaient, dès le départ, biaisé l'événement.

L'appel à la manifestation[346] a été publié le 3 août. Il était intitulé : « *Le Québec se mobilise pour la justice et la paix au Liban maintenant!* » Et la paix en Israël? L'État juif ne subissait-il pas aussi des tirs de missiles? Ses populations civiles n'étaient-elles pas spécifiquement et explicitement visées? Le Hezbollah ne visait pas des cibles militaires israéliennes, mais des villes et villages israéliens.

Pourquoi passer cela sous silence?

L'action militaire d'Israël était qualifiée d'« agression ». Or, il était connu et reconnu par la communauté internationale que le Hezbollah était la partie qui avait commis l'acte de guerre ayant donné naissance au conflit. De cela… rien dans l'appel à la manifestation.

Un des buts expressément indiqués de la manifestation était de « MANIFESTER notre solidarité envers les peuples libanais et palestinien. » Et le peuple israélien lui? N'était-il pas bombardé par le Hezbollah et le Hamas? Ne méritait-il pas aussi « notre solidarité »?

L'appel à cette manifestation, signé notamment par les grandes centrales syndicales, n'était pas POUR la paix, mais CONTRE Israël.

Puis eut lieu le débordement malheureusement attendu : la présence de drapeaux du Hezbollah à cette manifestation. Ces images ont fait le tour du monde. Au Québec, la population et une grande partie de ses leaders ont marché sous des drapeaux du Hezbollah.

Attention! Je ne dis pas que tous les manifestants étaient des supporters du Hezbollah. Ni qu'une majorité l'était non plus. Ni même une minorité substantielle. Mais nier que les opinions anti-israéliennes – voire antijuifs – véhiculées depuis des semaines n'avaient pas exacerbé certaines réactions xénophobes serait malhonnête.

Nier qu'une certaine ambiance anti-israélienne avait aveuglé certaines personnes sur la nature même du Hezbollah serait aussi malhonnête. Dans l'esprit de certaines personnes, le Hezbollah n'était qu'un petit groupe de résistance face au gros méchant Israël. On faisait fi du fait que les valeurs de ce groupe terroriste sont aux antipodes de celles des Québécois. Que le Hezbollah est un groupe islamiste radical. Contre les droits des minorités. Contre les droits des femmes. Pour l'utilisation de la violence pour arriver à ses fins. Pour une plus grande influence de l'Iran dans la région.

Le même Iran qui a tué la photojournaliste canadienne Zahra Kazemi. Le même Iran qui pend les homosexuels simplement parce qu'ils sont homosexuels. Le même Iran qui lapide (qui LAPIDE!!!!) les femmes qui seraient adultères.

C'est de cela qu'est porteur le Hezbollah. Sans parler de son antisémitisme. Ce n'est pas seulement une question de l'État d'Israël. Le Hezbollah veut la disparition des Juifs, purement et simplement.

Son leader précédent Hussein Massawi affirmait clairement, en s'adressant aux Israéliens : « *Nous ne nous battons pas pour que vous nous offriez quelque chose. Nous nous battons pour vous éliminer*[347]. »

Son leader actuel, Hassan Nasrallah, a affirmé que « *Si nous cherchions dans le monde entier une personne plus lâche, méprisable, frêle et faible de psyché, d'esprit, d'idéologie et de religion, nous ne pourrions pas trouver quelqu'un comme le Juif. Remarquez que je n'ai pas dit Israélien*[348]. »

De plus, Nasrallah a aussi dit que « *si les Juifs se rassemblent tous en Israël, cela nous évitera de les poursuivre à travers le monde*[349]. »

Ça a au moins le mérite d'être clair...

Je ne suis pas sûr que les gens d'ici saisissent bien. Brandir un drapeau du Hezbollah n'est pas anodin. C'est un message qui m'est envoyé, à moi. Quand je vois quelqu'un à Montréal brandir un drapeau du Hezbollah, ce que je comprends, c'est que cette personne appuie une organisation qui me veut, moi, de même que ma femme et mes enfants, morts.

On ne peut donc se surprendre de ma forte réaction. Et de celle de la communauté juive du Québec et du Canada.

Ceci étant dit, lors de son discours pendant la manifestation,

Gilles Duceppe a été plus nuancé dans son discours que l'appel à la mobilisation dont son parti était un des premiers signataires. Tout en étant critique envers les agissements d'Israël (position qui se défend), il a également, et clairement, condamné les actes terroristes et de guerre du Hezbollah. Il a cependant été hué par certains participants à la manifestation à cause de sa dénonciation du Hezbollah.

Qu'en conclure?

Le mythe de la neutralité qui donne de l'influence

Il y avait alors une opinion très critique envers Israël au Québec. Il y avait aussi plusieurs personnes qui affirmaient que le Canada aurait dû être neutre dans le conflit, contrairement à la position courageuse qu'a adoptée le gouvernement Harper.

Comme si, pour paraphraser Winston Churchill, on pouvait être neutre entre l'incendie et les pompiers. Comme si on pouvait être neutre entre une démocratie où les droits des minorités religieuses, sexuelles, ethniques et des femmes sont protégés et un groupe cherchant à imposer l'islam radical dans sa région.

Il a été aussi avancé que la « tradition » du Canada était la neutralité. Que le legs le plus important de la politique étrangère du Canada était les Casques bleus, et que cela nous imposait de ne pas prendre parti.

Avancer cela montre une profonde méconnaissance de l'histoire. Le Canada n'est pas la Suisse. Ni la Suède. Le Canada est un membre de l'OTAN, l'alliance militaire occidentale.

Plus près du Proche-Orient: en 1956, lorsque la France, la Grande-Bretagne et Israël attaquèrent l'Égypte, elles furent sévèrement condamnées. Par les États-Unis. Par l'Union soviétique. Et par le Canada.

Le Canada n'avait pas eu peur, par la voix de Lester B. Pearson, de faire connaître ce qu'il croyait être juste. Le Canada fut écouté parce qu'il avait une opinion tranchée. Parce qu'il avait pris position. Et non parce qu'il était neutre. C'est alors que le Canada a suggéré à l'ONU la création des Casques bleus, idée qui a été adoptée par la communauté internationale.

Le chef libéral d'alors Michael Ignatieff a donc bien eu raison d'affirmer qu'« *un État démocratique comme le Canada ne peut être neutre entre un État démocratique et des organisations terroristes. Il ne peut y avoir de médiateur (« honest broker ») entre les deux*[350]. »

Les victimes du conflit

Le nombre relativement élevé de victimes au sein de la population civile libanaise est tragique, mais c'est la conséquence malheureuse d'une guerre imposée à Israël par le Hezbollah et ses États commanditaires.

Une bonne partie des pertes civiles libanaises résulte directement d'une pratique cynique du Hezbollah (utilisée depuis les années 1980) consistant à disperser ses partisans non identifiés par un uniforme, ses quartiers généraux opérationnels et ses bases de lancement de missiles dans des zones densément peuplées un peu partout dans le Sud-Liban Ces citoyens deviennent de fait des boucliers humains utilisés par le Hezbollah dans ses manœuvres pour attaquer Israël en toute impunité. De plus, on sait maintenant, depuis les fuites révélées par WikiLeaks en octobre 2010 que l'Iran est allé jusqu'à utiliser des ambulances du Croissant-Rouge pour acheminer armes et agents au Liban pendant ce conflit[351].

Peu de gens savent qu'Israël avertissait – par radio, par tracts lancés par des avions et même par téléphone! – les civils libanais AVANT de frapper, afin d'éviter de les toucher. Cela a coûté la vie à plusieurs soldats israéliens, le Hezbollah étant informé des prochaines actions de l'armée.

Bien sûr, toute mort d'innocent est tragique. Mais il y a une différence fondamentale à faire entre des groupes (Hezbollah, Hamas) qui prennent volontairement pour cibles des civils, et un État qui se défend en ciblant des infrastructures terroristes et qui, par la force des choses, touche des civils.

Ne pas faire la différence, c'est moralement et intellectuellement malhonnête.

Épilogue de la Guerre du Liban

La Deuxième Guerre du Liban s'est terminée le 14 août 2006, avec l'adoption de la Résolution 1701 du Conseil de sécurité de l'ONU. Cette résolution demande la cessation des hostilités, le positionnement des forces armées libanaises dans le Sud-Liban (qu'elles avaient pratiquement abandonné), la création d'une force multinationale, le retrait des forces israéliennes du Sud-Liban, le désarmement du Hezbollah, et la libération inconditionnelle des soldats israéliens enlevés.

Aujourd'hui, les hostilités ont cessé. Les forces armées israéliennes se sont complètement retirées du Liban. La force multinationale est en place, avec l'armée libanaise, au Sud du Liban. Mais le Hezbollah s'est réarmé[352]. Selon les services de renseignements français, le Hezbollah dispose maintenant de 40 000 roquettes environ et de plus de 10 000 combattants et s'est doté d'un vaste réseau de télécommunications autonome[353]. Tout ça grâce à l'aide active de la Syrie et de l'Iran.

Le 16 juillet 2008, en échange des corps de deux de ses soldats kidnappés, Israël a relâché 4 membres du Hezbollah, à peu près 200 corps et un certain Samir Kuntar.

Kuntar est un terroriste meurtrier qui a été trouvé coupable, par une Cour de justice impartiale, d'être entré, le 22 avril 1979, dans la maison d'une famille israélienne dans le nord d'Israël. Il y tua un policier. Il tua aussi Danny Haran, 28 ans, devant sa fille de 4 ans, avant d'écraser la tête de la fillette avec la crosse de son fusil, la tuant elle aussi. La mère qui se cachait de ce monstre a accidentellement tué sa fille de 2 ans en tentant d'étouffer ses pleurs de peur d'être découverte.

C'est la liberté de ce boucher que le Hezbollah demanda en échange des corps des deux soldats israéliens. Mais il y a pire. Certains pourraient dire : « *Ah! Ce n'est qu'un groupe terroriste qui demande la libération d'un semblable. Il ne faut pas accorder plus d'attention à cet incident.* »

Or, à sa libération, le gouvernement décréta un jour de fête nationale. À son arrivée à l'aéroport de Beyrouth, Kuntar fut accueilli en héros, non seulement par des milliers de Libanais en liesse, mais aussi par le Président libanais Michel Suleiman, le Premier ministre Fouad Siniora, le Président du Parlement libanais Nabih Berri, par plusieurs députés, de même que par les leaders chrétiens et musulmans du Liban[354].

Une telle présence, de haut niveau et officielle, pour accueillir un tel meurtrier, montrait un visage du Liban méconnu par les Québécois : celui d'une nation qui a développé un culte de la mort, du sang et des massacres.

Le contraste ne pouvait être plus clair entre la culture de la vie en Israël, et la culture de la mort véhiculée dans certains cercles - parmi les plus importants - libanais.

Quand le Président, le Premier ministre et d'autres leaders nationaux du Liban se déplacent pour accueillir triomphalement à l'aéroport un assassin d'enfants, on ne parle plus de peuple victime. Le peuple libanais a crié au monde entier le genre de héros qu'il voulait célébrer.

Finalement, on ne peut passer sous silence le départ, sous la pression du Hezbollah, du premier ministre pro-occidental Saad Hariri (le fils de l'ex-premier ministre assassiné en 2005) en janvier 2011 et son remplacement par Najib Mikati, soutenu par le Hezbollah. En d'autres mots, le contrôle du Hezbollah

– donc de l'Iran – sur le Liban s'accroît. Et cela n'augure évidemment rien de bon pour la suite des choses.

Malgré cela – certains m'accuseront d'idéalisme ou de naïveté –, je souhaite tout de même la paix avec ce pays.

La tragédie de Gaza ou Israël a-t-il le droit de se défendre?

Avant que n'éclate le dernier conflit à Gaza en décembre 2008-janvier 2009, le sud d'Israël avait été frappé par plus de 6 000 tirs palestiniens de missiles et d'obus en moins de 8 ans.

Au cours des seuls deux premiers mois de l'année 2008, plus de 1000 tirs ont été enregistrés. Avec des conséquences humaines terribles. Par exemple, le nombre d'Israéliens souffrant de trouble de stress post-traumatique dans les municipalités sous le feu est dix fois plus élevé que la moyenne nationale. De plus, avec l'introduction de missiles plus puissants et meurtriers (fournis par l'Iran et passés en contrebande par la frontière de Gaza avec l'Égypte), le nombre d'Israéliens vivant à portée des missiles du Hamas a grimpé à 250 000.

Quel pays se laisserait attaquer ainsi sans réagir?

Pendant sept ans (sept ans!), la communauté internationale a ignoré les attaques à la roquette contre Israël.

Il est plus que temps que la communauté internationale rejette les fausses équivalences morales et distingue les pyromanes des pompiers.

Le Hamas, une milice armée vouée à la destruction d'Israël, ayant des positions génocidaires[355], rejetant toute forme de compromis basé sur la solution des deux États, possédant une idéologie islamiste extrémiste, n'accepte aucune des valeurs libérales occidentales auxquelles nous, les Québécois, sommes si attachés.

Le Hamas, tout comme le Hezbollah, se décrit comme un « mouvement de résistance ». Or, les Israéliens avaient complètement évacué tout le territoire de Gaza. Pas une maison, pas un citoyen, pas un soldat israélien ne se trouvaient sur ce territoire.

Proportionnalité

Le conflit a donné lieu à de nombreux appels, notamment, mais non exclusivement de la part des partis politiques canadiens, à la *proportionnalité*. Cet argument de la proportionnalité me laisse perplexe.

Logiquement, si on voulait une réponse israélienne *proportionnelle*, pour chaque missile palestinien lancé à l'aveuglette sur une ville israélienne, Israël lancerait aussi une roquette à l'aveuglette, sur Gaza City, vers les civils palestiniens.

Ça, ce serait *proportionnel*. On voit tout de suite que ça n'a aucun sens.

Dans mes discussions avec les critiques d'Israël, ceux-ci en conviennent aussi. Alors, je leur demande ce qui serait, à leur avis, *proportionnel*. Pas ce qui n'est pas proportionnel, mais bien ce qui l'est. Que peut faire Israël, qui serait *proportionnel*, pour répondre à ces attaques?

Jamais je n'ai de réponse. Ils sont incapables de m'en donner une. Est-ce qu'Israël a le droit de cibler les dirigeants du Hamas, qui commanditent et organisent les attaques contre Israël? Le Parlement européen a adopté une résolution condamnant la pratique des assassinats ciblés.

Est-ce qu'Israël a le droit d'adopter des mesures économiques punitives contre le territoire contrôlé par le Hamas? Selon ces mêmes critiques, non. Ceci constituerait une punition collective.

Est-ce qu'Israël a le droit de démanteler les qassams (les roquettes palestiniennes) par des incursions militaires limitées? Ceci causant des morts et des blessés civils serait aussi interdit parce que *disproportionné*.

Donc, selon ce raisonnement, Israël a le *droit théorique* de se défendre, mais pas le *droit réel*, le droit pratique. On voit bien que cela n'a aucun sens.

Depuis 2001, plus de 6000 roquettes et obus ont été lancés depuis Gaza sur des cibles civiles israéliennes. Selon cette logique, la réponse proportionnée d'Israël aurait dû être 6000 roquettes et obus lancés sur des civils palestiniens à Gaza.

Le nombre relativement petit de victimes israéliennes n'est pas dû au grand cœur du Hamas, mais au fait que ses armes soient pour le moment primitives – quoiqu'en constante amélioration, notamment grâce à l'aide de l'Iran.

De plus, le concept de proportionnalité permet à une force militaire de tuer des civils innocents *à la condition que la cible soit une cible militaire et non des civils.*

C'est le principe adopté par les forces occidentales partout où elles sont en action. On peut penser aux forces américaines en 1993 à Mogadiscio. Ou encore lors de la campagne aérienne de l'OTAN contre la Serbie en 1999, campagne pendant laquelle aucun pilote de l'OTAN n'a été tué alors que les pertes civiles ont été chiffrées à autour de 500.

Les sociétés occidentales sont très sensibles à la mort de leurs soldats – avec raison. On le voit chez nous lorsqu'un soldat canadien est tué ces jours-ci en Afghanistan. Ainsi, afin de minimiser le nombre de soldats tués, les armées occidentales sont prêtes à accepter un certain nombre de morts civils.

Ces mêmes armées sont aussi prêtes à accepter qu'un certain nombre de civils puissent être tués afin d'atteindre un objectif militaire important.

On ne peut non plus faire abstraction de la question de la responsabilité, à savoir qui a créé la situation qui fait en sorte que des civils se trouvent dans des situations dangereuses, voire potentiellement mortelles.

Conséquemment, le principe bien connu du « *si c'est bon pour Minou, c'est bon pour Pitou* », devrait s'appliquer. Si c'est bon pour les armées occidentales (dont la canadienne), c'est aussi bon pour cette autre armée occidentale qu'est Tsahal[356].

La question de la proportionnalité soulève aussi la question suivante : les réponses proportionnées ont-elles déjà fait gagner des guerres ou permis de régler des conflits?

Pendant la Seconde Guerre mondiale, la Luftwaffe (aviation allemande) a tué 50 000 personnes pendant le Blitz. La réponse alliée a été de tuer 600 000 Allemands, soit 12 fois le nombre de Britanniques tués.

On ne peut certes pas qualifier la réponse alliée de *proportionnée*. Pourtant, les raids aériens alliés ont puissamment aidé à la victoire ultime. Et c'est sans parler d'Hiroshima…

Qui sommes-nous, Québécois, Canadiens, Britanniques, Américains, pour sermonner les Israéliens sur la proportionnalité de leur réponse?

Les règles du droit de la guerre doivent être mises à jour. Par définition, les groupes terroristes tels que le Hamas et le Hezbollah ne jouent pas selon les règles établies, ils visent et se cachent derrière les civils pour combattre. Que peut faire un État dans un cas tel que celui-ci pour se défendre?

En d'autres mots, si seulement un côté – dans le cas qui nous concerne, Israël – est lié par les Conventions de Genève, comment ce côté peut-il espérer gagner la guerre? Les règles doivent absolument être mises à jour.

Ceci étant dit, le 1er novembre 2010, le Hamas a admis que 700 combattants furent tués pendant le conflit de Gaza[357], sur un nombre total de 1166 Palestiniens tués. Si un nombre prouve bien le soin que porte Israël à éviter des victimes civiles, c'est bien celui-là.

Il est toujours difficile d'éviter les victimes civiles dans un conflit moderne. Ceci étant dit, les civils palestiniens ne représentent qu'à peu près 40 % des morts lors du dernier conflit à Gaza – beaucoup plus bas que la norme de 90 % dans toute guerre moderne.

En effet, selon un rapport du Comité international de la Croix-Rouge datant de 2001, les civils font les frais de la guerre moderne, avec 10 morts civiles pour chaque soldat tué dans les guerres depuis le milieu du 20e siècle. Ceci est à comparer avec 9 soldats tués pour chaque mort civil pendant la Première Guerre mondiale[358].

Qu'on me comprenne bien : chaque mort d'innocent doit être déplorée. Il n'en demeure pas moins qu'Israël fait preuve, dans des circonstances difficiles, de beaucoup de retenue afin d'éviter le plus de morts civiles possible. Les nombres ne mentent pas.

Autrement dit: je ne suis pas un pacifiste. La guerre peut être, quelques fois, une chose nécessaire. Ce fait n'empêche cependant pas qu'elle soit toujours, toujours tragique. Et on ne doit jamais, jamais la glorifier.

Conséquences des réactions de la communauté internationale

La réaction de la communauté internationale suite au conflit avec Gaza ne peut que retarder la paix. Je m'explique.

La communauté internationale demande depuis des années à Israël de se retirer des territoires conquis en 1967. C'est exactement ce qu'a fait Israël avec Gaza en s'en retirant.

Le *quid pro quo* est évidemment qu'en se retirant, Israël aurait la paix et, dans le cas d'agression, pourrait se défendre.

Or, qu'est-il arrivé?

Israël s'est retiré, le Hamas a pris le contrôle de Gaza et les roquettes se sont mises à pleuvoir sur Israël.

Quand Israël en a eu assez et a répondu aux missiles, la communauté internationale n'a pas dit : « *nous comprenons* », mais au contraire a nié à Israël le droit de se défendre. Ça a été le festival des condamnations, culminant avec le Rapport Goldstone.

Que peuvent penser les Israéliens maintenant des garanties internationales affirmant que si Israël se retire de la Cisjordanie/Judée-Samarie et est attaqué, il aura le droit, comme tout État, de se défendre?

La haine dans nos rues

Pendant le conflit à Gaza, eurent lieu, à Toronto et à Montréal, des manifestations anti-israéliennes. Cette fois-ci, ayant appris des erreurs de l'été 2006, dans sa grande majorité, la classe politique se tint à l'écart[359].

Mais on y vit des débordements ignobles. On y entendit crier des « *les Juifs sont nos chiens* » de même que de véritables appels au meurtre de Juifs[360]. Des drapeaux du Hezbollah y flottaient encore. Malgré l'impression que peuvent avoir laissée les images, cela ne se passait pas dans les rues de Naplouse, Bagdad ou Téhéran, mais dans les rues de nos villes, ici, chez nous. C'est ce que je veux dire par l'importation de discours toxique qui n'a pas sa place au Québec.

Suite à cette horrible manifestation et aux réactions de la communauté juive, Rima Elkouri minimisa la portée de ce qu'on y entendit[361]. Je me suis toujours demandé si elle aurait écrit la même chose si ce qu'on avait vu et entendu avait été: « *mort aux gays* » ou « *les femmes sont nos chiennes.* » À mon avis, elle aurait dénoncé avec véhémence – et avec raison – toute manifestation où de telles choses auraient été criées. Deux poids, deux mesures…

Elle fut cependant ramenée à l'ordre par Richard Martineau qui, lui, n'hésita pas à dénoncer cette forme de racisme et le parti pris d'une partie de la classe journalistique[362].

Pendant que les manifestations anti-israéliennes appelaient à la mort des Juifs dans nos rues, les rassemblements en appui à Israël se déroulaient à l'intérieur et débutaient par une minute de silence pour les victimes innocentes israéliennes *et palestiniennes* du conflit.

C'est ça, à mon avis, la façon québécoise d'exprimer son soutien à une cause, à un pays, à une nation dans une période de conflit.

La Flottille de Gaza[363]

Dans la nuit du 30 au 31 mai 2010, la Marine israélienne a arraisonné une flottille de bateaux en route vers Gaza, en contravention du blocus mis en place par Israël (et l'Égypte…) après la prise de contrôle du Hamas. Malheureusement, neuf morts s'ensuivirent.

Les organisateurs voulaient une confrontation avec les Israéliens, cherchaient cette confrontation. Ce convoi n'en était pas un d'aide humanitaire. C'était une opération de relations publiques visant à attaquer Israël dans l'opinion publique internationale. Israël a offert à plusieurs reprises au convoi de décharger son matériel dans le port de Ashdod (à 30 minutes de route de Gaza) et de transférer l'ensemble du matériel à Gaza (après vérifications de sécurité). En réponse, les organisateurs ont affirmé que la mission n'en était pas une de livraison d'aide humanitaire, mais avait pour but de briser le « siège de Gaza par Israël », tel que l'a affirmé Greta Berlin à l'agence AFP le 27 mai 2010.

Plusieurs des protestataires sont en fait des extrémistes bien armés et entraînés ayant des liens avec les Frères musulmans et autres groupes djihadistes, notamment les membres du groupe turc IHH qui étaient dans le convoi[364].

Le jour avant cette confrontation, la télé arabe Al-Jazeera, pourtant peu suspecte d'être pro-israélienne, a diffusé un reportage[365]. Les gens à bord invoquaient un chant islamiste bien connu invoquant le meurtre et la défaite des Juifs en combat. « [Souviens-toi de] Khaibar, Khaibar, oh Juifs! L'armée de Muhammad reviendra! »

Khaibar est le nom du dernier village juif défait par l'armée de Mohamed en 628. Beaucoup de Juifs y furent tués. Cette bataille marque la fin de la présence juive dans la péninsule arabique. Cette bataille est vue par les islamistes comme précurseur de l'avenir des Juifs, en Israël et dans le monde. En fait, c'est une menace d'extermination envers les Juifs. Ça montre bien que ce n'étaient pas des « activistes de la paix » qui étaient sur ce bateau.

Certains affirment encore que cette flottille était menée par des gens qui cherchent la paix au Proche-Orient. Or, l'auteur à succès suédois Henning Mankell, dont la présence sur un des bateaux a été citée comme preuve de la volonté de paix des activistes, affirme ouvertement souhaiter la disparition d'Israël[366].

Les marins israéliens qui ont essayé d'aborder un des six vaisseaux, le Mavi Marmara, ont été attaqués par des douzaines d'activistes armés de couteaux, de barres de métal et de pistolets[367]. Les soldats israéliens, craignant pour leur vie, se sont défendus. Au moins quatre soldats israéliens ont été blessés, y compris par des tirs de fusil.

En fait, en entrevue télé sur la Première chaîne israélienne le 24 septembre 2010, le journaliste turc Sefik Dinç, qui était sur le Mavi Marmara et qui a écrit un livre sur l'incident, a clairement affirmé qu'aucun coup de feu n'a été tiré à partir des hélicoptères israéliens participant à l'opération et que les soldats israéliens n'ont ouvert le feu que lorsque leurs vies furent en danger[368]. Dinç corrobore ainsi la version des soldats israéliens.

Il n'y a pas de blocus humanitaire contre Gaza. En fait, 15 000 tonnes d'aide humanitaires – y compris médicaments, eau et nourriture – sont acheminées à Gaza chaque semaine.

Mais soyons plus précis. D'abord, Israël a livré le cargo de la flottille de Gaza[369] à Gaza le 1er juin 2010, après l'inspection de celui-ci, un jour seulement après son débarquement au port de Ashdod. Malheureusement, le lendemain, le Hamas refuse l'entrée des 20 camions remplis d'aide[370] dans Gaza.

Avec le blocus, le but d'Israël est d'assurer la livraison massive d'aide humanitaire vers Gaza tout en limitant l'habilité du Hamas d'importer des armes ou des éléments servant à la fabrication de celles-ci.

L'affirmation selon laquelle Israël ne livre pas l'aide humanitaire est ridicule[371]. Plus d'un million de tonnes d'aide humanitaire a été livré à Gaza par Israël pendant les 18 mois précédant l'incident de la flottille. C'est pratiquement une tonne pour chaque homme, chaque femme et chaque enfant de Gaza. Dans le seul premier trimestre de 2010 (janvier à mars), Israël a livré 94 500 tonnes de provisions. Voici une ventilation des principaux biens et denrées et ce que cela équivaut en termes réels pour la population de Gaza:

· 40 000 tonnes de blé, ce qui équivaut à 53 millions de miches de pain

· 2 760 tonnes de riz, ce qui équivaut à 69 millions de portions

· 1 987 tonnes de vêtement et de chaussures, ce qui équivaut à 3,6 millions de paires de jeans

· 553 tonnes de lait en poudre et de nourriture pour bébé, ce qui équivaut à plus de 3,1 millions de portions quotidiennes

En 2009 seulement, pendant les jours saints musulmans du ramadan et de l'*Eid al-Adha*, Israël a livré 11 000 bœufs dans Gaza, assez pour 8,8 millions de repas de bœuf. Cette même année, plus de 3000 tonnes d'hypochlorite ont été livrées à Gaza pour purifier l'eau, ce qui représente plus de 227 124 708 000 milliards de litres d'eau purifiée, de même que 4 360 tonnes d'équipement médical et de médicaments, un poids équivalent à plus de 360 000 kits complets[372] de premiers soins.

Finalement, le 20 juin 2010, Israël décide de lever l'embargo sur tous les « biens à usage civil » vers Gaza[373].

Le 8 juin 2010, le Comité Québec-Israël rendait publics des chiffres[374] qui donnent une tout autre perspective que ce qui est généralement véhiculé :

Mortalité infantile : Les pays en proie à des crises humanitaires connaissent des niveaux dévastateurs de mortalité infantile. Au Niger, le taux est de 114 décès pour 1 000 naissances. En Somalie, il est de 107.

À Gaza, le taux de mortalité infantile est de 17,71 pour 1 000 naissances. C'est mieux qu'au Mexique, au Brésil et au Vietnam. En fait, c'est mieux que dans la plupart des pays du monde, la moyenne mondiale étant de 44 décès pour 1 000 naissances.

Mortalité générale : Le *World Fact Book* mesure aussi le taux de mortalité, ce qui correspond au nombre de décès pour 1 000 habitants en milieu d'année. Encore une fois, les pays qui connaissent les taux les plus élevés se trouvent en Afrique, notamment l'Angola (23), la Zambie (21), et le Mozambique (19).

Comment se classe Gaza? Gaza connaît le 8e plus faible taux de mortalité au monde. En effet, c'est un taux plus faible qu'au Canada, aux États-Unis, et que dans tous les pays européens. En fait, c'est même mieux qu'en Israël :

Royaume-Uni 10,0
France 8,65
États-Unis 8,38
Moyenne mondiale 8,37
Canada 7,87
Israël 5,45
Gaza 3,36

Malheureusement, même des livraisons humanitaires ont été détournées à d'autres fins pour appuyer le terrorisme du Hamas. Par exemple, en 2007, une livraison d'aide de l'Union européenne devant contenir du sucre contenait en réalité une composante essentielle pour la production de missiles et d'explosifs[375]. Il est donc facile de comprendre qu'Israël veuille inspecter tout fret destiné à Gaza, même une cargaison contenant de l'aide internationale.

Le but du blocus (encore une fois, qui n'arrête pas l'aide humanitaire) est d'éviter que des individus non autorisés et du cargo non inspecté ne tombent entre les mains du Hamas.

Quant aux critiques québécois et canadiens de l'interception en eaux internationales de la flottille, j'attends encore leurs dénonciations des actions canadiennes similaires lors de la participation de la Marine canadienne à l'opération de l'OTAN Apollo entre 2001 et 2003[376] et au large des côtes somaliennes et yéménites[377] en 2009-2010.

Le Hamas fait entrer une quantité énorme d'armes dans Gaza

afin de fortifier ses positions et continuer ses attaques. Selon le droit international, Israël a le droit d'intercepter tout véhicule s'il y a des raisons de croire que ce véhicule contient de la contrebande ou brise un blocus et si, après avertissements, ce véhicule refuse clairement et intentionnellement de s'arrêter ou si, clairement et intentionnellement, il résiste à la visite, la fouille ou la capture[378].

Il est à noter que ces soi-disant « activistes pour la paix » ont refusé une demande de la part de la famille de Gilad Shalit, kidnappé en juin 2006 par le Hamas et à qui personne n'a accès, pas même la Croix-Rouge internationale, au mépris du droit international, d'apporter une lettre à Gilad. Drôle d'activistes pour la paix…

Enfin, il est intéressant de noter que l'opposition laïque en Turquie a fortement critiqué[379] le rôle du gouvernement turc dans ce malheureux épisode, notamment parce qu'elle sait quel est le véritable agenda du gouvernement Erdogan.

Double standard appliqué à Israël : une forme de racisme aussi contre… les musulmans

Évidemment, le monde arabo-musulman dans son entier s'est soulevé de colère suite à ce fâcheux événement, suite à la mort de neuf militants propalestiniens. Les rues arabes se sont enflammées. L'ONU s'est saisie de la situation.

Comparons cela avec ce qui s'est passé avec les musulmans ahmadis[380]. Une semaine avant les événements de la flottille de Gaza, près de 100 musulmans ahmadis ont été massacrés au Pakistan[381] alors qu'ils priaient dans leur mosquée. Pourquoi? Parce que les talibans, qui sont des musulmans sunnites, voient les musulmans ahmadis comme des hérétiques. Qui méritent donc la mort.

Autre exemple : à la fin janvier 2010, en Irak, un attentat-suicide (un autre…) a eu lieu[382]. La femme, une musulmane sunnite, s'est fait sauter au milieu de pèlerins eux aussi musulmans, mais chiites. Bilan : au moins 41 morts et 106 blessés.

Ou encore : Où étaient les manifestants lorsqu'un kamikaze s'est fait sauter à Tal Afar, dans le nord de l'Irak, pendant un match de soccer le 14 mai 2010, tuant ainsi 25 spectateurs et en blessant une centaine d'autres[383]?

Tout cela est pratiquement passé inaperçu. Le monde musulman est resté coi. Silencieux.

Cependant, quand des caricatures représentant le Prophète Mohamed furent publiées au Danemark, la violence a été intense. Et mortelle.

Quand un civil palestinien meurt dans des combats entre Israël et ses ennemis, le monde arabo-musulman s'insurge. Les militants anti-Israël dans le monde occidental s'activent. L'ONU délibère.

Si c'était un Juif qui avait tué ainsi des musulmans, les rues seraient remplies de manifestants et les journaux, de lettres dénonçant la « *barbarie israélienne* ». Mais si des musulmans s'entretuent, c'est à peine si cette nouvelle fait les faits divers dans nos médias. Quand un musulman s'attaque ainsi à d'autres musulmans… silence radio. Aucune protestation dans le monde arabo-musulman. Ni chez nous, au Québec, au Canada.

Quand les musulmans s'entre-tuent – ce qui arrive régulièrement – personne ne réagit. Pas les soi-disant activistes de la paix, pas les gouvernements occidentaux, pas les leaders occidentaux, pas les leaders musulmans. Peut-il y avoir un exemple plus flagrant de double standard?

L'analyste français musulman d'origine algérienne Mohamed Sifaoui ne dit pas autrement lorsqu'il a écrit, lors des manifestations anti-israéliennes pendant le conflit de Gaza en 2009 :

« *Où étaient tous ces musulmans qui ont tant de compassion pour les enfants de Gaza et pour les terroristes qui les ont conduits vers la guerre, ou étaient-ils, dis-je, quand Grozny était littéralement rasée par l'armée russe, cependant que les femmes tchétchènes étaient violées à ciel ouvert par les soldats de Poutine et lorsque les morts se comptaient quotidiennement par centaines? (…)*

Mais encore, où étaient tous ces marcheurs du samedi lorsque les Algériens se faisaient découper en petits morceaux par les monstres du GIA et égorger tels des moutons par les disciples d'Ali Belhadj?

Pourquoi tous ces musulmans qui marchent aujourd'hui les yeux exorbités, la bave sur le menton, tous crocs dehors, n'ont-ils jamais voulu marcher au lendemain d'un attentat terroriste? Pourquoi n'ont-ils pas marché lorsque des islamistes tuaient d'autres musulmans? Pourquoi n'ont-ils pas marché après le 11 septembre, Madrid ou Londres? Mais où étaient-ils lorsque les talibans exécutaient des femmes dans des stades? Pourquoi, à chaque fois, que je les entends, c'est pour écouter leurs lamentations disant qu'ils appartiennent à une « religion opprimée »? Pourquoi ne dénoncent-ils jamais, avec de telles marches, ceux qui oppriment au nom de cette même religion? Pourquoi sont-ils plus virulents, plus haineux et, parfois, plus violents que les Palestiniens et les Jordaniens que je connais? Pourquoi il y a si peu de dignité dans l'expression de leur émotion sincère ou supposée? Mais que cache donc cette compassion sélective? Que cache-t-elle? Mettons les pieds dans le plat. Le conflit israélo-palestinien serait-il finalement un abcès de fixation qui est entretenu, et notamment par les pays musulmans, pour attiser toutes les haines? Serait-ce l'appartenance religieuse de l'autre belligérant, Israël en l'occurrence, qui pose problème? Serait-ce par antisémitisme?

Je vais révéler le fond de ma pensée. Je pense que plusieurs marcheurs du samedi défilent davantage contre Israël que pour la Palestine. Beaucoup d'entre eux ne marchent pas parce qu'ils adoreraient les Palestiniens, mais parce qu'ils ont une détestation idéologique pour tout ce qui est juif et pour tout ce qui a trait à Israël. Et je pense même – passez-moi l'expression – que la plupart n'ont rien à foutre des Palestiniens. Parce qu'en définitive si ces marcheurs du samedi étaient si humanistes que cela, je pense que je les aurais croisés dans des manifestations en faveur du Darfour ou des Tchétchènes, et dans celles organisées en signe de solidarité avec les victimes algériennes de l'islamisme et dans toutes les marches dénonçant le terrorisme des fascistes intégristes. Ils se seraient peut-être élevés contre la violence exercée par le Hamas, non pas contre les Israéliens, mais contre leurs propres frères du Fatah[384] ».

Ceci est une forme de racisme. Pas tant envers les Juifs (bien que ça l'est quand même; Israël est soumis à ce double standard), mais contre les musulmans eux-mêmes. Quand ceux-ci s'entre-tuent, on considère cela normal. Après tout, semble-t-on penser, c'est ce que font des peuples primaires.

Mais comme les Juifs se sont donnés, avec Israël, un État démocratique, occidental, avec la suprématie du droit, la barre pour Israël est plus élevée pour eux. C'est montrer que les préjudices antimusulmans sont puissants : on s'attend au pire de ces derniers. Et c'est une forme insidieuse de racisme à leur endroit. Ils méritent mieux de nous. Ils méritent mieux tout court.

Je laisserai le dernier mot au chroniqueur Burak Bekdil du journal anglophone turc *Daily News* (qui est du même groupe que le très influent journal *Hürriyet*). Bekdil n'y va pas avec le dos de la cuillère[385].

« *Pourquoi donc les Turcs ont-ils le "fétiche de la Palestine" même si la majorité d'entre eux ne peuvent situer les territoires palestiniens sur une carte? Pourquoi n'ont-ils pas levé le petit doigt quand, par exemple, les mollahs tuaient des musulmans dissidents iraniens? Pourquoi les Turcs n'ont-ils pas levé le petit doigt quand des forces d'occupation non musulmanes ont tué un million d'Irakiens musulmans? Pourquoi n'a-t-on pas entendu une seule voix turque protester contre la mort de 300 000 musulmans au Darfour? (...) Combien de Turcs ont protesté quand il y avait la guerre civile en Algérie? Combien se sont portés volontaires pour des missions d'aide humanitaire au Soudan? Pourquoi les manifestations étaient-elles si peu importantes lors des atrocités serbes contre les Bosniaques musulmans? Qu'est-ce qui rend les neuf martyrs de Gaza plus sacrés que tous les autres martyrs? »*

Et il conclut :

« De façon subconsciente (et tristement), la pensée turque musulmane tolère si des musulmans tuent des musulmans (...), mais est programmée pour virer le monde à l'envers quand des Juifs tuent des musulmans. »

Échange de territoires = paix. Est-ce si simple?

On entend plusieurs analystes affirmer, un peu simplement, que si seulement Israël redonnait les territoires qu'il a conquis en 1967, tout serait réglé. D'abord, cela ne réglerait en rien le rejet arabe à l'endroit de l'existence de l'État juif au Proche-Orient, un rejet qui existait bien avant qu'Israël ne conquière le Golan, la Cisjordanie et le Sinaï.

Qu'on me comprenne bien. Je ne dis pas qu'il ne doit pas y avoir un retrait israélien des territoires disputés. Je ne dis pas non plus que les Palestiniens n'ont pas droit à un État viable et indépendant au Proche-Orient.

Ce que je dis cependant, c'est que si le passé est garant de l'avenir, l'équation échange de territoires = paix est un peu courte.

Israël a évacué le Liban en 2000, et le Hezbollah lui fait la guerre à partir du Sud-Liban.

Israël a évacué Gaza en 2005, et le Hamas lui fait la guerre, lançant des centaines de roquettes, à partir de ce territoire.

On peut, si on est de bonne foi, comprendre qu'un certain scepticisme existe dans la population israélienne, non[386]?

23. Vous avez dit apartheid?

Je ne me suis jamais vraiment intéressé à la politique étudiante. Ni au cégep, ni à l'université.

À l'époque, je trouvais que les gens autour des associations étudiantes étaient des pseudorévolutionnaires, répétant des salmigondis marxisants provenant de livres dont ils n'avaient pas digéré le contenu. Ils étaient complètement déconnectés des réalités des étudiants qu'ils étaient censés représenter.

Alors, quand des étudiants juifs m'ont approché les premières fois pour me parler de ce qui se passait sur les campus, je ne peux pas dire que j'ai été particulièrement troublé. Je me suis dit que ce n'était que de petites guéguerres idéologiques dont les campus sont remplis.

Ce n'est que lorsque j'ai découvert l'intimidation, le *bullying* qu'ils subissaient, que je me suis rendu compte de la gravité réelle de la situation.

Cette atmosphère intimidante se cristallise autour de l'*Israel Apartheid Week*.

En effet, Israël est accusé, par certains groupes arabes et propalestiniens, de pratiquer un régime d'apartheid. Cette accusation est reprise chaque année sur les campus. Et les amis d'Israël – et les étudiants juifs – font les frais de cette campagne de calomnies.

C'est ironique, surtout considérant d'où provient l'accusation. Quelques faits suffiront à démontrer le ridicule d'une telle accusation.

D'abord, ce n'est pas parce qu'Israël se définit comme État juif[387] et démocratique que cela en fait un État exclusiviste. De plus, on ne doit pas comprendre le mot « juif » ici d'un point de vue religieux. En fait, le mot « religion » ne se retrouve même pas dans la Torah (les cinq premiers livres de la Bible). Les termes bibliques pour les Juifs sont *Am Yisrael* (la nation d'Israël) et *Bnei Yisrael* (les enfants d'Israël). Autrement dit, pour les Juifs, l'identité est nationale avant d'être religieuse.

L'expression « État juif » ne doit pas être comprise comme étant l'équivalent d'État chrétien ou État islamique, mais plutôt comme étant l'équivalent d'un État allemand ou français ou… québécois[388].

Pour se qualifier comme un régime d'apartheid, il faudrait qu'Israël pratique une discrimination systématique contre les non-juifs ou contre une quelconque minorité.

a) Israël est une démocratie

En premier lieu, Israël est la seule démocratie libérale de type occidental de toute la région. Le seul État de droit. Le seul avec un pouvoir judiciaire indépendant.

Les citoyens arabes d'Israël ont le doit de voter librement. Ils sont représentés à la Knesset (le Parlement israélien), où 14 Arabes israéliens (sur 120 députés) siègent[389]. Ils ont des juges siégeant à la Cour suprême.

En Israël, l'arabe est une langue officielle. Toutes les lois sont publiées en arabe. Les panneaux routiers sont en hébreu, en anglais et…en arabe. Nous n'avons même pas cela au Québec où, pourtant, les anglophones forment une minorité tout aussi importante que les Arabes en Israël.

Ceci étant dit, je m'en voudrais de ne pas mentionner ne serait-ce qu'en passant que si Israël est en effet une démocratie très vivante, le scrutin proportionnel pur qui est le sien nuit au bon fonctionnement de l'État, laisse trop souvent le gouvernement à la merci des sautes d'humeur des petits partis (voire des partis marginaux) et force le gouvernement, quel qu'il soit, à gouverner à court terme. Depuis la naissance de l'État moderne d'Israël, aucun parti n'a réussi à obtenir la majorité parlementaire à lui seul. S'il existe un exemple de pourquoi le Québec ou le Canada ne devrait pas adopter ce mode de scrutin, c'est bien Israël.

b) Apartheid religieux

Le système juridique israélien donne le même statut aux droits religieux de plusieurs communautés: la charia musulmane, le droit canon chrétien, le droit druze, et le droit juif pour toutes les questions liées au mariage, au divorce et à l'adoption.

Autre fait intéressant : Israël est le seul pays au Moyen-Orient dont la population chrétienne est en croissance constante avec un taux extraordinaire de 345 % depuis la fondation de l'État juif[390]. Depuis 1995, la communauté chrétienne d'Israël a connu un taux de croissance de 26 %, passant de 120 300 à 151 700 âmes en 2009. Par contraste, lorsqu'Israël a cédé Bethléem à l'administration de l'Autorité palestinienne en 1995, 60 % de ses habitants étaient chrétiens. Aujourd'hui, Bethléem est devenue une ville musulmane dont seulement 20 % de la population est chrétienne. En fait, il y est même « *difficile à un chrétien d'acquérir une maison ou un terrain parce qu'« on ne cède pas la terre de l'islam à un croisé*[391] ».

Selon le révérend Canon Andrew White, vicaire de l'église St-George, la seule église anglicane d'Irak et dirigeant de la *Foundation for Relief and Reconciliation in the Middle East*, Israël est le seul endroit au Moyen-Orient où les chrétiens sont en sécurité[392].

Le Centre for Christian-Jewish Understanding (CJCUC) abonde dans le même sens en affirmant que « *lors des 50 dernières années, les populations chrétiennes dans la région ont chuté dramatiquement dans tous les pays, sauf en Israël. Cette tendance s'est accélérée au cours des 10 dernières années*[393]. »

Finalement, il est à noter que le centre mondial des Baha'is se trouve à Haïfa, la troisième ville en importance en Israël.

c) Apartheid ethnique

Les Arabes israéliens ont un accès complet aux universités israéliennes. 20 % des étudiants de l'Université de Haïfa sont arabes.

Comme le dit si bien Irshad Manji, auteure canadienne musulmane dans un article publié en Australie[394], si Israël était un État d'apartheid, les Arabes auraient-ils le droit de voter et d'être éligibles à ces élections? Y aurait-il des partis politiques arabes? Si Israël était un État d'apartheid, aurait-il attribué son prix littéraire le plus prestigieux à un Arabe, comme il l'a fait à Émile Habibi en 1986? Encouragerait-il ses élèves juifs à apprendre l'arabe? Les universités israéliennes seraient-elles mixtes Juifs-Arabes?

Même l'éminence grise du nationalisme palestinien Edward Said – peu suspect d'avoir une opinion biaisée en faveur d'Israël, au contraire… – a écrit qu'Israël n'était pas l'Afrique du Sud[395].

Plus de 300 000 enfants israéliens fréquentent les écoles secondaires arabes israéliennes alors qu'en 1948, année de la création d'Israël, il n'existait… qu'une seule école secondaire arabe.

Selon le *Abraham Fund Initiative*, depuis la fondation de l'État d'Israël, le nombre d'écoles dans le système scolaire arabe israélien a été multiplié par 15. Pendant ce temps, le nombre d'écoles hébraïques n'a « que » quintuplé. Le nombre de classes offertes dans le système arabe israélien a grossi par un facteur de 17 et, depuis 1961, le pourcentage d'Arabes israéliens pouvant lire et écrire est passé de 49,6 % à 90 %[396].

« Il est incontestable que, globalement, le niveau éducatif des

Arabes se soit amélioré depuis un demi-siècle, permettant la formation d'une intelligentsia dynamique et active. Il est vrai aussi que le taux de scolarisation des Arabes en Israël est bien meilleur que celui de leurs « frères » en Jordanie ou en Égypte. Certains jugent dès lors que les Arabes ont largement bénéficié de la modernisation socio-économique qui a accompagné leur insertion dans la société israélienne comparativement à ceux qui ont vécu au sein des États arabes voisins[397]. »

77 % des citoyens arabes d'Israël préfèrent vivre en Israël que dans n'importe quel autre pays dans le monde[398]. Si Israël était un pays d'apartheid, peut-on vraiment penser que ce nombre serait si élevé?

Encore récemment, lorsque le journal arabe *Kul Al-Arab* a fait un sondage parmi les Arabes israéliens de la ville arabe israélienne de Um al Fahm et leur a demandé s'ils croyaient que leur ville devrait joindre un État palestinien, seulement 11 % se sont dits en faveur, contre 83 % qui ont dit préférer demeurer Israéliens[399].

Plus récemment, une étude[400] effectuée en novembre 2010 auprès des résidents arabes de la partie est de Jérusalem montre qu'ils préfèrent être des citoyens de l'État d'Israël plutôt que les citoyens d'un État palestinien indépendant. En effet, mis devant ce choix, 35 % préfèrent être Israéliens, 30 % choisissent la citoyenneté palestinienne et 35 % ont refusé de réponde et/ou ne savent pas. 40 % ont même affirmé qu'ils préféreraient déménager dans une nouvelle maison, à l'intérieur des frontières d'Israël, plutôt que de vivre sous l'autorité d'un État palestinien.

Ceci n'est pas surprenant. Parce que, ironiquement, c'est en Israël que, de tous les pays au Proche et au Moyen-Orient, les Arabes ont le plus de droits.

Dans une perspective un peu anecdotique, mais tout aussi importante, le musulman canadien Tarek Fatah raconte dans son dernier livre de quelle façon répondaient les Arabes israéliens à qui il demandait si Israël était un État d'apartheid. Tous lui ont répondu par un NON catégorique[401].

Un exemple récent que la démocratie juive a tout ce qu'il faut pour lutter contre le racisme : au début décembre 2010, un groupe de rabbins extrémistes a émis l'opinion (qui n'a aucune force de loi) qu'il était interdit pour des Juifs en Israël de vendre ou de louer des appartements à des non-juifs (ce qui, en Israël, signifie surtout des Arabes)[402]. La réaction? Le Président de l'État Shimon Pérès[403], le Premier ministre Benyamin Netanyahou[404], le président du Parlement Reuven Rivlin, tous les éditoriaux des grands journaux et Yad Vashem (l'institut qui préserve le souvenir de l'Holocauste) ont fermement condamné ce que ces rabbins ont dit, sans oublier les centaines de rabbins, en Israël comme dans la Diaspora, qui ont signé leur propre déclaration condamnant la discrimination basée sur la religion[405]. Des demandes d'ouvrir une enquête criminelle ont été formulées par plusieurs leaders d'opinion, y compris par les dirigeants du judaïsme réformé[406].

Au Canada, le Comité Canada-Israël a aussi fermement condamné les rabbins discriminatoires[407], tout comme l'éditorial du principal journal juif du Canada, *le Canadian Jewish News*[408].

Les médias québécois en ont aussi parlé. Les groupes anti-Israël s'en sont scandalisés. Avec raison.

Ma question : pourquoi rien n'est-il dit, pourquoi aucune protestation n'est-elle soulevée par les dirigeants de l'Autorité palestinienne, les groupes propalestiniens ou par les médias québécois par le fait que les Palestiniens trouvés coupables d'avoir vendu un bien immobilier à un Israélien dans l'Autorité palestinienne sont passibles de la peine de mort[409]?

En 1984 et 1990, lors de deux opérations spectaculaires (Opération Moïse et Opération Salomon), Israël a mis toutes les ressources possibles pour aller chercher en Éthiopie près de 25 000 Juifs noirs et les aider à s'établir en Israël. C'était la première fois de l'histoire que des Noirs étaient sortis ainsi massivement de l'Afrique non pas pour subir l'esclavage, mais pour enfin goûter à la liberté. Encore aujourd'hui, une immigration juive éthiopienne a cours vers Israël.

Finalement, il est notable qu'Israël ait absorbé des immigrants en provenance de plus de 140 pays, ce qui en fait une véritable nation multicolore et diversifiée.

d) Apartheid sexuel

Les femmes ne sont pas obligées de se cacher les cheveux, ou le visage, par les autorités publiques. Les femmes ont la complète égalité en Israël. Et ce, depuis la fondation du pays[410].

Quand elle a accédé au poste de Premier ministre d'Israël en 1969, Golda Meir était seulement la deuxième femme au monde à accéder à ce niveau de responsabilités.

e) Apartheid contre les gays et lesbiennes[411]

Les gays et lesbiennes, fortement persécutés dans les pays arabes, et exécutés en Iran, sont protégés par le droit israélien. Une personne homosexuelle n'est pas menacée d'emprisonnement, ou même de mort à cause de son orientation sexuelle, ne peut être congédiée à cause de son orientation sexuelle et, généralement, peut compter sur une Cour suprême qui lui est sympathique.

Comme le dit si bien l'éditorialiste Mario Roy de *La Presse*, Israël est « *la seule nation de cette région du monde où les homosexuels ne sont pas persécutés, emprisonnés, exécutés ou... inexistants, comme en Iran!*[412] »

J'ai moi-même rencontré des gays et lesbiennes israéliens, participé à leurs festivités autour de la semaine de la fierté gaie, fait le tour des bars gays avec des amis. La communauté gay de Tel-Aviv en particulier est vivante et impressionnante.

Je l'ai dit plus haut, je ne suis pas un fan des implantations juives au cœur de la Cisjordanie – ce qui me place en bonne compagnie puisque la majorité des Israéliens sont de cet avis. Mais de qualifier l'occupation (qui continue, rappelons-le, surtout à cause du refus répété des Palestiniens d'accepter la solution des deux États) d'apartheid revient à détourner le sens des mots.

Oui, Israël a la *Loi du retour*, permettant à des Juifs du monde entier de s'y établir et de devenir citoyens. Cette loi est similaire à des lois qu'ont adoptées la Bulgarie[413], la Hongrie, l'Irlande[414], l'Italie, l'Espagne, le Japon, l'Allemagne[415] et la Grèce[416], qui facilitent l'immigration à des personnes ayant des liens historiques avec ces pays[417].

Nous sommes loin de l'apartheid que certains accusent Israël d'appliquer. Au contraire, en passant en revue les droits et libertés dont jouissent les citoyens israéliens, il est aisé de conclure qu'Israël a des standards qui placent ce petit pays assiégé dans la catégorie des démocraties libérales de l'Occident.

Pendant ce temps, l'islam est la religion officielle de l'Autorité palestinienne, l'arabe, la seule langue officielle et la charia, la base du droit. Les homosexuels y risquent leur vie et les femmes sont rabaissées. Et c'est Israël qu'on accuse d'apartheid?

Considérant tout ceci, il est d'autant plus ironique de constater qu'Omar Barghouti, le fondateur de la Campagne palestinienne pour le boycott académique et culturel d'Israël est… un étudiant au doctorat à une université israélienne…

Pour illustrer le caractère démocratique de l'État d'Israël, nous pouvons utiliser l'exemple récent du procès de l'ex-Président israélien Moshe Katsav, dont les points principaux ont été bien résumés par l'auteur Jeffrey Goldberg[419] :

1- Un ex-Président de l'État d'Israël, Moshe Katsav, a été accusé de crimes graves. Cela n'arrive pas régulièrement dans les pays voisins d'Israël.

2- Les crimes en question ont été commis contre des femmes. Des accusations dans de tels cas n'arrivent pas régulièrement dans les pays voisins d'Israël.

3- Deux des trois juges qui ont jugé Katsav étaient des femmes. Cela n'arriverait pas dans les pays arabes.

4- Le juge en chef du tribunal qui a condamné Katsav est un Arabe israélien du nom de George Karra.

5- Personne en Israël n'a trouvé anormal qu'un citoyen arabe de l'État juif juge un ex-Président juif.

6- L'ex-Président Katsav a été condamné.

Faisons maintenant quelques comparaisons – rapides – avec les pays voisins, sur les mêmes thèmes. Mais avant de débuter cette nomenclature, il faut tout de même garder en tête que tout cela s'inscrit sur ce que Lysiane Gagnon appelle, avec raison, la « toile de fond »[420], que les éléments qui suivent doivent être considérés dans un tout. C'est seulement ainsi qu'il est possible de comprendre la situation dans les pays du monde arabo-musulman.

a) Démocratie

Au moment où j'écris ces lignes, le monde arabe est traversé par de profonds soubresauts. Je souhaite passionnément que naissent des régimes démocratiques, libéraux et pacifiques, basés sur des États de droit.

Mais, en date d'aujourd'hui, on peut malgré cela, constater que la démocratie ne se porte pas trop bien dans le monde arabo-musulman.

Des 171 États non arabes dans le monde, il y a 123 démocraties, soit 72 %. Des 22 États arabes, il y a zéro démocratie. Zéro[421].

Des 47 États avec une majorité musulmane dans le monde, seulement 9, ou 19 %, sont des démocraties. D'un autre côté, des 146 États non musulmans, 114, soit plus des trois quarts sont démocratiques[422].

Rami G. Khouri, influent chroniqueur du journal libanais *Daily Star*, a fait récemment[423] (c.-à-d. le 15 mai 2010) un tour d'horizon des États de la Ligue arabe[424].

Selon lui, dans ce groupe se trouvent : un État *brisé* (Somalie), des États qui sont disparus et/ou sont revenus à la vie (Koweït, Sud-Yémen), des États contrôlés par les forces de sécurité (Tunisie, Syrie, Irak sous Saddam), un État erratique (Libye), un État pirate (Somalie), des États vulnérables (Liban, Palestine[425]), des États privatisés entre les mains d'une petite élite dirigeante (la plupart des États arabes), des États qui portent le nom de familles précises (Arabie Saoudite, Jordanie), des États tribaux (Yémen, Oman), des mini-États (Koweït, Quatar, Bahrain), des États occupés (Palestine[426], Irak dans une certaine mesure) et différents degrés d'États-clients, d'États bandits, d'États gangsters et d'autres qui défient toute description.

Khouri ajoute, avec raison, qu'aucun État arabe ne peut affirmer avec certitude que la configuration de l'État ou les politiques et valeurs de son gouvernement ou encore la perpétuation de sa classe dirigeante aient été validées par les citoyens de cet État à travers une forme quelconque de processus politique crédible, transparent et responsable.

De passage à Ottawa[427] le 16 décembre 2010, l'ex-ministre des Affaires étrangères et ancien vice Premier ministre jordanien Marwan Muasher allait dans le même sens, affirmant qu'aucun pays arabe n'avait mis sur pieds un système démocratique, avec contre-pouvoirs (« *checks and balances* »), transparence et imputabilité.

b) Apartheid religieux?

L'écrivain Jean Mohsen Fahmy le rappelait dans les pages du *Devoir* le 16 mars 2010, la situation des chrétiens au Moyen-Orient est difficile. Dans son texte, il donnait des exemples troublants de persécutions des chrétiens en pays musulmans[428].

En août 2009, sept membres d'une famille chrétienne pakistanaise – dont deux jeunes enfants – sont enfermés par des islamistes dans leur maison et brûlés vifs.

Le 6 janvier 2010, des chrétiens coptes égyptiens, sortant de la messe de minuit de Noël dans la ville de Nagaa Hamadi, sont mitraillés par des islamistes circulant en voiture. Bilan : six morts.

Le 23 février 2010, dans la ville de Mossoul, au nord de l'Irak, un commando islamiste fait irruption dans la maison d'une famille chrétienne irakienne et tue le père et ses deux fils, sous les yeux horrifiés de sa femme et de sa fille. Ce massacre couronnait une semaine où huit chrétiens de cette ville avaient été assassinés.

En Arabie Saoudite, seuls les musulmans peuvent être citoyens, être juges ou être membres du gouvernement. Pire, un Juif ne peut y mettre légalement le pied. Récemment, la police saoudienne a arrêté 40 chrétiens pour le « crime » d'avoir tenu un service religieux dans une maison privée. Les gens priaient dans une maison privée, car, en Arabie Saoudite, il est interdit de construire des églises (sans parler de synagogues, évidemment…) En effet, en Arabie Saoudite, il est interdit de pratiquer une religion autre que l'islam[429]. Ceci est d'autant plus ironique que l'Arabie Saoudite finance à tour de bras la construction de mosquées à l'étranger.

De plus, les non-musulmans sont sous la coupe d'une interdiction complète d'entrer dans les villes de La Mecque et de Médine. Peut-on imaginer les cris qui seraient poussés si, par exemple, Israël empêchait l'entrée des non-juifs dans la ville sainte qu'est Jérusalem ou si le Vatican, capitale du monde catholique) empêchait l'accès à ses Lieux Saints aux musulmans?

Au Yémen, les non-musulmans n'ont pas le droit de se présenter aux élections et les Juifs sont soumis à des restrictions concernant leur lieu de résidence.

Les Bahá'is[430], membres d'une petite religion monothéiste pacifique, sont durement persécutés en Iran[431].

Toujours en Iran, comme la loi est la charia, toute conversion de l'islam à une autre religion (y compris le christianisme) est punissable de mort.

En Égypte, comme le constatait Serge Truffaut[432] dans le *Devoir*, « *les Coptes sont écartés des forces de sécurité, de l'armée et même des postes universitaires.* » Pourtant, les Coptes forment 10 % de la population égyptienne. Comme ils sont très présents dans l'industrie touristique, j'ai eu l'occasion d'échanger avec plusieurs d'entre eux lors d'un séjour que j'y ai effectué à l'été 2008. Et lorsqu'ils baissent la garde, les histoires de persécutions, de crainte, de peur qu'ils racontent donnent froid dans le dos.

Fahmy va jusqu'à affirmer « *qu'un rejet des chrétiens, quelquefois subtil, d'autres fois violent, est en train de s'opérer dans le monde musulman*[433]. »

Il est interdit de se convertir hors de l'islam en Iran et en Arabie Saoudite (sous peine de mort), de même qu'en Égypte, en Jordanie, à Oman ou dans le nord du Soudan. En Algérie, les chrétiens actifs sont poursuivis devant les tribunaux[434]. Il y est même « interdit de transporter des bibles et la célébration de cérémonies religieuses est réglementée[435]. »

L'Arabie Saoudite[436], l'Égypte[437] et l'Iran ont instauré une discrimination systématique (légale, sociale et/ou économique) à l'endroit des non-musulmans ou des courants islamistes minoritaires.

Par exemple, selon l'article 2(2) de la Constitution égyptienne, « *l'islam est la religion de l'État dont la langue officielle est l'arabe; les principes de la loi islamique constituent la source principale de législation[438]* ». Cela a pour conséquence notamment que les Coptes « *ne peuvent accéder aux fonctions élevées dans l'armée, la police, les universités, les ambassades ou ministères[439].* »

Le gouvernement égyptien lui-même a contribué à la persécution des chrétiens égyptiens. Par exemple, les églises doivent recevoir un permis présidentiel afin de procéder à la construction de nouvelles églises ou, même, à la rénovation d'églises existantes. En novembre 2010, les forces de sécurité gouvernementales ont tué un chrétien égyptien et en ont blessé des dizaines alors que ceux-ci protestaient contre la décision du gouvernement égyptien d'arrêter la construction d'une église.

Toujours en Égypte, plus de 30 massacres de chrétiens ont été répertoriés entre 1981 et 2000[440]. Pas plus tard que pendant la nuit du Nouvel An 2011, un attentat islamiste contre une Église copte en Égypte a fait 21 morts et des dizaines de blessés[441]. Au début mai 2011, des attaques contre des églises coptes ont fait 13 morts et plus de 230 blessés[442].

Jacques Julliard, chroniqueur au magazine français de gauche Le Nouvel Observateur, ne dit pas autre chose quand il écrit, en octobre 2010[443]: « *Le christianisme est devenu, de loin, la religion la plus persécutée. Mais l'Occident fait l'autruche.*

Ce n'est rien. Rien que des chrétiens qu'on égorge. Des communautés religieuses que l'on persécute. Mais où cela? – Un peu partout. (…). Là où ils sont minoritaires. Et surtout en pays musulman. Et pas seulement en Arabie Saoudite où le culte chrétien est puni de mort. Mais en Égypte, en Turquie, en Algérie. Dans le monde actuel, le christianisme est de loin la religion la plus persécutée.

Mais c'est au Proche-Orient, là même où le christianisme a pris naissance, que la situation est la plus grave. En Turquie, les communautés chrétiennes qui sont les plus anciennes, antérieures à l'islam, sont menacées de disparition. En Égypte (coptes), au Liban (maronites en particulier), elles se replient sur elles-mêmes ou émigrent en Occident. En Irak, la guerre a précipité les chrétiens dans le malheur. Près de 2000 morts, des populations déplacées par centaines de mille, notamment vers le Kurdistan turc, plus accueillant. On ne compte plus, à travers le Proche-Orient, les communautés attaquées, les dignitaires religieux assassinés, les églises brûlées, les interdictions professionnelles, de droit ou de fait, dont sont victimes les chrétiens. Un génocide religieux à la petite semaine.

(…)

Pendant des siècles, les musulmans, venus ensuite, mais devenus majoritaires, et les chrétiens ont fait bon ménage. Que se passe-t-il donc depuis cinquante ans ? D'abord, le réveil de l'islam sous une forme agressive et identitaire, comme si le Proche-Orient appartenait exclusivement aux musulmans. Ce sont les Frères musulmans qui mènent les attaques contre les coptes égyptiens : à Nag Hammadi, à 60 kilomètres de Louxor, en Haute-Egypte, une voiture a mitraillé les fidèles qui sortaient de la messe de Noël (6 janvier 2010). Bilan : sept morts. Par un paradoxe qui n'est qu'apparent, la démocratisation des régimes renforce l'intolérance et l'exclusivisme musulmans : les chrétiens d'Irak étaient moins menacés sous la dictature de Saddam Hussein qu'ils ne le sont aujourd'hui. Les despotes étaient le plus souvent héritiers du pluralisme traditionnel. Dans la quasi-totalité de ces pays, l'islam est désormais la religion d'État. Et le djihad anti-occidental ainsi que l'agression américaine en Irak ont transformé les chrétiens en représentants de l'Occident maudit.

(…)

Pendant ce temps, l'Occident fait l'autruche. Pour ma part, ayant passé la plus grande partie de ma vie militante à défendre des populations musulmanes (Tunisie, Algérie, Bosnie, Darfour), j'ai pu constater que, chaque fois qu'il fallait le faire pour des chrétiens (Liban, Sud-Soudan), on voyait, à quelques exceptions près (Bernard-Henri Lévy Bernard Kouchner), les professionnels des droits de l'homme se défiler. Une sorte de Yalta culturel d'un type nouveau est en train de s'instaurer de fait : en Orient, le monopole d'une religion unique de plus en plus intolérante, l'islam. En Occident, le pluralisme, la tolérance et la laïcité. Ce Yalta est, comme l'autre, générateur de guerre froide, pour ne pas dire davantage. Il faut donc, sans arrière-pensée ni faiblesse complaisante, défendre le droit des chrétiens d'Orient à l'existence. »

En Jordanie, il est même interdit pour un Israélien d'entrer s'il est en possession d'objets religieux juifs tels que téfilines[444] ou même simplement en portant une kippa[445].

(Une parenthèse ici : le 31 octobre 2010 eut lieu à Bagdad un massacre de 58 chrétiens aux mains d'islamistes. La réaction du monde arabo-musulman? Silence. Et, tout aussi important, voire inexcusable : la réaction des groupes arabes du Québec et du Canada – pourtant si prompts à condamner Israël – à ce massacre? Silence. Aucune dénonciation, aucune condamnation, aucune manifestation. Rien. Quelle belle hypocrisie[446])!

Bref, si apartheid il y a au Moyen-Orient, il se manifeste plutôt dans le « nettoyage religieux » occulté des chrétiens et d'autres minorités religieuses dans le monde arabo-musulman. Le quotidien *Le Monde* ne peut qu'avoir raison en affirmant que « *[p]our les communautés [chrétiennes] concernées, au-delà de l'islam radical, c'est désormais la confrontation au quotidien avec un islam politique qui rend difficile la survie de la culture et des traditions chrétiennes[447].* »

Cet état de fait, combiné à la quasi-absence de Juifs dans le monde arabo-musulman, a amené certains, dont le philosophe français Bernard-Henri Lévy[448], à affirmer que le christianisme était maintenant la religion la plus persécutée au monde[449].

c) Apartheid ethnique :

En Syrie, les Juifs et les Kurdes[450] n'ont pas le droit de participer au système politique. Les Juifs n'ont pas le droit d'être employés de l'État, et constituent le seul groupe dont la religion est identifiée sur le passeport et les cartes d'identité. Quant aux Kurdes, bien qu'ils représentent 10 % de la population syrienne, ils sont victimes d'une politique d'arabisation forcée et la majorité d'entre eux ne sont pas considérés comme citoyens ou détiennent un statut de citoyenneté inférieur à celui des Syriens arabes. De plus, ils ne bénéficient pas des mêmes services d'éducation et de santé que ceux des Syriens arabes.

La Jordanie, pourtant un État considéré comme modéré, a une loi interdisant expressément aux Juifs d'être citoyens, et une autre interdisant à ses citoyens de vendre des terres à des Juifs. En effet, la loi jordanienne no 6 sur la nationalité précise que « *quiconque peut acquérir la nationalité jordanienne du moment qu'il n'est pas juif*[451]. »

L'attitude de discrimination contre les Juifs est telle dans les territoires palestiniens que même le système judiciaire palestinien impose la peine de mort à tout Palestinien qui vend sa terre à un Israélien[452].

Les Juifs sont victimes de persécutions, de discrimination ou d'incitation à la violence à leur égard dans les Territoires palestiniens[453], en Égypte, en Jordanie, en Syrie, en Iran, en Arabie Saoudite, au Liban, en Libye, au Soudan, aux Émirats arabes unis et dans les États du Golfe[454].

Comme je l'ai mentionné plus tôt, au Liban[455], jusqu'à tout récemment, les Palestiniens étaient exclus de dizaines de professions. Ils ne pouvaient être comptables, secrétaires, vendeurs, pharmaciens, électriciens, gardiens, cuisiniers. Ils ne pouvaient non plus être propriétaires d'entreprises d'échange de monnaies, d'or, de publication, de mécanique automobile, d'ingénierie ou de services de santé. En tout, les Palestiniens étaient exclus par la loi libanaise de 72 professions.

En juin 2011, le mufti (leader religieux) du Liban Sheikh Mohammed Rashid Qabbani a affirmé que les Palestiniens n'étaient plus les bienvenus au Liban et qu'ils étaient des 'vidanges' ('*trash*')[456].

En fait, lors d'une rencontre que j'avais organisée à Jérusalem entre un groupe de Québécois avec M. Xavier Abueid, représentant officiel de l'OLP le 14 juillet 2010, celui-ci a clairement affirmé que l'endroit au monde où les Palestiniens étaient le moins bien traités était le Liban.

Et cette discrimination n'est pas limitée au Liban[457].

En Jordanie, « *bien que les Palestiniens représentent à peu près de la moitié de la population, ils demeurent considérablement sous-représentés au sein du gouvernement jordanien. Neuf des 55 sénateurs nommés par le roi sont palestiniens et, au sein de la Chambre des députés qui compte 110 sièges, les Palestiniens n'en détiennent que 18. Des 12 préfectures jordaniennes, aucune n'a un Palestinien à sa tête.*

La discrimination contre les Palestiniens dans les secteurs privé et public demeure importante et un système de quotas limite le nombre de Palestiniens admis à l'université. Les opérations de sécurité ciblent de façon disproportionnée les Palestiniens, spécialement les opérations conduites au nom de la lutte au terrorisme[458]. »

Les réfugiés palestiniens se sont vu refuser la citoyenneté, depuis deux générations ou plus, au Koweït, en Syrie, en Égypte, en Arabie Saoudite et en Irak.

d) Apartheid sexuel

Ce n'est un secret pour personne que les femmes ont un statut inférieur aux hommes dans les pays arabo-musulmans. Les femmes des pays de la Ligue arabe ont un statut légal inférieur à celui des hommes souvent par rapport au droit de vote et aux codes légaux et elles souffrent aussi d'une inégalité des chances, évidente dans leur statut d'emploi, leur salaire et à cause de la ségrégation basée sur le sexe sur le marché du travail. Le degré de participation politique et économique des femmes du monde arabe demeure le plus faible de la planète[459].

Selon le dernier rapport du Forum économique mondial sur les inégalités entre les sexes[460] (« *The Global Gender Gap Index 2010* »), qui a étudié 134 États parmi les pires pays en la matière, se retrouvent le Liban (116e), la Jordanie (120e), l'Iran (123e), la Syrie (124e), l'Égypte (125e), la Turquie (126e), le Maroc (127e), l'Arabie Saoudite (129e) et le Yémen (134e).

Mais ce n'est pas qu'une question de chiffres, évidemment.

Par exemple, l'Arabie Saoudite[461] pratique une forme d'apartheid des sexes reléguant les femmes à un statut inacceptable dans des sociétés comme le Québec et le Canada. Les femmes saoudiennes ne peuvent conduire une voiture en Arabie Saoudite.

Récemment, un imam saoudien a émis une fatwa déclarant que quiconque fait la promotion du droit des femmes de travailler avec les hommes ou compromet d'une quelconque façon l'apartheid sexuel est sujet à une exécution. Une EXÉCUTION!

En octobre 2010, la Cour suprême des Émirats arabes unis a statué qu'un homme pouvait battre sa femme ou ses enfants mineurs dès lors qu'il ne laissait pas de trace physique[462].

En Syrie, il est tout à fait légal pour un homme d'empêcher sa femme d'effectuer un voyage à l'étranger. Dans de nombreux pays (Égypte, Irak, Jordanie, Libye, Oman, Yémen…), il faut aux femmes mariées une autorisation écrite de leur époux pour se rendre à l'étranger[463].

En Arabie Saoudite, c'est celle de leur plus proche parent masculin qui est indispensable, non seulement pour quitter le pays – le cas de la Québécoise Nathalie Morin[464] est un bon exemple –, mais même pour emprunter les transports en commun[465]. Dans ce dernier pays, les femmes n'ont pas le droit d'épouser un étranger, de conduire une voiture (ou un vélo), de s'asseoir à l'avant des bus ou d'entrer dans un lieu public sans être accompagnées[466] et ne peuvent intenter de procès pour violence conjugale ou pour viol[467].

C'est sans parler des crimes d'honneur[468], en termes clairs des meurtres de filles et de femmes pour préserver l'honneur (sic) de la famille à cause d'un comportement *inacceptable*. Par exemple, Rofayda Qaoud, du village palestinien d'Abou Qash, a été violée par des frères, qui l'ont ainsi mise enceinte. Quand elle a refusé de se suicider pour *sauver l'honneur familial*, sa mère l'a étranglée, poignardée et battue à mort la nuit du 23 février 2003[469]. Elle a reçu une peine légère, car le *crime d'honneur* est un facteur atténuant dans la détermination de la peine au sein du système judiciaire palestinien.

En Arabie Saoudite, l'apartheid basé sur le sexe est tellement fort qu'il peut mener à des morts absurdes. En 2002, quinze jeunes filles sont mortes brûlées quand la police saoudienne a refusé de les laisser évacuer leur école en feu parce que les vêtements qu'elles portaient « *violaient les règles de modestie du royaume saoudien.* » Un témoin a affirmé avoir vu trois policiers battre les jeunes filles pour les empêcher de sortir de l'école parce qu'elles ne portaient pas d'abaya[470].

e) Apartheid contre les gays et lesbiennes

Malgré les propos absurdes du Président Ahmadinejad

prétendant qu'il n'y avait pas d'homosexuels en Iran,[471] ils existent bien sûr, mais ils sont très discrets. On comprend facilement pourquoi : en Iran en effet, l'homosexualité est considérée comme un crime méritant la peine de mort. Ceux qui sont trouvés coupables sont exécutés publiquement – habituellement pendus. Entre 1979 et 1999, 4 000 homosexuels auraient été ainsi exécutés en Iran[472]. On serait discret à moins…

Au Maroc, l'article 489 du Code pénal prévoit des peines de prison pour des actes homosexuels consensuels.

En Égypte, ils sont persécutés, condamnés et emprisonnés[473].

J'ai été personnellement témoin d'une belle initiative, une des choses les plus touchantes, un des projets les plus emballants que j'ai vus pendant une mission en Israël.

Je menais un groupe comprenant plusieurs gays et lesbiennes, dont l'auteure connue Irshad Manji, Michelle Douglas[474] et Glenn Murray[475], pour ne nommer que ceux-ci.

De façon fort compréhensible, ils sont très sensibles aux persécutions dont les homosexuels sont victimes dans plusieurs pays, notamment dans les pays musulmans.

Pour tous les groupes que j'amène en Israël, il y a un incontournable : *Yad Vashem*, le Musée national de l'Holocauste. C'est un musée dont on ne peut sortir les yeux secs. L'histoire de l'Holocauste, de ses victimes et de ses organisateurs y est expliquée avec beaucoup de pudeur, comme nulle part ailleurs.

Les homosexuels du groupe en sont sortis bouleversés. N'oublions pas que les gays étaient aussi un groupe que les nazis voulaient exterminer. Ils se sont dit : « *Les Juifs se sont fait massacrer pour des raisons raciales/religieuses. Et le monde n'a rien fait. La planète s'est fermé les yeux. Aujourd'hui, dans plusieurs pays, des homosexuels sont persécutés, emprisonnés, torturés, tués simplement parce qu'ils sont homosexuels. Nous devons faire quelque chose. »*

Et ils ont constitué informellement un groupe, le *Rainbow Railway*[476] qui aide les homosexuels à quitter les pays où ils sont persécutés. Notamment l'Iran. Il les aide ensuite à remplir leurs documentations afin de pouvoir réclamer le statut de réfugiés auprès de l'ONU.

Plusieurs sont maintenant au Canada grâce au *Rainbow Railway*. Je suis très fier du fait que la visite à Yad Vashem ait amené ces hommes et ces femmes incroyables à mettre sur pied un tel projet, qui change et qui sauve des vies.

Soyons plus précis. Regardons ce qu'offre l'Autorité palestinienne en matière de droits et libertés. Selon la Loi fondamentale de l'Autorité palestinienne, l'islam est la religion officielle des territoires palestiniens, les principes du droit religieux islamique (charia) sont la principale source de la législation, et l'arabe est la seule langue officielle (article IV).

L'Autorité palestinienne a une loi qui autorise l'exécution de Palestiniens qui vendent leurs terres à des Juifs; de plus, comme cette loi s'étend théoriquement au territoire d'Israël même, un Arabe israélien qui vendrait sa propriété à un de ses concitoyens juifs serait sujet à cette même peine.

Quant à l'avenir que dessinent les Palestiniens pour leur futur État, il est clair que celui-ci sera arabe et musulman. Leur ébauche de constitution[477] prévoit que « *Cette constitution se fonde sur la volonté du peuple **arabe** palestinien* » (Art. 1), que « *le peuple palestinien est une partie des nations **arabes** et islamiques* » (Art. 3), que « *la souveraineté appartient au peuple **arabe** palestinien* » (Art. 10), et que « *le caractère légal du peuple **arabe** palestinien sera incarné par l'État* » (Art. 13). De plus, non seulement « *L'islam sera **la** religion officielle de* *l'État* » (Art. 6), mais « *L'arabe sera la langue officielle* » (Art. 5). Et « Les principes de la *charia islamique* seront *la* source première de la législation. » (Art 7) (je souligne)

Et c'est Israël qu'on accuse d'apartheid? Et c'est Israël que les groupes propalestiniens accusent d'apartheid ?

Il est amusant – ou triste, c'est selon – de constater qu'un député arabe de la Knesset, Masud Ganaim, appelait, pas plus tard qu'en mai 2010, à l'établissement d'un califat islamique[478] affirmant même que cela serait dans l'intérêt des Juifs.

Connaissant le traitement réservé aux Juifs selon la charia, le droit islamique, il faut avoir du front tout le tour de la tête pour accuser Israël d'apartheid et d'avancer l'idée d'un califat islamique.

Revenons à l'accusation d'apartheid lancée contre Israël. Soyons clairs : cette accusation est antisémite, purement et simplement, on l'a vu plus haut.

En effet, à la lumière de la définition officielle européenne de l'antisémitisme, on voit qu'accuser Israël d'être un État d'apartheid (c.-à-d. prétendre que l'existence de l'État d'Israël est une entreprise raciste) est faire preuve d'antisémitisme.

Cette bataille contre Israël, ce nouveau front, je le disais en début de chapitre, s'est déplacée sur les campus universitaires. En 2005, une université torontoise a lancé *Israel Apartheid Week*. Et cette initiative a fait des petits sur d'autres campus (40) à travers le monde, dont au Canada (où 13 campus tiennent maintenant ce festival antijuif) et aux États-Unis.

Le but est très simple: diaboliser Israël, délégitimer l'État juif. C'est une menace existentielle puisque, si Israël est un État d'apartheid, la solution n'est pas de l'encourager à négocier avec les Palestiniens, mais bien de le démanteler, cet État. L'apartheid étant défini comme un crime contre l'humanité, il doit être éradiqué.

La genèse de cette stratégie provient de la réalisation qu'Israël ne peut être défait sur le champ de bataille.

Si tel est le cas, la façon de détruire Israël, selon ses ennemis, est de détruire cet État comme l'Afrique du Sud suprématiste blanche l'a été à l'époque : par une attaque contre la légitimité même d'Israël, contre son droit d'exister.

Le but derrière l'accusation d'apartheid lancée contre Israël : en faire une incarnation du mal absolu (y a-t-il pire qu'un pays qui pratique systématiquement et institutionnellement le racisme?) avec qui on ne négocie pas, mais qu'on détruit, purement et simplement. Car telle est la conclusion logique de cet argument fallacieux.

Comparer ainsi Israël à l'Afrique du Sud du temps de l'apartheid est une attaque vicieuse, et ce, à deux niveaux.

D'abord, si Israël est basé sur la ségrégation, Israël doit être isolé par la communauté internationale.

Deuxièmement, si on applique la « solution sud-africaine » au conflit israélo-palestinien, c'est-à-dire une « personne, un vote » dans un seul État unitaire, cela veut dire la fin de la solution des deux États – en d'autres mots, la disparition d'Israël, le seul État juif de la planète.

En réalité, c'est une façon de prôner la disparition d'Israël.

En fait, les partisans de la campagne Israël=apartheid font plus partie du problème que de la solution, en exacerbant ainsi les passions et en utilisant des faussetés et des mensonges, en refusant à l'État d'Israël le droit fondamental (qui vaut pour tous les pays de la planète) de se défendre tout en n'offrant aucune alternative crédible, en se fermant les yeux sur des discriminations semblables ou pires ailleurs (voir plus haut) et finalement, en tirant dans le dos des Israéliens et des Palestiniens qui travaillent à la paix (si un Palestinien est prêt à négocier avec un État raciste d'apartheid autre chose que le démantèlement de celui-ci, ne devient-il pas alors logiquement complice de ce crime contre l'humanité?).

L'apartheid est un crime contre l'humanité. Accuser Israël de ce crime a pour conséquence d'accuser l'immense majorité des Juifs québécois, canadiens, français, américains et de toute la Diaspora, de même que des millions de femmes et d'hommes de tous les horizons, d'être complices des pires crimes possible comme le racisme institutionnalisé, la négation des droits de la personne les plus fondamentaux et la haine envers un groupe en particulier.

En d'autres mots, accuser Israël d'apartheid revient à criminaliser des citoyens québécois.

Les partisans d'Israël et les étudiants juifs sont souvent soumis à des insultes, à des accusations d'être des criminels de guerre, font face à de l'intimidation. À un point tel que plusieurs refusent maintenant de mettre le pied sur leur campus pendant l'*Israel Apartheid Week* plutôt que de vivre avec cela.

Ce n'est pas non plus une question de liberté d'expression. Comme l'a si bien dit Moshe Ronen[479], président du Comité Canada-Israël, appelé à commenter sur le sujet : « *Israel Apartheid Week étouffe le débat, ne constitue aucunement de la critique légitime et est simplement odieux.* » Noah Kochman, étudiant à McGill et membre de l'exécutif de la Fédération canadienne des étudiants juifs, rappelait qu'il avait lui-même reçu des insultes antisémites telles que « criminel » et « sale Juif[480]. » Ceci se déroule sur les campus québécois et canadiens au 21e siècle!

Plusieurs leaders politiques canadiens ont pris position contre ce festival de haine sur nos campus. Le député conservateur Tim Uppal[481] – lui-même de confession sikhe – a fait preuve d'initiative et a déposé à la Chambre une motion condamnant clairement *Israel Apartheid Week*. Il était appuyé par les libéraux.

Le leader libéral Michael Ignatieff a publié un éloquent communiqué sur le sujet[482] dans lequel il affirme que « *Israel Apartheid Week devrait être condamnée d'une manière absolue et sans équivoque.* »

Le Bloc a aussi déposé une motion pour condamner l'utilisation du mot apartheid pour qualifier Israël.

L'Assemblée législative de l'Ontario a, elle, unanimement condamné *Israel Apartheid Week*. Elle a fait preuve de plus de maturité que sa consoeur fédérale, où les partis ne sont pas parvenus à s'entendre sur le sujet. Pour ceci, une grande responsabilité repose sur les épaules de la leader en Chambre du NPD de l'époque Libby Davies.

Libby Davies, une députée provenant de ce qui se fait de plus à gauche sur le spectre politique électif au Canada, a non seulement bloqué toute tentative de condamner IAW, mais s'en est vantée dans une lettre ouverte postée sur les blogues d'extrême gauche canadiens-anglais, au plus grand déplaisir de ses collègues, plus responsables, que sont les Thomas Mulcair, Pat Martin, Judy Wasylycia-Leis, Peter Stoffer et plusieurs autres.

Au-delà de tout, ce qui est en cause est on ne peut plus clair: nos jeunes devraient être capables d'étudier et de vivre sur nos campus dans un esprit d'ouverture et de dialogue. Pas d'intimidation. De crainte. Et de peur.

Les militants anti-Israël citent régulièrement l'évêque sud-africain Desmond Tutu et l'ancien Président américain Jimmy Carter pour appuyer leurs dires selon lesquels Israël pratique l'apartheid envers les Arabes. C'est ce qu'a fait à répétition Amir Khadir alors qu'il tentait de se dépêtrer des conséquences de son erreur d'avoir appuyé le boycott de la boutique Le Marcheur simplement parce que celle-ci vend certaines chaussures fabriquées en Israël.

Ce que Khadir et ses amis oublient de mentionner, c'est que Desmond Tutu a une conception très élastique du concept d'apartheid puisqu'il a déjà accusé le Québec et le Canada de le pratiquer[483] et que l'ancien Président américain Jimmy Carter s'est excusé d'avoir fait un tel parallèle[484].

Finalement, dans tous les pays, y compris les plus développés, il y a malheureusement de la discrimination. Il y a en Israël une certaine discrimination contre la minorité arabe. C'est reconnu par la société israélienne elle-même. Et Israël possède les mécanismes pour y faire face.

En Australie, les Aborigènes, qui représentent 455 000 personnes, soit 2 % de la population australienne totale, ont une espérance de vie de 17 ans inférieure à celle des autres Australiens[485].

On connaît aussi les taux de pauvreté et d'incarcération navrants chez les Noirs américains.

Plus près de chez nous, le taux de chômage des Québécois d'origine maghrébine est de 27 % en date de mai 2010[486] alors que le taux de mortalité infantile chez les Inuit est quatre fois supérieur à la moyenne canadienne et que sept enfants inuit sur dix ne mangent pas à leur faim[487].

Le 26 juin 2010, *La Presse* rapportait[488] que, selon un rapport du Conseil canadien des organismes provinciaux de défense des droits des enfants et des jeunes, le taux de suicide des jeunes Inuits est 11 fois plus élevé que la moyenne canadienne; que, même s'ils ne représentent que 5 % de la population infantile du Canada, les enfants autochtones représentent environ 25 % des enfants confiés aux soins du gouvernement pour une raison ou pour une autre, qu'en 2006, le pourcentage d'autochtones âgés de 25 à 64 ans qui n'avait pas de diplôme universitaire était de 19 points de pourcentage plus élevé que dans la population non autochtone du même groupe d'âge et qu'en 2006, 49 % des enfants des Premières Nations âgés de moins de 6 ans habitant hors réserve vivaient dans une famille à faible revenu.

Toujours au Québec, selon Dorothy Williams, auteure de plusieurs livres sur la communauté noire de Montréal, un Noir avec un baccalauréat universitaire gagne moins d'argent qu'un Blanc qui n'a même pas obtenu un diplôme d'études secondaires. Gaétan Cousineau, le président de la Commission des droits de la personne et de la protection de la jeunesse, confirme qu'à diplôme égal, les Québécois noirs souffrent plus de chômage que les Québécois blancs[489].

Je sais bien que cela n'excuse pas une certaine discrimination à laquelle font face les Arabes israéliens. Je ne le prétends aucunement. Ce que j'affirme, cependant, c'est que plusieurs ennemis d'Israël appliquent à ce pays un standard qu'ils n'appliquent à aucun autre État, y compris le leur.

Quel pays est parfait? Quelle société est parfaite?

Accuser l'État hébreu d'apartheid pour ce manque de perfection, c'est affirmer que tous les pays du monde pratiquent l'apartheid[490]. On voit bien l'absurdité de la chose.

24. Conclusion

Les questions d'identité ne sont jamais simples.

C'est vrai pour les nations. Les Québécois ont refusé à deux reprises de se donner un pays. Mais ils sont toujours insatisfaits du Canada actuel. Ils sont toujours attachés sinon au Canada, du moins à une certaine idée du Canada. Cela illustre bien l'ambivalence des Québécois vis-à-vis ce qu'ils sont ou pensent être. Les débats sur la laïcité, les accommodements raisonnables, sur ce que signifie être Québécois au 21e siècle sont d'autres indices de cette interrogation.

Les Juifs de la Diaspora, vivant maintenant en très grande majorité dans des pays libéraux et démocratiques, sont tiraillés entre la loyauté à leurs racines et leur particularisme et l'appel à l'universel inhérent au monde occidental. Le fort taux d'assimilation dont ils souffrent soulève de nombreuses inquiétudes sur la continuité même de l'expérience juive hors d'Israël.

Quant aux Israéliens, ils se posent aussi de sérieuses questions. Les tensions entre les ultraorthodoxes, minoritaires, mais en croissance, et la majorité laïque des derniers mois en sont une illustration, sans parler de la place et du rôle de la minorité arabe israélienne.

Les questions d'identité sont complexes pour les individus aussi.

En me convertissant au judaïsme, en devenant juif, je ne suis pas devenu moins Québécois. Je le suis resté, bien que de façon différente. Je n'ai rien soustrait à mon identité québécoise; j'y ai ajouté.

Je suis né Québécois. J'ai choisi de le demeurer.

J'ai eu à plusieurs reprises l'occasion de poursuivre ma vie à l'extérieur. J'ai toujours refusé. Mon attachement à ce coin du monde original est trop profond, trop central à ce que je suis pour avoir décidé autrement. J'ai contribué à son développement, à une échelle certes modeste, comme député bloquiste. Je crois continuer dans la même veine, mais autrement, dans le poste que j'occupe actuellement.

Être un Québécois juif ou un Juif québécois n'est pas toujours simple. Comme l'a écrit Daniel Amar, le directeur du Congrès juif québécois, « *Être Juif québécois, c'est assumer une identité doublement minoritaire, être une minorité au sein d'une minorité. C'est également être doublement fragilisé, non dans son existence, mais dans son essence et son identité*[491]. »

Il n'en demeure pas moins que mon histoire est une histoire bien québécoise.

Et cette histoire québécoise, mon histoire, va se poursuivre encore, je l'espère, durant de nombreuses années. Elle est à la fois très commune et hors du commun.

Elle est commune, car je suis un Québécois francophone comme les autres. Hors du commun parce que, converti au judaïsme, je suis devenu un des rares Juifs issus de la majorité québécoise. J'appartiens à deux peuples.

La tradition juive est claire : il n'y a aucune contradiction entre un fort attachement au peuple juif et une loyauté sans faille envers le pays où les Juifs vivent.

Ce principe se retrouve dans la Bible même lorsque le Prophète Jérémie, parlant du premier exile des Juifs en Babylonie il y a 2 600 ans, a dit:

« *Bâtissez des maisons et habitez-y; plantez des jardins et mangez-en les fruits; prenez des femmes et engendrez des fils et des filles, et prenez des femmes pour vos fils, et donnez vos filles à des maris, et qu'elles enfantent des fils et des filles; et multipliez-vous là et ne diminuez pas. Et cherchez la paix de la ville où je vous ai transportés, et priez l'Éternel pour elle; car dans sa paix sera votre paix*[492]. »

La Loi juive, dans le Talmud, poursuit dans la même veine, nous enseignant : *Dina demalCHouta dina* c.-à-d. la loi du pays est la loi.

C'est donc une obligation pour les Juifs québécois que de respecter la loi de notre pays ici.

Mais c'est plus qu'une obligation. Les Québécois juifs sont, avec raison, fiers de leur contribution au Québec et heureux d'y vivre.

C'est évidemment mon cas.

Ceci étant dit, autant je fus bousculé par certains préjugés anti-québécois véhiculés au Canada, autant je le fus par les accès antisémites et anti-israéliens qui peuvent surgir au Québec.

Mon travail au sein de la communauté juive n'est pas toujours un travail facile. Défendre le droit d'Israël à exister, ça ne signifie pas être constamment en accord avec le gouvernement israélien lui-même, qui fait des erreurs comme tout autre gouvernement démocratique.

Cela m'a amené à réaliser à quel point le débat peut parfois sombrer dans la confusion, les raccourcis intellectuels et les préjugés quand il s'agit d'Israël et des Juifs. Combien on fait peu de cas de la différence entre d'un côté une démocratie – aussi mal avisée soit-elle par moment – et de l'autre les dictatures, les théocraties, les groupes terroristes du Moyen-Orient.

Nous assistons à une dérive dangereuse lorsque des groupes voués aux droits de la personne ou au progrès social s'associent avec des groupes islamo-fascistes qui ont pour objectif de nous ramener au Moyen Âge. Comment des groupes féministes peuvent-ils s'associer à ces fous de Dieu dont l'ambition consiste à rabaisser la femme, à la soumettre à l'arbitraire de l'homme? C'est la haine d'Israël, une haine irrationnelle qui tend vers l'antisémitisme, qui cimente ces alliances nauséabondes.

Je suis Québécois et je ne veux pas que mon peuple sombre dans ces travers. Il faut tracer la ligne et refuser les accommodements moraux qui sont tout sauf raisonnables. Il y a une différence entre la démocratie et la tyrannie. Il y a une différence entre l'utilisation de la force armée légitime et le terrorisme. Il y a une différence entre l'antisémitisme, le racisme et les débats vigoureux, mais respectueux.

Finalement, au printemps 2011, l'historien bien connu Denis Vaugeois écrivait : « *Le Québec a été façonné par des immigrants de toutes origines pour lesquels, sans exception, il a été une terre de prédilection. Les Juifs le savent, il leur reste à le dire*[493]. » Voilà. À ma manière à moi, c'est fait.

Une photo prise à mon insu au Kotel en 2011.

Remerciements

L'idée de ce livre m'est venue pendant un vol Paris-Montréal, alors que je revenais d'un séjour en Israël.

Alors que je lisais l'excellent « *Journal de guerre : de Sciences Po à Tsahal*[494] » de Noam Ohana, livre expliquant une facette de l'identité juive, je me suis rendu compte que le livre avait été écrit par un Français juif pour des Français. Les références étaient françaises. Le vocabulaire était français. Les idées y étaient françaises.

De nombreux livres en anglais expliquent aussi l'expérience juive des Américains juifs, en américain, avec des références américaines, à des Américains.

Or, malgré une présence importante – tant en termes de nombres que d'années – de la communauté juive au Québec, je n'ai pas trouvé d'équivalent ici. Bien sûr, il existe quelques volumes académiques sur différents aspects de la communauté juive du Québec, mais rien de très personnel.

J'ai alors décidé d'écrire ce livre. Je voulais notamment montrer aux Québécois que leurs concitoyens juifs ne sont ni monochromes, ni monolithiques. Que la communauté juive du Québec comprend des gens de maintes origines. Qu'il existe au sein de la communauté juive une grande diversité d'opinion, linguistique et religieuse. Que l'appartenance au Québec n'est pas contredite par un fort attachement à l'État d'Israël et vice-versa.

Ce projet a mis plus de 4 ans à se réaliser. Je me suis vite rendu compte qu'écrire et faire publier des lettres d'opinion (ce que j'ai fait à maintes reprises) et un livre, ce sont deux choses très différentes. Bref, j'ai trouvé le travail éprouvant, d'autant plus que d'ouvrir ainsi la porte sur mes sentiments personnels et ma vie privée est particulièrement difficile pour quelqu'un d'aussi pudique et réservé que moi.

Alors que je « manquais de gaz », quand l'énergie ou l'inspiration me manquaient, la lecture des livres[495] de Daniel Gordis, probablement le meilleur chroniqueur de langue anglaise sur la vie en Israël, de même que des textes de l'excellent analyste Yossi Klein Halevi m'ont encouragé à poursuivre.

Mais j'ai surtout eu la chance de recevoir beaucoup de conseils et d'aide. Mon amie Rachel Sirois, enseignante à la retraite, fidèle amie et militante souverainiste extraordinaire, m'a beaucoup aidé, notamment pour la qualité du français et mes premiers pas en politique.

Ma soeur Karina a passé plusieurs heures à lire et relire les multiples versions que j'écrivais. Sa grande capacité de compréhension, de même que sa capacité à simplifier et vulgariser des concepts compliqués m'ont beaucoup aidé.

Je ne peux passer sous silence l'aide précieuse apportée par Noah Shack, recherchiste au Comité Canada-Israël, de même que celle de David Ouellette, directeur de la recherche et des communications au Comité Québec-Israël.

Mon ami Stéphane Gobeil m'a offert de judicieux conseils qui m'ont permis de construire une structure solide, plus logique, à un contenu qui comportait différents aspects (autobiographique, historique, politique, religieux, essai) difficiles à réconcilier dans un seul et même ouvrage. Sans ses commentaires, nul doute que ce texte serait demeuré beaucoup plus rébarbatif.

Mon éditrice, Natania Étienne, a fait preuve, au cours du long processus menant à la publication de ce livre, de beaucoup d'enthousiasme, de bonne humeur, de professionnalisme et, surtout, de patience. Je l'en remercie.

Mon épouse Lori a enduré toutes les frustrations inhérentes à une telle tâche. Elle a lu, relu et re-relu les manuscrits, m'aidant à préciser des souvenirs, à corriger d'autres erreurs factuelles. Ceci sans parler de son aide avec l'adaptation anglaise de cet ouvrage. Elle est vraiment une femme extraordinaire et je suis extrêmement chanceux et heureux de partager sa vie.

Malgré toute cette aide, il peut arriver quand même que cet ouvrage contienne des erreurs. Si tel est le cas, elles sont de ma seule et unique responsabilité, de même que les opinions que j'ai ici émises.

Finalement, ce livre a été rendu possible en partie par la Fondation éducative Canada-Israël. Je tiens à la remercier pour son appui indéfectible.

Glossaire

Hanoukka : Fête traditionnellement mineure du judaïsme marquant le succès de la révolte juive contre l'Empire helléniste séleucide. Cette fête, parce qu'elle se retrouve habituellement en décembre, a pris une plus grande importance en Amérique du Nord en servant en quelque sorte de contrepoids à la très populaire fête chrétienne de Noël.

Hassidisme : Mouvement religieux juif fondé au XVIIIe siècle en Europe de l'Est par le rabbin Israël ben Eliezer, plus connu sous le nom de *Baal Shem Tov* et qui met l'accent non pas exclusivement sur l'étude, mais aussi sur la célébration. Ses adhérents sont facilement reconnaissables à leur uniforme, inspiré de l'Europe de l'Est du XVIIIe siècle.

Havdallah : Cérémonie marquant la fin du Shabbat.

Israël : Signifie « Celui qui lutte avec Dieu », au sens de « aux côtés de » et « contre ». Nouveau nom donné par Dieu à Jacob après que ce dernier se soit battu avec une créature céleste (Genèse 32:28). Est utilisé dans plusieurs expressions.
-*Am Yisrael* : veut dire « nation d'Israël ».
-*Bnei Yisrael* : Littéralement, enfants d'Israël c.-à-d. les Israélites.
-*Eretz Yisrael* : la terre d'Israël.
-*Medinat Yisrael* : l'État d'Israël.
-*Royaume d'Israël* : Royaume fondé en 932 avant l'ère commune. Il englobe la partie nord du Royaume de David et de Salomon. Sa destruction en -721 donnera naissance aux 10 tribus perdues d'Israël.

Minyan : Quorum de 10 hommes de plus de 13 ans (pour le judaïsme orthodoxe) ou de 10 personnes (pour les formes plus libérales du judaïsme) nécessaire pour les prières collectives.

Pessah : Pâque juive. Marque la libération et la fuite d'Égypte par les Juifs menés par Moïse. Cette fête dure huit jours. Les deux premiers soupers pendant cette période s'appellent un « sédèr », qui se déroule de façon prédéterminée et dont l'objectif est de transmettre la tradition aux enfants.

Rabbin : Spécialiste de la Loi juive. En Occident, l'influence du christianisme en fit aussi le leader d'une communauté religieuse comme un prêtre dans une paroisse catholique ou un ministre dans une église protestante.

Rosh Hashana : Nouvel An juif, habituellement au début de l'automne

Shabbat : Dernier jour de la semaine. Fête hebdomadaire. Les Juifs traditionnels en profitent pour arrêter toute forme de travail et n'utiliseront pas d'électricité.

Synagogue : Lieu de culte. Quelques fois appelée « temple » dans le mouvement réformé/libéral.

Yom Kippour : Jour du Grand Pardon. Jour le plus solennel du calendrier juif. Dix jours après Rosh Hashana. Il est marqué notamment par 25 heures de jeûne.

[1] À des fins liturgiques, tous les Juifs ont aussi un nom hébreu. Pendant longtemps, chaque Juif avait un nom commun et un nom hébreu. De plus en plus de Juifs nomment leurs enfants avec des noms hébreux, évitant ainsi cette double appellation.

[2] Au sens de « aux côtés de Dieu » et de « contre Dieu ».

[3] Un livre a même été écrit au sujet de ce cimetière: Guy Wagner-Richard, *Le cimetière juif de Québec Beth Israël Ohev Sholom*, Septentrion, Québec, 2000. http://www.septentrion. qc.ca/catalogue/livre.asp?id=46

[4] Chandelier à 9 branches.

[5] C.-à-d. sans levain.

[6] http://www.unhcr.org/refworld/country,,,CHRON,CAN,,469f3877c,0.html *: « South African Archbishop Desmond Tutu visits Osnaburgh Ojibway Reserve in northwestern Ontario. He says that Canada's treatment of its Native people is similar in many ways to South Africa's treatment of blacks under the system of apartheid.* »

[7] Voir entre autres sur ce sujet l'article « The Separatist and I » du chroniqueur Lorne Gunter dans le *National Post* et le *Edmonton Journal* du 8 mars 1999.

[8] Radio-France international: http://www.rfi.fr/actufr/articles/067/article_37680.asp

[9] Dans son livre *Mariage gai, Les coulisses d'une révolution sociale*, portant sur la bataille autour du mariage entre conjoints de même sexe, publié en 2005 aux Éditions Flammarion, le journaliste Sylvain Laroque m'a qualifié de « *l'un des défenseurs les plus efficaces du mariage gai* » (p.200).

[10] Je m'en voudrais de passer sous silence les nombreux députés bloquistes qui, sans briller sous les feux de la rampe à Ottawa parce que leurs intérêts étaient plus portés vers le travail de circonscription, ont été d'excellents députés « de terrain ».

[11] Voir SRC Télévision - Le Téléjournal / Le Point - Le Téléjournal / Le Point Dimanche 5 juin 2005 - 22:00 HAE et Joël-Denis Bellavance, « Les partis fédéraux se frottent les mains », *La Presse*, lundi 6 juin 2005, p. A6.

[12] Appelé communément, mais faussement, Mur des lamentations.

[13] « Lonely Planet's top 10 cities for 2011 », 31 octobre 2010 http://www.lonelyplanet.com/ usa/new-york-city/travel-tips-and-articles/76165 et «Tel-Aviv is in top three cities in the world, says Lonely Planet », *Haaretz*, 1er novembre 2010 http://www.haaretz.com/news/ national/tel-aviv-is-in-top-three-cities-in-the-world-says-lonely-planet-1.322274

[14] En juillet 2010, le célèbre magazine *National Geographic* a nommé Tel-Aviv parmi les 10 plus belles villes de plage *(« beach cities »)* au monde: http://travel.nationalgeographic. com/top-10/beach-cities-photos/#beaches-tel-aviv-cities_22323_600x450.jpg

[15] Propos rapportés par *The Gazette* le 11 juin 1963 dans un article intitulé « Get Close to French Canadians, Levesque Urges Québec Jewry » cité par Pierre Anctil, *René Lévesque et les communautés culturelles* in *René Lévesque, Mythes et réalités*, sous la direction d'Alexandre Stefanescu, VLB Éditeur, Montréal, 2008, p. 164.

[16] Jan Wong, *« Get Under the Desk »* *The Globe and Mail*, 16 septembre 2006.

[17] Gilles Duceppe l'a bien compris. Voir *Gilles Duceppe, Entretiens avec Gilles Toupin*, Montréal, Richard Vézina Éditeur, 2010, p. 140.

[18] *The Gazette*, cité dans *Inter-Office Information*, Congrès juif canadien, nº 2733, 11 juin 1963, rapporté par Pierre Anctil, *René Lévesque et les communautés culturelles* in *René Lévesque, Mythes et réalités*, sous la direction d'Alexandre Stefanescu, VLB Éditeur, Montréal, 2008, p. 167.

[19] René Lévesque, Radio-Canada, 31 mai 1982

[20] Ceci est tellement vrai qu'aujourd'hui, de tous les pays du monde, c'est Israël qui investit la plus grande proportion de son PIB en recherche.

[21] Philippe Mercure, « Israël: les leçons pour le Québec », *La Presse*, 4 octobre 2010 http://lapresseaffaires.cyberpresse.ca/economie/international/201010/04/01-4329218-israel-les-lecons-pour-le-quebec.php?utm_categorieinterne=trafficdrivers&utm_contenuinterne=cyberpresse_BO4_la_2343_accueil_POS2

[21a] Plusieurs informations qui suivent sont tirées de l'excellent livre de Dave Senor et Paul Singer, Start Up Nation, The Story of Israel's Economic Miracle, McClelland & Stewart, Toronto, 2009

[22] Philippe Mercure, « Innovation à l'israélienne: un laboratoire de la taille d'un pays », *La Presse*, 1ᵉʳ octobre 2010 http://lapresseaffaires.cyberpresse.ca/economie/technologie/201010/01/01-4328442-innovation-a-lisraelienne-un-laboratoire-de-la-taille-dun-pays.php?utm_categorieinterne=trafficdrivers&utm_contenuinterne=cyberpresse_BO4_la_2343_accueil_POS3

[23] Ari Rabinovitch, « Arid Israel recycles waste water on grand scale », *Reuters*, 14 novembre 2010 http://www.reuters.com/article/idUSTRE6AD1CG20101114?pageNumber=1

[24] En dollars américains à pouvoir d'achat identique.

[25] Pierre Fortin, Jean Boivin et Andrée Corriveau, *L'investissement au Québec: on est pour*, rapport du Groupe de travail sur l'investissement des entreprises au Québec, Gouvernement du Québec, 2008, p.19(d'après FMI et Statistique Canada) http://www.gtie.gouv.qc.ca/fr/documents/Rapport_InvestissementENT.pdf

[26] « Israeli export grew 11,250 times since 1948 », Ynetnews, 20 avril 2010 http://www.ynetnews.com/articles/0,7340,L-3878340,00.html?utm_source=CIC+Mailing+List&utm_campaign=386894bc18-DYK_100421&utm_medium=email

[27] Adhésion : l'OCDE accueille le Chili, l'Estonie, Israël et la Slovénie, 27 mai 2010 http://www.oecd.org/document/6/0,3343,fr_21571361_44315115_45344390_1_1_1_1,00.html

[28] http://www.blocquebecois.org/dossiers/environnement/petrole_sortir.aspx

[29] Voir entre autres le site du système de voitures électriques *Better Place* à http://www.betterplace.com. J'ai eu l'occasion d'essayer des voitures électriques de cette organisation et de me faire expliquer l'ensemble de leurs projets. C'est très impressionnant.

[30] À titre de comparaison : Le PIB non lié au pétrole de tout les pays arabes (population 250 millions) est moins important que celui de la Finlande (population : 5 millions). Le nombre de brevets enregistrés entre 1980 et 2000 en Arabie saoudite est de 17, Égypte : 77, Koweït: 52, Émirats arabes unis : 32, Syrie : 20, Jordanie : 20 et Israël: 7652…

[31] *The Montreal Star*, cité dans *Inter-Office Information*, Canadian Jewish Congress, no 3856, 2 juin 1975, rapporté par Pierre Anctil, *René Lévesque et les communautés culturelles* in *René Lévesque, Mythes et réalités*, édité parAlexandre Stefanescu, VLB Éditeur, Montréal, 2008, p. 167.

[32] Richard Cléroux, « Levesque Tells Jewish Delegates Some of the Things They Want to Hear but not Others », *The Globe and Mail*, 14 mai 1977, dans Pierre Anctil, *René Lévesque et les communautés culturelles* in *René Lévesque, Mythes et réalités*, édité par Alexandre Stefanescu, VLB Éditeur, Montréal, 2008, p. 167.

[33] « Levesque Explains Quebec «Nationalism». Claims Trend Must Continue », *The Montreal Star*, 11 juin 1963, in Pierre Anctil, *René Lévesque et les communautés culturelles* in *René Lévesque, Mythes et réalités*, edited by Alexandre Stefanescu, VLB Éditeur, Montréal, 2008, p. 167.

[34] Un sondage fait par le mouvement pro-paix One Voice publié le 22 avril 2009 indique que 71% des Palestiniens pensent qu'il est **essentiel** que le territoire de leur État recouvre les territoires occupés et… tout le territoire israélien actuel. Si on ajoute à ce nombre le pourcentage de Palestiniens croyant que cette solution est « désirable », le pourcentage monte à 82%. Voir : http://onevoicemovement.org/programs/documents/OneVoiceIrwinReport.pdf. Ce n'est pas le seul sondage qui va dans ce sens. Voir aussi celui publié le 9 novembre 2010 par le *Arab World for Research & Development* : http://www.awrad.org/pdfs/English_tables-Ocotober2010.pdf

[35] Les nouveaux historiens israéliens sont un groupe de chercheurs qui ont réexaminé l'histoire de la naissance de l'État d'Israël, n'hésitant pas à déboulonner certains mythes fondateurs de l'État d'Israël.

[36] Benny Morris, « Bleak House », *Tablet Magazine*, 2 décembre 2010, http://www.tabletmag.com/news-and-politics/51926/bleak-house/print/

[37] Bien que le Bloc ait apporté, de façon inexpliquée, une attention disproportionnée à Israël par rapport aux autres dossiers importants de politique internationale. Plus précisément, et à titre indicatif seulement, entre la date de l'assassinat de l'ex-Premier

ministre libanais Rafic Hariri (probablement par le Hezbollah avec, derrière, la Syrie et l'Iran) le 14 février 2005 et le 10 juin 2010, le Bloc a posé des questions ou fait des déclarations en Chambre (article 31) sur les sujets suivants à la fréquence suivante : Hamas : 3 (2 questions, 1 déclaration), Iran : 3 (2 questions, 1 déclaration), assassinat de Hariri par la Syrie : 0, Corée du Nord (qui a coulé un navire sud-coréen tuant 46 marins en mars 2010) : 0 et Israël : 36 (31 questions, cinq déclarations).

[38] Cérémonie marquant la fin du Shabbat.

[39] Trois des quatre grands courants du judaïsme acceptent l'homosexualité. Les mouvements réformé et reconstructionniste acceptent non seulement les rabbins gays et lesbiennes, ils font aussi des mariages entre conjoints de même sexe. Le mouvement conservateur/massorti permet l'ordination de rabbins homosexuels mais laisse la question de l'union entre conjoints de même sexe à la discrétion de chaque rabbin. Finalement, le mouvement orthodoxe est évidemment plus sévère (pas de rabbins ouvertement gays et pas de mariage homosexuel) mais les plus libéraux des rabbins orthodoxes ont une attitude plus acceptante de la personne homosexuelle elle-même. Pour la plus récente déclaration de rabbins orthodoxes plus libéraux sur le sujet, voir : http://statementofprinciplesnya. blogspot.com. Même le rabbin ultra-orthodoxe le plus célèbre aux États-Unis, Rabbi Shmuley Boteach, y est allé d'une récente chronique relativement libérale sur le sujet dans le *Wall Street Journal* : Shmuley Boteach, « My Jewish Perspective on Homosexuality », *The Wall Street Journal*, 15 octobre 2010 http://online.wsj.com/article/SB1000142405274 870436150457555220349430686.html

[40] *L'Arche*, numéro de mai 2010, n° 624 p.53.

[41] Livre de Ruth 1:16.

[42] http://religions.pewforum.org/reports

[43] Si on inclut le passage d'une Église protestante à une autre. Sinon, ce nombre est de 28%, ce qui représente quand même plus du quart de la population américaine.

[44] Le célèbre historien et philosophe Ernest Renan est allé jusqu'à dire que «*[l]e christianisme est la conquête du monde par le génie hébreu en langue grecque.*» Les Cahiers de Science & Vie, No 95, octobre 2006, p.81.

[45] « *This is why a convert to Judaism is called the son or daughter of Abraham. For a convert has the greatest test of all; the convert is the potential Jewish soul that has been born to non-Jewish parents. The convert is the one that has to stand on the other side, to break away from how he or she was raised, educated and brought up to believe, and say, "No matter what you think, I know my soul, and I am a Jew."* » http://www.chabad.org/ theJewishWoman/article_cdo/aid/439373/jewish/Pleased-to-Meet-Me.htm

[46] Au Québec cependant, le judaïsme réformé n'a jamais connu le succès qu'il a connu dans le reste de l'Amérique du Nord, n'attirant que 4,5% de la population juive montréalaise affiliée à un courant religieux. Voir Jack Jedwab, *Québec Jews: A Unique Community in a Distinct Society* in *Juifs et Canadiens français dans la société québécoise*, Septentrion, Sillery, 2000, p 58.

[47] http://www.circumcisemetheplay.com

[48] Pour le texte complet de mon discours, voir http://www2.parl.gc.ca/HousePublications/ Publication.aspx?Language=F&Pub=Hansard&Mode=1&Parl=37&Ses=1&Doc=164# T2210

[49] Au moment d'écrire ces lignes, la communauté juive organisée – incluant le CCI et son organisation sœur, le Congrès juif – est en pleine réorganisation, ce qui a amené la fusion de différents organismes.

[50] Défait en mai 2011

[51] Libby Davies réussit, chaque fois qu'elle parle sur le sujet du Proche-Orient, à mettre son parti dans l'embarras. Le dernier en date : Libby Davies est allée, dans une manifestation anti-israélienne tenue à Vancouver le 5 juin 2010, jusqu'à remettre en cause la légitimité de l'existence même de l'État d'Israël, pourtant créé par les Nations Unies. Voir http://www.youtube.com/watch?v=utXDAha_vGg . En effet, en affirmant que l'occupation israélienne avait commencé en 1948 (l'année de la création de l'État d'Israël), c'est l'existence même de ce pays qu'elle remet en cause. Non seulement ce

genre de position n'aide aucunement les Palestiniens, il est en plus contre-productif et nous éloigne de la solution des deux États qui forme le cœur de la solution au conflit israélo-arabe et qui fait consensus à travers le monde. Davies a été forcée de se rétracter sur les frontières de 1948 mais elle n'a pas retiré son soutien à BDS (boycott, désinvestissement et sanctions) contre Israël. Le Canada a besoin de voix progressistes fortes, intelligentes et cohérentes. C'est vrai en politique intérieure comme en politique étrangère. Les prises de position de Libby Davies nuisent au NPD dans l'atteinte de cet objectif.

[52] Ce qui n'a pas empêché le gouvernement canadien de critiquer fermement les actions de l'État juif avec lesquelles il était en désaccord. Voir par exemple exemple http://www.cyberpresse.ca/actualites/quebec-canada/politique-canadienne/201003/16/01-4261290-ottawa-condamne-la-colonisation-de-jerusalem-est.php. Un autre exemple, toujours sur les implantations juives en Judée-Samarie/Cisjordanie, une simple recherche sur le site du Ministère des Affaires étrangères permet d'y lire que « *Le Canada ne reconnaît pas le contrôle permanent exercé par Israël sur les territoires occupés en 1967 (le plateau du Golan, la Cisjordanie, Jérusalem-Est et la bande de Gaza). La Quatrième Convention de Genève s'applique dans les territoires occupés et définit les obligations d'Israël en tant que puissance occupante, en particulier en ce qui concerne le traitement humanitaire des habitants des territoires occupés. Comme le mentionnent les résolutions 446 et 465 du Conseil de sécurité de l'ONU, les colonies de peuplement israéliennes dans les territoires occupés sont contraires à la quatrième Convention de Genève. Elles constituent en outre un obstacle sérieux à l'instauration d'une paix globale, juste et durable.* » http://www.international.gc.ca/name-anmo/peace_process-processus_paix/canadian_policy-politique_canadienne.aspx?lang=fra

[53] Quant à la possibilité d'une autre conférence portant supposément sur le racisme (communément appelée Durban 3) devant se tenir à New York en septembre 2011, non seulement les Conservateurs ont-il annoncé que le Canada ne participera pas à un tel événement (http://www.winnipegfreepress.com/breakingnews/canada-wont-attend-un-durban-racism-conference-hatefest-harper-government-110628849.html), les Libéraux ont annoncé leur appui à cette décision du gouvernement Harper (http://www.canadaviews.ca/2010/11/25/statement-by-liberal-leader-michael-ignatieff-on-durban/). Le Bloc québécois appuie aussi cette décision du gouvernement fédéral (Discussions de l'auteur avec Gilles Duceppe et Pierre-Paul Roy en novembre 2010).

[54] http://www.canada.com/news/Expansion+Israeli+settlements+illegal+Cannon/1629305/story.html

[55] http://www.freedomwriters.com

[56] http://www.moriahfilms.com/site/c.fgLNI1OCKpF/b.3984599/k.C00C/Home.htm

[57] Pour avoir un petit aperçu de la diversité – religieuse, politique, linguistique, d'origine, etc. – de cette communauté à travers certaines personnalités, voir Julie Châteauvert et Francis Dupuis-Déri, *Identités mosaïques, Entretiens sur l'identité culturelle des Québécois juifs*, Boréal, 2004.

[58] La majorité des informations historiques de cette section provient du très complet et intéressant ouvrage de Joe King, *Les Juifs de Montréal, Trois siècles de parcours exceptionnels*, Éditions Carte Blanche, Montréal, 2002, traduit de l'anglais par le spécialiste bien connu en études juives, Pierre Anctil. Tous ceux qui veulent connaître plus de détails sur la fabuleuse histoire de la présence juive au Québec devraient se procurer cet ouvrage.

[59] *La Presse*, 26 avril 1980, cité dans Lévesque, René, « Si je vous ai bien compris, vous êtes en train de dire à la prochaine fois… », citations recueillies par Rémi Maillard, Les Éditeurs Réunis, 2009.

[60] Guy Wagner-Richard, *Le cimetière juif de Québec Beth Israël Ohev Sholom*, Septentrion, Québec, 2000, p. XVIII.

[61] La famille Hart marquera aussi une des religions majoritaires du Québec : le hockey. Un membre de cette famille a conduit le Canadien de Montréal à 2 coupes Stanley en 1930 et en 1931. De même, le Trophée Hart, remis par la Ligue nationale de hockey au joueur le

plus utile à son équipe, a été nommé en l'honneur d'un membre de cette famille.

[62] Guy Wagner-Richard, *Le cimetière juif de Québec Beth Israël Ohev Sholom*, Septentrion, Québec, 2000, p. XVII.

[63] Sylvie Taschereau, *Nouveau regard sur les relations judéo-québécoises: le commerce comme terrain d'échanges, 1900-1945* in *Juifs et Canadiens français dans la société québécoise*, Septentrion, Sillery, 2000, p. 36.

[64] Ibid. p. 37

[65] Sur ce sujet, voir le livre de Simon Belkin, *Le mouvement ouvrier juif au Canada*, traduit du yiddish par Pierre Anctil aux Éditions Septentrion. Voir aussi Bernard Dansereau, *La place des travailleurs juifs dans le mouvement ouvrier québécois au début du XX\ siècle* in *Juifs et Canadiens français dans la société québécoise*, Septentrion, Sillery, 2000.

[66] Pierre Anctil, Ira Robinson et Gérard Bouchard, *Juifs et Canadiens français dans la société québécoise*, Sillery, Éditions Septentrion, 2000, p. 154.

[67] Les travailleurs juifs de la confection à Montréal (1910-80) par Jacques Rouillard http://www.lltjournal.ca/index.php/llt/article/viewFile/2642/3045

[68] http://archives.radio-canada.ca/societe/syndicalisme/dossiers/1177 et http://www.centrelearoback.ca/leaqui

[69] http://www.ftq.qc.ca/librairies/sfv/telecharger.php?fichier=4823

[70] Charles Lewis, « Jewish imports: Why so many of Canada's rabbis are from the United States », *National Post*, 16 octobre 2010 http://life.nationalpost.com/2010/10/16/jewish-imports-why-so-many-of-canada%E2%80%99s-rabbis-are-from-the-united-states/

[71] René Lévesque, *Attendez que je me rappelle…*, Éditions Québec/Amérique, Montréal, 1986, p 132-134. Pierre Godin, *René Lévesque, un enfant du siècle*, Boréal, Montréal, 1994, pp 166-171.

[72] http://www.youtube.com/watch?v=qbcUAFbXGBI&feature=player_embedded .

[73] http://www.jewishfederations.org/page.aspx?id=216011

[74] Après la «générosité haïtienne», la «compassion juive» (INONDATIONS au QUÉBEC). Médiamosaique.com, 8 juin 2011, http://www.mediamosaique.com/Environnement/apres-la-generosite-haitienne-la-com.html

[75] Daniel Amar, Le triangle des solitudes, dans, Une réalité méconnue : les Juifs au Québec, Cap-aux-Diamants, no 105, pp 33-36

[76] Lysiane Gagnon, « L'avocate du diable », *La Presse*, samedi 16 octobre 2010, Cahier Plus, p. 7. http://www.cyberpresse.ca/opinions/201010/15/01-4332886-lavocate-du-diable.php

[77] « Pour un engagement sérieux à l'égard de la diversité dans les grands médias » par Julie Miville-Dechêne, *magazine Trente*, mai 2009, pages 14-15.

[78] À cet égard, voir notamment: Richard Martineau, « L'hypocrisie des artistes », 28 juillet 2010 http://martineau.blogue.canoe.ca/2010/07/28/l_hypocrisie_des_artistes#comments et « L'hypocrisie des artistes (suite) », 31 juillet 2010, http://martineau.blogue.canoe.ca/2010/07/31/l_hypocrisie_des_artistes_suite#comments

[79] David Ouellette, « Un accord de paix israélo-palestinien ne réglera pas tout », *La Tribune*, 30 avril 2010 http://www.cyberpresse.ca/la-tribune/opinions/201004/30/01-4275806-un-accord-de-paix-israelo-palestinien-ne-reglera-pas-tout.php

[80] *Ibid.*

[81] En termes québécois, l'histoire de la Diaspora juive est comme si le Québec était détruit, les Québécois forcés à l'exil, et que, des centaines, voire des milliers d'années plus tard, des communautés de leurs descendants, partout dans le monde, enseignaient encore à leurs enfants le français québécois, leur racontaient les exploits de Samuel de Champlain, Louis-Joseph Papineau, Honoré Mercier et René Lévesque, l'histoire des plaines d'Abraham, des Patriotes, de la prise du pouvoir du PQ en 1976 et que l'idée d'un retour à Québec, Montréal, Trois-Rivières, etc. restait chevillée aux corps de ces fidèles Québécois de l'exil.

[82] Notons par exemple que le seder – repas traditionnel de la Pâque juive – se termine encore aujourd'hui par un « *L'an prochain à Jérusalem* » bien senti.

Richard Marceau

[83] Selon Wikipédia : « L'affaire Dreyfus est un conflit social et politique majeur de la Troisième République survenu à la fin du XIXe siècle, autour de l'accusation de trahison faite au capitaine Alfred Dreyfus, français d'origine alsacienne et de confession juive, qui sera finalement innocenté. Elle a bouleversé la société française pendant douze ans, de 1895 à 1906, la divisant profondément et durablement en deux camps opposés, les « dreyfusards » partisans de l'innocence de Dreyfus, et les « antidreyfusards » partisans de sa culpabilité. » C'est cette affaire qui convaincra Herzl que la seule façon pour les Juifs de redevenir un peuple normal était de se doter d'un État.

[84] Cette carte et la suivante proviennent du site internet du Ministère des Affaires étrangères d'Israël : http://www.mfa.gov.il/mfa/facts%20about%20israel/israel%20in%20 maps

[85] Ceci est bien documenté mais pas assez connu. Voir sur ce sujet deux livres récents : Mallman, Klaus-Michael et Cuppers, Martin, *Nazi Palestine: The Plans for the Extermination of the Jews in Palestine*, Enigma Books et United States Holocaust Memorial Museum, New York, 2010 de même que Herf, Jeffrey, *Nazi Propaganda for the Arab World*, Yale University Press, New Haven, 2009. La chaîne de télévision française ARTE diffusait aussi, le 9 décembre 2009, un excellent documentaire sur le sujet intitulé *La croix gammée et le turban – La tentation nazie du Grand mufti*. Finalement, voir aussi le chapitre sur le Mufti de Jérusalem dans le livre *The Jew Is Not My Enemy* écrit par le Canadien musulman modéré Tarek Fatah aux Éditions McClelland & Stewart, Toronto, 2010, pp. 38-77.

[86] Sam Roberts, « Declassified Papers Show U.S. Recruited Ex-Nazis », *The New York Times*, 11 décembre 2010, http://www.nytimes.com/2010/12/12/us/12holocaust.html et Jordana Horn, « Nazism, Islam shared common enemies – the Jews », *Jerusalem Post*, 15 décembre 2010, http://www.jpost.com/International/Article.aspx?id=199451

[87] Le meilleur résumé du travail de ce comité se trouve, à mon avis, dans l'excellent livre de Allis et Ronald Radosh, *A Safe Heaven, Harry S. Truman and the Founding of Israel*, Harper Perenial, New York, 2009, pp 207-244.

[88] http://www.un.org/french/documents/view_doc.asp?symbol=A/RES/181(II)&Lang=F

[89] Ce qui ne veut pas dire que certains extrémistes juifs n'ont pas versé eux aussi dans la violence inutile et inexcusable. C'est le cas notamment du Groupe Stern. Cependant, dans ces cas, le leadership juif a toujours condamné en termes forts ces débordements inexcusables et n'a jamais hésité à lutter avec toutes les forces à sa disposition contre ces groupes.

[90] BBC, 15 mai 1948, cité par Giniewski, Paul, *Le contentieux israélo-arabe*, Cheminements, 2007, p. 109 voir aussi: http://www.jewishvirtuallibrary.org/jsource/History/1948_War.html et http://www.bankingonbaghdad.com/archive/ReformJudaism2004V33N2/black.shtml

[91] Trygve Lie, *In the Cause of Peace*, New York, MacMillan, 1954, p. 174, cité par Dore Gold, *The Fight for Jerusalem,* Washington, Regnery Publishing, 2007, p. 135.

[92] « *Those native-born Israelis who will survive the war will be permitted to remain in the country. But I don't think many will survive* ». Amos Elon, *The Israelis, Founders and Sons*, Bantam Books, New York, 1971, p. 4

[93] Le célèbre intellectuel américano-palestinien Edward Saïd est allé jusqu'à affirmer : « *[t]he whole of Palestinian nationalism was based on driving all Israelis out.* ». Voir: Harvey Blume, « Setting the Record Straight » *The Atlantic*, 22 septembre 1999 http://www.theatlantic.com/past/docs/unbound/interviews/ba990922.htm

[94] Le journaliste et auteur italien Giulio Meotti va jusqu'à qualifier cette campagne terroriste palestinienne de « nouvelle Shoah » dans son livre *A New Shoah, The Untold Story of Israel's Victims of Terrorism*, Encounter Books, New York, 2010.

[95] Aluf Benn, « What happened on September 13 », *Haaretz*, 15 juillet 2009 http://www. haaretz.com/print-edition/opinion/what-happened-on-september-13-1.280031, Aluf Benn, « Olmert's plan for peace with the Palestinians »,*Haaretz*, 17 décembre 2009 http://www. haaretz.com/print-edition/news/haaretz-exclusive-olmert-s-plan-for-peace-with-the-palestinians-1.1970 et http://www.cicweb.ca/scene/wp-content/uploads/2011/02/Olmert-

in-autobiography-tells-of-peace-negotiations-Yedioth-Aharonoth1.pdf

[96] Peter Goodspeed, « A Palestine that might have been », *National Post*, 29 janvier 2011 http://www.canada.com/story_print.html?id=4188585&sponsor=

[97] http://www.awrad.org/pdfs/English_tables-Ocotober2010.pdf

[98] Ben Dror Yemini, The Arab Apartheid, *The Daily Telegraph*, 18 mai 2011 http://my.telegraph.co.uk/actuality/realdeal/15813560/the-arab-apartheid-ben-dror-yemini/

[99] L'acronyme anglais de cette agence de l'ONU est toujours utilisé, comme pour l'UNESCO. Il veut dire *United Nations Relief and Works Agency* et le nom français est Office de secours et de travaux des Nations Unies pour les réfugiés de Palestine dans le Proche-Orient.

[100] Kenneth Bandler, « Time to start planning for resettlement », *Miami Herald*, 20 octobre 2010, http://www.miamiherald.com/2010/10/20/1881772/time-to-start-planning-for-resettlement.html

[101] *Ibid.*

[102] Voir l'excellent site de l'organisation Palestinian Media Watch : http://www.palwatch.org

[103] Yohai Livshitz, 18 ans; Yonatan Yitzhak Eldar, 16 ans; Yonadav Haim Hirschfeld, 19 ans; Neria Cohen, 15 ans; Segev Peniel Avihail, 15 ans; Avraham David Moses, 16 ans; Roee Roth, 18 ans; Maharta Taruno, 26 ans .

[104] Nadav Eliyahu Samuels.

[105] Ethan Bronner, Poll Shows Most Palestinians Favor Violence Over Talks, *The New York Times*, 19 mars 2008, http://www.nytimes.com/2008/03/19/world/middleeast/19mideast.html

[106] Agence France-Presse, « Le Fatah a demandé à Israël d'attaquer le Hamas », 20 décembre 2010 http://fr.canoe.ca/infos/international/archives/2010/12/20101220-125917.html

[107] Voir le Rapport du Comité permanent des affaires étrangères et du développement international de la Chambre des communes du Canada intitulé *L'Iran d'Ahmadinejad : Une menace pour la paix, les droits de la personne et le droit international*, qui date de décembre 2010, surtout pp. 49-52. http://www2.parl.gc.ca/Content/HOC/Committee/403/FAAE/Reports/RP4835870/403_FAAE_Rpt03_PDF/403_FAAE_Rpt03-f.pdf

[108] *Ibid.* surtout pp. 58-64

[109] À cet égard, il est important de noter la résolution unanime sur l'Iran adoptée par la Chambre des communes le 27 octobre 2009 http://www2.parl.gc.ca/HousePublications/Publication.aspx?Mode=1&Parl=40&Ses=2&DocId=4177807&Language=F#OOB-2917199

[110] http://www.lemonde.fr/idees/article/2010/11/30/l-iran-et-les-arabes-l-eclairage-de-wikileaks_1446803_3232.html

[111] Comité permanent des affaires étrangères et du développement international, op. cit. pp. 52-54

[112] Les militants pro-droits de la personne en Iran en sont venus à la même conclusion. Par exemple, voir l'article de la Canadienne d'origine iranienne (qui, par ailleurs, parle couramment le français) Nazanin Afshin-Jam, « Human Rights Activists Must Work To Halt Iran's Nuclear Weapons Program, Too », *Huffington Post*, 15 octobre 2010 http://www.huffingtonpost.com/nazanin-afshinjam/human-rights-activists-mu_b_764343.html

[113] Unité formée exclusivement de Juifs, créée en 1944 et rattachée à la Huitième armée britannique.

[114] http://www.defiancemovie.com

[115] http://www2.parl.gc.ca/HousePublications/Publication.aspx?DocId=2333186&Mode=1&Language=F

[116] Judy Wasylycia-Leis avait déjà déposé un projet de loi semblable à ce que je souhaitais voir adopter au cours d'une session précédente, projet de loi qui était mort au feuilleton et qui, donc, n'avait jamais été adopté.

[117] Pour lire les débats à la Chambre des communes, voir : http://www2.parl.gc.ca/HousePublications/Publication.aspx?Mode=1&Parl=37&Ses=2&DocId=1113051&Language=F

Richard Marceau

[118] En fait, cette entente date de 1997 et fut signée par un gouvernement du Parti québécois. Elle a été reconduite et étendue à de nouveaux domaines en 2007 et augmentée en 2008 lors de la mission économique ministérielle de Raymond Bachand en Israël.

[119] http://www.mdeie.gouv.qc.ca/index.php?id=84&no_cache=1&tx_ttnews%5Btt_news%5D=1685&tx_ttnews%5BbackPid%5D=122&tx_ttnews%5Bpointer%5D=3&cHash=8198767f4f

[120] Conversation avec l'auteur, 2 juillet 2010 à Jérusalem.

[121] Petit couvre-chef porté par les Juifs lors de la prière et en tout temps par les juifs orthodoxes.

[122] Châle de prière.

[123] American Israel Political Action Committee. http://www.aipac.org

[124] Les chiffres à cet égard sont effarants : 72% des Britanno-colombiens francophones parlent anglais à la maison, tout comme 74,4% des Fransaskois, 69% des Franco-Albertains, 55,5% des Franco-Manitobains et 41,8% des Franco-Ontariens. Même en Acadie, le taux de transfert linguistique approche les 10%.

[125] En plein cœur de l'Acadie, selon Rodrigue Landry, directeur de l'Institut canadien de recherche sur les minorités linguistiques, le taux de transmission du français dans les familles où au moins un des deux parents est francophone n'est que de 56 % à Moncton. Voir: Daphnée Dion-Viens, « Le français s'apprend, l'anglais s'attrape », *La Presse*, 2 août 2010 http://www.cyberpresse.ca/le-soleil/dossiers/le-francais-au-nouveau-brunswick/201008/01/01-4303008-le-francais-sapprend-langlais-sattrape.php?utm_categorieinterne=trafficdrivers&utm_contenuinterne=cyberpresse_B4_en-manchette_2238_section_POS4

[126] Pour un essai percutant sur l'assimilation juive dans le contexte américain, voir le livre d'Alan Dershowitz, *The Vanishing American Jew*, Touchstone, 1997.

[127] Pour un excellent livre sur l'antisémitisme en Grande-Bretagne, voir *Trials of the Diaspora* d'Anthony Julius publié par Oxford University Press en 2010. Pour une critique littéraire de ce livre, voir : Harold Bloom, The Jewish Question: British Anti-Semitism, *The New York Times*, 7 mai 2010 http://www.nytimes.com/2010/05/09/books/review/Bloom-t.html

[128] Au sujet de la Suède, voir Ronald Lauder, « Even a tolerant country cannot tolerate intolerance », *The Globe and Mail*, http://www.theglobeandmail.com/news/opinions/even-a-tolerant-country-cannot-tolerate-intolerance/article1672437 et Donald Snyder, « For Jews, Swedish City Is a 'Place To Move Away From' », the Forward, 7 juillet 2010 http://www.forward.com/articles/129233

[129] http://www.tou.tv/une-heure-sur-terre/S2009E21

[130] En l'occurrence Rémy Beauregard, alors directeur de l'organisme Droits et Démocratie.

[131] Je remercie ici Noah Shack et David Ouellette pour leurs excellentes recherches sur le sujet.

[132] Depuis 2002, le Hamas et le Hezbollah sont considérés par le Canada comme des organisations terroristes.

[133] http://www.ahlul-bayt.org/main/links

[134] Aujourd'hui décédé.

[135] Jonathan Kay, « Canadian Arab Federation official spreads conspiracy theory that Norway attack was Israel's handiwork », *The National Post*, 26 juillet 2011 http://fullcomment.nationalpost.com/2011/07/26/president-of-canadian-arab-federation-spreads-conspiracy-theory-that-norway-attack-was-israel%E2%80%99s-handiwork/

[136] Joe Friesen, « More than 300 people linked to suspected case of citizenship fraud », *The Globe and Mail*, 1er février 2010 http://www.theglobeandmail.com/news/national/more-than-300-people-linked-to-suspected-case-of-citizenship-fraud/article1451454

[137] En octobre 2007, Palestine House a fait la promotion d'un événement intitulé « Palestine: la connexion canadienne dans la crise actuelle ». À cette occasion, la Palestine House a fait la déclaration suivante: « *les États-Unis, l'Union Européenne, le Canada et Israël ont travaillé pour appuyer le régime de Mahmoud Abbas (Abu Mazen) alors que ce dernier négocie à l'encontre des droits historiques du peuple palestinien, à la grande joie*

du régime d'apartheid israélien. »

138 http://www.memritv.org/clip/en/678.htm

139 http://www.memri.org/report/en/0/0/0/0/0/0/389.htm

140 http://web.archive.org/web/20080403003138/www.palestinehouse.com/habash.htm

141 http://web.archive.org/web/20080128023436/http:/www.palestinehouse.com/index.html

142 http://www.tadamon.ca/about-us/information

143 *Ibid.*

144 *Ibid.*

145 http://www.tadamon.ca/post/926

146 http://www.tadamon.ca/post/822

147 http://web.archive.org/web/20071016203200/ajlm.org/savants.php

148 http://www.ccmmontreal.com/index.php?option=com_content&task=blogsection&id=
4&Itemid=35

149 Max Harrold, « Justify Your Existence: Stefan Christoff Journalist and activist proves
that even anarchists have fundamental beliefs »*The Gazette*, 29 mars 2008, p. B2.

150 « Protest opener peaceful », *The Gazette*, November 20, 2004, p. A1; « Riot cops move
in to quell protest », *The Gazette*, April 27, 2002, p. A4.

151 « Plenty of rage to go around », 29 juillet, 2003; « Le mouvement altermondialiste se
prépare pour Cancun », *La Presse*, p. A1, 2 août 2003, p. B3.

152 Edmond Omran est aussi un des dirigeants de la Fondation canado-palestinienne du
Québec qui a appelé, au printemps 2011, à « Montréal, c'est la troisième Intifada! ». Bel
exemple d'appui à une solution pacifique du conflit entre Arabes et Israéliens…

153 Hélène Buzetti, « La bienveillance, paravent fiscal? », *Le Devoir*, 2 mars 2010, http://m.
ledevoir.com/politique/canada/284154/la-bienfaisance-paravent-fiscal

154 Basalamah, Salah, « Des consciences critique et autocritique » in : *Québécois et
musulmans main dans la main pour la paix*, Lanctôt, 2006.

155 Voir : Fourest, Caroline, Frère Tariq, Grasset & Fasquelle, Paris, 2004 et Berman, Paul,
« Who is Afraid of Tariq Ramadan? », *The New Republic*, juin 2007.

156 Groupe islamique armé, une organisation terroriste qui prône l'instauration d'un État
islamiste en Algérie, responsable d'innombrables massacres de civils.

157 http://video.aol.fr/video-detail/tariq-ramadan-la-vie-de-hassan-al-banna44/679578089

158 http://www.ustreas.gov/offices/enforcement/key-issues/protecting/charities_
execorder_13224-b.shtml

159 http://www.recogniseresistance.net/index.php?option=com_content&view=article&id=
59:interview-nadine-rosa-rosso&catid=4:articles&Itemid=3

160 Al-Qardawi, Yusuf, *Le licite et l'illicite en islam*, éditions al-Qalam, 2001.

161 *Conseil européen des fatwas et de la recherche, Recueil de fatwas*, Série n° 1,
Présentation de Yusuf Al-Qardawi, Préface et commentaires de Tariq Ramadan, Lyon,
éditions Tawhid, 2003.

162 Communiqué de presse de l'Université d'Érasme et de la municipalité de Rotterdam,
http://www.eur.nl/english/news/detail_news/article/13028/ , 19 août 2009.

163 Communiqué de presse du ministère de l'Immigration et des Communautés
culturelles, Rectificatif, 5 novembre 2009, http://www.communiques.gouv.qc.ca/gouvqc/
communiques/GPQF/Novembre2009/05/c6301.html

164 Communiqué de presse de l'Institut du Nouveau Monder, L'INM n'est ni partenaire de
Présence musulmane ni associé à la tenue de la conférence de Tariq Ramadan, 5 novembre
2009 http://www.cnw.ca/en/releases/archive/November2009/05/c6433.html

165 http://www.presencemusulmane.org/plans_strategiques.htm

166 http://www.presencemusulmane.org/publication_view.php?id=13

167 *La Presse*, Forum, jeudi 15 septembre 2005, p. A19.

168 http://www.canadianislamiccongress.com/mc/media_communique.php?id=814

169 http://www.montrealmuslimnews.net/transcript.htm

170 http://www.canadianislamiccongress.com/opeds/article.php?id=1687

171 Je n'inclus pas le Congrès musulman du Canada dans cette liste de groupes extrémistes.
J'ai eu l'occasion de rencontrer plusieurs de ses membres, la première fois alors qu'ils

étaient venus plaider *pour* le mariage des conjoints de même sexe devant le Comité parlementaire sur le sujet dont je faisais partie. Depuis, ils ont attiré l'attention des médias par leurs prises de positions libérales. Voir http://www.muslimcanadiancongress.org

[172] Qui, dès sa carrière à *La Presse* terminée, se lança dans le militantisme politique propalestinien, confirmant alors son penchant et sa partialité de chroniqueur à *La Presse*.

[173] Cité par Jean-Luc Allouche, *Les jours redoutables, Israël-Palestine: la paix dans mille ans*, Denoël Impact, 2010, p.45.

[174] « UN says no massacre in Jenin », BBC, 1er août 2002 http://news.bbc.co.uk/2/hi/middle_east/2165272.stm

[175] http://spme.net/cgi-bin/articles.cgi?ID=653

[176] http://www2.parl.gc.ca/HousePublications/Publication.aspx?DocId=4580527&Language=F&Mode=1&Parl=40&Ses=3

[177] http://fmc-cmf.com/index.php?id=112&L=1

[178] http://www.macnet.ca/about

[179] Politique: « Richard Nadeau honoré par la communauté libanaise et musulmane », Radio-Canada, 3 septembre 2010. http://www.radio-canada.ca/regions/ottawa/2010/09/03/005-richard-nadeau-honore.shtml

[180] http://www.ccmmontreal.com/index.php?option=com_content&task=blogsection&id=4&Itemid=35

[181] http://www.irfi.org/articles2/articles_3151_3200/muslim%20author%20speaks%20out%20against%20'islamo-fascism'html.htm

[182] Pour en savoir plus sur l'antisionisme juif, voir les excellents essais de l'avocat britannique Anthony Julius : « Jewish Anti-Zionism Unravelled: The Morality of Vanity (Part 1) », Z Word, mars 2008 http://www.z-word.com/z-word-essays/jewish-anti-zionism-unravelled%253A--the-morality-of-vanity-%2528part-1%2529.html et « Jewish Anti-Zionism Unravelled: Questioning Antisemitism (Part 2) », Z word, avril 2008, http://www.z-word.com/z-word-essays/jewish-anti-zionism-unravelled%253A-questioning-antisemitism-%2528part-2%2529.html

[183] http://www.youtube.com/watch?v=R-r04SQ97_Q

[184] Traduction libre de l'auteur.

[185] 2007 CF 1025.

[186] Robin Sheppard, *A State Beyond the Pale, Europe's Problem With Israel*, Weidenfeld & Nicolson, p.105.

[187] Traduction libre de l'auteur.

[188] Pierre-André Taguieff, *La nouvelle propagande antijuive*, Presses Universitaires de France, Paris, 2010, p. 362.

[189] Voir, entre autres, http://www.investigativeproject.org/article/789 de David Harris, un ex-agent du service de renseignement canadien et expert en matière de menaces terroristes.

[190] Voir l'excellent article du Canadien Terry Glavin The Cairo Clique : « Anti-Zionism and the Canadian Left » sur : http://z-word.com/z-word-essays/the-cairo-clique%253A-anti-zionism-and-the-canadian-left.html

[191] Encore que l'idéologie des islamistes étant clairement fasciste, le brun (comme dans *chemises brunes*) conviendrait peut-être davantage pour les colorer.

[192] « Don't be silenced by extremists », *Toronto Star*, 28 février 2006 http://www.muslimcanadiancongress.org/20060228.pdf

[193] http://pointdebasculecanada.ca

[194] Voir http://www.ledevoir.com/2008/10/03/208854.html, l'éditorial de Mario Roy, intitulé « Les modérés » dans *La Presse* du 4 octobre 2008 et « Le cri d'alarme de trois musulmans », par Jacques Brassard dans *Le Quotidien* du jeudi 16 octobre 2008.

[195] Amir Khadir, *Oussama ben Laden, ami de la famille Bush*, vendredi 14 décembre 2001, p. A15

[196] «Que l'Assemblée nationale rappelle, à la suite de la mort d'Oussama Ben Laden qui a orchestré les attentats du 11 septembre, que le Québec a été et continuera d'être un allié de l'ensemble de la communauté internationale en matière de sécurité et plus particulièrement face à la menace terroriste;

«Qu'elle salue la persévérance et la détermination des États-Unis et de ses alliés dans la recherche d'une plus grande sécurité à l'échelle mondiale;

«Qu'elle souligne l'importance de demeurer vigilant et réitère son appréciation de la contribution des Québécoises et des Québécois déployés en Afghanistan, notamment dans la lutte continue contre le terrorisme.»

[197] Paul Journet, Motion sur ben Laden: Khadir contre tous, *Cyberpresse*, 10 mai 2011, http://www.cyberpresse.ca/international/dossiers/ben-laden-est-mort/201105/10/01-4398035-motion-sur-ben-laden-khadir-contre-tous.php?utm_categorieinterne=trafficdrivers&utm_contenuinterne=cyberpresse_BO2_quebec_canada_178_accueil_POS1

[198] http://www.assnat.qc.ca/fr/travaux-parlementaires/assemblee-nationale/39-1/journal-debats/20100601/18481.html#_Toc263339582

[199] http://www.assnat.qc.ca/fr/video-audio/AudioVideo-22517.html

[200] Blogue de Jean-François Lisée, « Amir Khadir: Hamas et Hezbollah ? Des "obscurantistes"! » , 22 décembre 2010, http://www2.lactualite.com/jean-francois-lisee/amir-khadir-hamas-et-hezbollah-des-obscurantistes/6975

[201] Lysiane Gagnon, « Khadir le fanatique », *La Presse*, 21 décembre 2010, http://www.cyberpresse.ca/chroniqueurs/lysiane-gagnon/201012/20/01-4354210-khadir-le-fanatique.php

[202] Pierre-André Normandin, « Une représentante de Québec solidaire appuie le Hezbollah », *Le Soleil*, 29 juillet 2006.

[203] Québec Solidaire se dissocia le lendemain des déclarations de Ginette Lewis.

[204] Qui regroupait les groupes suivants : Alternatives, AQOCI, CISO, Comité de solidarité de Trois-Rivières, Comité pour la justice sociale, COPHAN, CSN, CSQ, FFQ, FNEEQ, FTQ, Handicap international, Solidarity with Palestinian Human Rights, Tadamon.

[205] http://www.csq.qc.net/index.cfm/2,0,1676,9656,2323,0.html?action=display&BoxID=13689&LangID=2&KindID=2&complete=yes

[206] Voir : Malorie Beauchemin, « Des vidéos haineuses embarrassent le Bloc », *La Presse*, 4 février 2009 http://www.cyberpresse.ca/actualites/quebec-canada/politique-canadienne/200902/03/01-823870-des-videos-haineuses-embarrassent-le-bloc.php et http://www.pointdebasculecanada.ca/breve/1513-quebec-une-depute-du-bloc-agent-de-propagande-pour-le-hamas-et-autres-djihadistes.php. Elle a été contrainte de s'excuser par la direction du Bloc.

[207] Mario Roy, « La hiérarchie des causes », *La Presse*, 3 juillet 2010 http://www.cyberpresse.ca/place-publique/editorialistes/mario-roy/201006/30/01-4294645-la-hierarchie-des-causes.php

[208] Ce phénomène existe aussi ailleurs. De nombreux ouvrages y ont été consacrés dont *La Tentation obscurantiste* de Caroline Fourest , publié chez Grasset; *Le socialisme des imbéciles (quand l'antisémitisme redevient de gauche)*, d'Alexis Lacroix, chez les Éditions de La Table Ronde; et *La nouvelle judéophobie* de même que *Prêcheurs de haine* de Pierre-André Taguieff, les deux publiés par les Éditions Mille Et Une Nuits. En anglais, voir le livre *Flight of the Intellectuals* par Paul Berman aux Éditions Melville House.

[209] Ce terme a été inventé en 1879 par le journaliste allemand Wilhelm Marr spécifiquement pour signifier la haine « non-confessionnelle » (i.e. raciale) envers les Juifs et le judaïsme prôné au sein du parti politique la ligue antisémite. C'est donc la signification que je lui donne tout au long de cet ouvrage. Le ridicule argument selon lequel ce terme s'applique aussi aux Arabes (eux aussi peuple sémite) ne tient pas compte de la genèse de ce mot.

[210] Freddy Eytan, *Sarkozy, le monde juif et Israël*, Éditions Alphée-Jean-Paul Bertrand, 2009, p.176-177.

[211] Voir chapitre 22.

[212] Gérard Bouchard, *Les rapports avec la communauté juive: un test pour la nation québécoise* in Juifs et *Canadiens français dans la société québécoise*, Septentrion, Sillery, 2000 p.14 et 25.

[213] TVA Nouvelles, « Les Québécois francophones mal-aimés au Canada », 27 janvier 2010 http://lcn.canoe.ca/lcn/infos/national/archives/2010/01/20100127-153157.html

[214] Elizabeth Thompson, « Cultural split exists in attitude to Jews », *The Gazette*, 8 novembre 2010 http://www.montrealgazette.com/health/Cultural+split+exists+attitude+Jews/3792919/story.html

[215] Pierre Anctil, *Parcours divergents et réalités communes*, in *Juifs et Canadiens français dans la société québécoise*, Septentrion, Sillery, 2000, p. 183-184.

[216] Pierre Anctil et Gary Caldwell, *Juifs et réalités juives au Québec*, Québec, Institut québécois de recherche sur la culture, 1984, p. 313.

[217] Pierre Anctil, *Parcours divergents et réalités communes*, in *Juifs et Canadiens français dans la société québécoise*, Septentrion, Sillery, 2000, p. 184.

[218] Plusieurs des citations de cette partie sont disparues du site de Vigile suite à un article du quotidien *La Presse* paru en mai 2011. J'ai tout de même laissé le lien original.

[219] http://archives.vigile.net/05-11/17.html#24

[220] http://www.vigile.net/+-Canada-colonie-sioniste-

[221] http://www.vigile.net/+-Colonie-sioniste-Quebec-

[222] http://www.vigile.net/-Annapolis-croisee-des-chemins-ou-

[223] http://www.vigile.net/L-horreur-de-Gaza

[224] *Ibid.*

[225] http://www.vigile.net/Les-mechants-mots-antisemitisme-et

[226] http://www.vigile.net/Bravo-Mme-Saulnier

[227] http://www.vigile.net/Lise-Noel-et-Gaza

[228] Ouvrage de la fin du 19e siècle, les Protocoles constituent un faux antisémite et font état d'une prétendue conférence des leaders du judaïsme mondial complotant pour s'emparer des leviers de commande de l'univers sous le couvert de la démocratie. http://www.universalis.fr/encyclopedie/protocoles-des-sages-de-sion

[229] Parent parle ici des Protocoles des Sages de Sion.

[230] http://www.vigile.net/Lettre-a-mes-concitoyens,33851

[231] http://www.vigile.net/Israel-l-Occident-et-le-cochon

[232] Ce texte, après avoir publié, a été effacé de Vigile. Ce n'est qu'après avoir été pris à partie par le site Judéoscope qu'il est réapparu. On peut le consulter à : http://www.vigile.net/Vigile-et-Judeoscope-le-profilage

[233] http://www.vigile.net/L-antisemitisme-d-Adrien-Arcand

[234] http://www.vigile.net/La-verite-a-propos-des-Juifs-de

[235] http://www.vigile.net/Le-lobby-juif-est-responsable-de-l

[236] http://www.vigile.net/Mouvement-Nationaliste

[237] Joel-Denis Bellavance, Un site souverainiste accusé d'antisémitisme, *La Presse*, 16 mars 2011, http://www.cyberpresse.ca/actualites/quebec-canada/politique-quebecoise/201103/16/01-4380099-un-site-souverainiste-accuse-dantisemitisme.php Voir aussi la chronique de Joseph Facal sur ce sujet: Les mauvaises fréquentations, 21 mars 2011, http://www.josephfacal.org/les-mauvaises-frequentations/

[238] Louise Beaudoin a démissionné du Parti québécois en juin 2011.

[239] Je reviendrai sur la Commission Bouchard-Taylor au chapitre 20.

[240] La plupart des informations plus bas provient d'un excellent document produit par Daniel Amar, Directeur du Congrès juif du Québec.

[241] http://tva.canoe.ca/emissions/je/reportages/16935.html

[242] Brunvald, Jan Harold, *Encyclopedia of Urban Legends*, Reprint, New York, W.W. Norton & Company, chapitre : The Jewish Secret Tax, pp 222-223: « The actual cost to the consumer is generally minuscule. In 1975 the cost per item for obtaining kosher certification was estimated by *The New York Times* as being 6.5 millionths (0.0000065) of a cent per item for a typical product ».

[243] Caroline Touzin et Laura-Julie Perreault, Accommodements raisonnables : Bouchard-Taylor: mythes et réalités, *La Presse*, 26 novembre 2007.

[244] On ne compte que 17 restaurants casher au Québec, tous situés sur l'île de Montréal, sur un total québécois de 18077 restaurants selon l'Association des Restaurateurs du Québec.

[245] Pour un livre intéressant sur les produits casher aux États-Unis, voir Sue Fishkoff,

Kosher Nation, Why More and More of America's Food Answers to a Higher Authority, Schocken, New York, 2010.

[246] Voir aussi Gérard Bouchard et Charles Taylor, *Fonder l'avenir. Le temps de la conciliation*, rapport abrégé de la Commission de consultation sur les pratiques d'accommodements reliées aux différences culturelles, Gouvernement du Québec, p. 20 : « *Il n'existe actuellement aucune étude synthèse qui fasse autorité sur le sujet. Cependant, on dispose de témoignages et d'aperçus partiels, mais fiables, qui établissent clairement que a) l'intérêt que manifestent les entreprises pour la certification casher relève de stratégies de marché qui s'étendent à une partie des États-Unis ; b) les frais additionnels que doivent assumer les consommateurs sont minimes ; c) les exigences liées à la certification peuvent amener des entreprises à modifier certains procédés de production (lavages additionnels, par exemple), mais non pas à modifier la composition de leurs produits ; et d) les rabbins ne tirent pas profit de la certification* » . http://www.accommodements.qc.ca/documentation/rapports/rapport-final-abrege-fr.pdf

[247] Christian Rioux, « Le "martyr" Dieudonné », *Le Devoir*, vendredi 14 juillet 2006.

[248] « *Ce sont tous des négriers reconvertis dans la banque, le spectacle et aujourd'hui l'action terroriste qui manifestent leur soutien à la politique d'Ariel Sharon. C'est Israël qui a financé l'apartheid et ses projets de solution finale.*» Interview au *Journal du Dimanche*, 8 février 2004.

[249] Verbatim : « Aujourd'hui, je parle de pornographie mémorielle », *Le Monde*, 22 février 2005. Voir aussi la vidéo sur Proche-Orient.info mms://stream2.ipercast.net/proche-orient.info/Alger/Dieudonne_Long_Stream.wm

[250] Communiqué, 19 février 2005.

[251] Dieudonné, assez, *Le Monde*, 22 février 2005.

[252] Claude Askolovitch, « Dieudonné : Enquête sur un anti-Sémite », *Le Nouvel Observateur*, 24 février 2005.

[253] Notamment sur lors de l'émission de télévision de Thierry Ardisson en décembre 2004.

[254] Agence France-Presse, Dieudonné condamné en appel pour « injures raciste », cyberpresse, 17 mars 2011 http://www.cyberpresse.ca/arts/spectacles-et-theatre/humour-et-varietes/201103/17/01-4380292-dieudonne-condamne-en-appel-pour-injures-racistes.php

[255] David Santerre, Dieudonné condamné à verser 75 000$ à Patrick Bruel, Rue Frontenac, 27 février 2009 http://ruefrontenac.com/spectacles/actualite/1387-dsanterre-bruel-dieudonne

[256] Dans un rapport remis au Ministre de l'Intérieur français en octobre 2004 et intitulé « Chantier sur la lutte contre le racisme et l'antisémitisme », Jean-Christophe Rufin a écrit : « *Cet antisionisme moderne est né au confluent des luttes anticoloniales, antimondialisation, antiracistes, tiers-mondistes et écologistes. Il est fortement représenté au sein d'une mouvance d'extrême-gauche altermondialiste et verte. (...) La conférence de Durban (...) a donné lieu à la plus violente mise en scène de cet antisionisme antiraciste.* » Voir : http://lesrapports.ladocumentationfrancaise.fr/BRP/044000500/0000.pdf , p. 28.

[257] Pour un court mais excellent article sur le lien antisémitisme-antisionisme, voir Robert S. Wistrich, *Quelques réflexions sur l'antisémitisme contemporain*, in *Diversité canadienne*, volume 8:4, automne 2010, p.5.

[258] Pierre-André Taguieff, La nouvelle propagande antijuive, Presses Universitaires de France, Paris, 2010, p. 57

[259] Cité dans Jean-Luc Allouche, *Les jours redoutables*, Denoël Impacts, 2010, p.200.

[260] http://www.european-forum-on-antisemitism.org/working-definition-of-antisemitism/francais-french

[261] http://www.ldh-toulon.net/spip.php?article372

[262] Hélène Buzetti, « Coalition de lutte contre l'antisémitisme: le Bloc se retire », *Le Devoir*, 10 mars 2010 http://www.ledevoir.com/politique/canada/284651/coalition-de-lutte-contre-l-antisemitisme-le-bloc-se-retire

[263] Voir chapitre 16.

[264] Bien que n'ayant pas participé aux travaux de la conférence, une délégation du Bloc a

toutefois assisté au gala officiel tenu pendant celle-ci.

[265] www.bdsquebec.org

[266] Pour connaître la vraie nature de ce mouvement, voir: http://www.youtube.com/watch?v=tnpiIMYsR0I

[267] Pendant ce temps, des intellectuels français de haut calibre parlent du boycott d'Israël comme étant une « arme indigne » dans le page du Monde : http://www.lemonde.fr/idees/article/2010/11/01/le-boycott-d-israel-est-une-arme-indigne_1433857_3232.html

[268] http://qic.cqi.org/IMG/pdf/09_29_2010_Masuku.pdf

[269] Voir notamment : http://www.nationalpost.com/opinion/disgrace+CUPW/3661471/story.html. One speaker at Canadian Union of Postal Workers sponsored anti-Israel conference admits support for terror, another heads organization that threatened South African Jews, http://eyecrazy.blogspot.com/2010/10/one-speaker-at-canadian-union-of-postal.html et Jonathan Kay,« CUPW's radical politics and anti-Israel bigotry are a disgrace to letter carriers », *National Post*, Full Comment, 12 octobre 2010 http://fullcomment.nationalpost.com/2010/10/12/jonathan-kay-cupws-radical-politics-and-anti-israel-bigotry-are-a-disgrace-to-letter-carriers. Ceci est sans parler des nombreuses personnes qui ont fait circuler l'information sur Facebook et autres médias sociaux.

[270] Lawrence Summers, alors président de la prestigieuse université de Harvard à l'automne 2002 (il a été le Secrétaire au Trésor sous Clinton avant et principal conseiller économique d'Obama après son passage à Harvard) a dit de la campagne de désinvestissement qu'elle était « *anti-Semitic in effect, if not intent*».

[271] Voir sur ce sujet: http://www.tuliponline.org/?p=1901

[272] http://www.spme.net/cgi-bin/articles.cgi?ID=7322

[273] Julie Wiener, « UNRWA Head : Don't Boycott Israel », *The Jewish Week*, 16 novembre 2010, http://www.thejewishweek.com/features/new_york_minute/unrwa_head_dont_boycott_israel

[274] http://www.blocquebecois.org/bloc.aspx?bloc=3fb92a9c-d849-4147-8954-90d76dc9d676

[275] Taïeb Moalla, « Khadir refuse de débattre d'une motion adéquiste », *Le Journal de Québec*, 2 février 2011 http://lejournaldequebec.canoe.ca/journaldequebec/politique/provinciale/archives/2011/02/20110209-134449.html

[276] http://www.crif.org/index.php?page=articles_display/detail&aid=22376&artyd=2

[277] Khadir a dû se rendre compte du ridicule de sa position quand, à la suite de son appel de boycott de la boutique de souliers *Le Marcheur* de la rue St-Denis à Montréal parce qu'elle vendait quelques chaussures fabriquées en Israël, les médias, les chroniqueurs et la population générale se sont insurgés. Voir notamment : Mathieu Turbide, Boycott «Harcelé» par son député, *Le Journal de Montréal*, 17 décembre 2010 http://lejournaldemontreal.canoe.ca/journaldemontreal/actualites/national/archives/2010/12/20101217-063602.html http://martineau.blogue.canoe.ca/2010/12/18/la_croisade_d_amir_khadir#comments, Richard Martineau, La croisade d'Amir Khadir, 18 décembre 2010, http://www.985fm.ca/audioplayer.php?mp3=87470, Joseph Facal, Le prophète et les infidèles, 20 décembre 2010 http://www.josephfacal.org/le-prophete-et-les-infideles/, , Vincent Marissal, Dites-moi Amir, votre vin, vous l'achetez où? , *Cyberpresse*, 20 décembre 2010 http://blogues.cyberpresse.ca/marissal/2010/12/20/dites-moi-amir-votre-vin-vous-lachetez-ou/?utm_categorieinterne=trafficdrivers&utm_contenuinterne=cyberpresse_bloguesaccueilcp_BO3_accueil_ECRAN1POS6 et Lysiane Gagnon, Khadir, le fanatique, *La Presse*, 21 décembre 2010 http://www.cyberpresse.ca/chroniqueurs/lysiane-gagnon/201012/20/01-4354210-khadir-le-fanatique.php?utm_catego rieinterne=trafficdrivers&utm_contenuinterne=cyberpresse_B13b_lysiane-gagnon_3265_section_POS1, Éric Duhaime, Les souliers d'Amir, *Le Journal de Québec*, 17 décembre 2010 http://blogues.canoe.ca/ericduhaime/islam/les-souliers-d%e2%80%99amir

[278] Noémi Mercier, « Amir Khadir, un rebelle au salon bleu », *L'Actualité*, vol 36, no 4, 15 mars 2011

[279] Sharansky, Natan,3D Test of Anti-Semitism: Demonization, Double Standards and

Delegitimization, *Jewish Political Studies Review* 16:3-4 (Fall 2004) http://www.jcpa.org/phas/phas-sharansky-f04.htm

[280] Et pour laquelle il s'est fait rabrouer par son collègue Richard Martineau, lui aussi chroniqueur au *Journal de Montréal*, quelques jours plus tard : Richard Martineau,, Histoire de bateaux, 7 juin 2010 http://martineau.blogue.canoe.ca/2010/06/07/histoires_de_bateaux#comments

[281] Stéphane Gendron, « Bienvenue au Canada », *Le Journal de Montréal*, 1er juin 2010. !http://lejournaldemontreal.canoe.ca/journaldemontreal/chroniques/stephanegendron/archives/2010/06/20100601-065306.html

[282] Jean-Michel Nahas, « Stéphane Gendron est déçu et frustré », *Journal de Montréal* , 20 juin 2007 http://argent.canoe.ca/infos/quebec/archives/2007/07/20070726-071243.html

[283] Pierre Foglia, « Nous ne sommes pas antisémites », *La Presse*, 5 juin 2010 http://www.cyberpresse.ca/chroniqueurs/pierre-foglia/201006/04/01-4287102-nous-ne-sommes-pas-antisemites.php?utm_categorieinterne=trafficdrivers&utm_contenuinterne=cyberpresse_B13b_pierre-foglia_3264_section_POS1

[284] Voir: Pierre Foglia, « Les géants », *La Presse*, 12 août 2010 http://www.cyberpresse.ca/chroniqueurs/pierre-foglia/201008/11/01-4305832-les-geants.php?utm_categorieinterne=trafficdrivers&utm_contenuinterne=cyberpresse_B40_chroniqueurs_373561_accueil_POS2

[285] Voir Emmanuel Poncet, « Edgar Morin, 82 ans, sociologue, penseur de la complexité », *Libération*, 13 mai 2004.

[286] Howard Jacobson, « Anti-Zionism - facts (and fictions) », *The Jewish Chronicle*, 28 juillet 2010. http://www.thejc.com/comment-and-debate/comment/36256/anti-zionism-facts-and-%EF%AC%81ctions

[287] Il est en fait professeur d'histoire contemporaine à l'Université de Tel-Aviv, spécialisé dans l'œuvre de Georges Sorel et l'histoire du cinéma…

[288] Sand vient tout juste d'être engagé par…l'UQAM. Voir : http://www.instances.uqam.ca/ca/index/index_gen.html

[289] *Comment le peuple juif fut inventé*, Éditions Fayard, 2008

[290] Sharon Begley, « The DNA of Abraham's Children », *Newsweek*, 3 juin 2010, http://www.newsweek.com/2010/06/03/the-dna-of-abraham-s-children.print.html. Voir aussi: Nicolas Wade, « Studies Show Jews' Genetic Similarity », *The New York Times*, 9 juin 2010 http://www.nytimes.com/2010/06/10/science/10jews.html?hpw et Robert Adler, « Scattered Seeds: Two New Studies Trace Jewish Genetic History », Suite101.com, 9 juin 2010 http://humangenetics.suite101.com/article.cfm/scattered-seeds-two-new-studies-trace-jewish-genetic-history et Alex Joffe, « The DNA Speaks, Jewish Ideas Daily », 20 décembre 2010 http://www.jidaily.com/dna/e

[291] Attention, ceci ne veut pas dire que les Juifs sont une race. Si c'était le cas, je ne pourrais évidemment pas en faire partie. Ce que cela veut dire, cependant, c'est que la nation juive est bel et bien née au Proche-Orient et que sa Diaspora a bel et bien les mêmes racines. Ceci n'empêche pas la possibilité de se joindre au peuple juif par conversion, phénomène qui a toujours existé et qui est bien codifié par la Loi juive.

[292] Nicolas Wade, « Studies Show Jews' Genetic Similarity », *The New York Times*, 9 juin 2010, http://www.nytimes.com/2010/06/10/science/10jews.html

[293] « *They refute the suggestion made last year by the historian Shlomo Sand in his book "The Invention of the Jewish People" that Jews have no common origin but are a miscellany of people in Europe and Central Asia who converted to Judaism at various times.* »

[294] Pierre Anctil, *René Lévesque et les communautés culturelles* in *René Lévesque, Mythes et réalités*, sous la direction d'Alexandre Stefanescu, VLB Éditeur, Montréal, 2008, p. 181.

[295] Au sens de « initiée par l'État ».

[296] Gérard Bouchard et Charles Taylor, *Fonder l'avenir. Le temps de la conciliation*, rapport abrégé de la Commission de consultation sur les pratiques d'accommodements reliées aux différences culturelles, Gouvernement du Québec, p. 83. http://www.accommodements.qc.ca/documentation/rapports/rapport-final-abrege-fr.pdf

[297] Manon Cornellier, « La réflexion du Bloc sur la citoyenneté déborde les rangs souverainistes », *Le Devoir*, 14 juin 1999.

[298] *Ibid.*

[299] Joseph Facal, *Quelque chose comme un grand peuple*, Boréal, Montréal, 2010, p. 53.

[300] Michel David, « La carte identitaire », *Le Devoir*, 22 juin 2010 http://www.ledevoir.com/politique/quebec/291375/la-carte-identitaire

[301] Même le Canada anglais commence à remettre sérieusement en question le multiculturalisme comme en fait foi l'éditorial du principal journal canadien anglais, *The Globe & Mail*, publié le 8 octobre 2010 et intitulé « Strike multiculturalism from the national vocabulary » : http://www.theglobeandmail.com/news/national/time-to-lead/multiculturalism/editorial-strike-multiculturalism-from-the-national-vocabulary/article1748958 et une chronique dans le *Toronto Star* du 7 novembre 2010 intitulée « The failed promise of multiculturalism » : http://www.thestar.com/opinion/editorialopinion/article/886854--persichilli-the-failed-promise-of-multiculturalism. Même un pays comme l'Allemagne, qui a depuis longtemps appliqué une politique de multiculturalisme, n'en veut plus, selon les dires mêmes de la chancelière Angela Merkel. Voir : Agence France-Presse, « Le modèle multiculturel allemand a totalement échoué selon Merkel », *Cyberpresse.ca*, 16 octobre 2010 http://www.cyberpresse.ca/international/europe/201010/16/01-4333212-le-modele-multiculturel-allemand-a-totalement-echoue-selon-merkel.php . C'est maintenant la même chose en Grande-Bretagne : Jason Groves, « We need to be a lot less tolerant towards Islamic extremists': Cameron calls for immigrants to respect British core values », *The Daily Mail*, 17 février 2011 http://www.dailymail.co.uk/news/article-1353902/David-Cameron-Stop-tolerating-Islamic-extremists-respect-British-core-values.html

[302] À ce sujet, voir entre autres les livres de Bruce Bawer *While Europe Slept* (2006) et *Surrender* (2009).

[303] Mario Roy, « Liberté, sécurité, prospérité », *La Presse*, 23 octobre 2010 http://www.cyberpresse.ca/place-publique/editorialistes/mario-roy/201010/22/01-4335121-liberte-securite-prosperite.php

[304] À ce sujet, voir l'intéressante chronique « *Catholique non-croyant* » de Richard Martineau du 1er novembre 2010 http://martineau.blogue.canoe.ca/2010/11/01/catholique_non_croyant#comments

[305] Robert Dutrisac, « Le projet de loi 94 inquiète les juifs orthodoxes », *Le Devoir*, 21 octobre 2010 http://www.ledevoir.com/societe/education/298472/le-projet-de-loi-94-inquiete-les-juifs-orthodoxes

[306] Voir le tableau http://www.eyeontheun.org/browse-year.asp?ya=1&sa=1&ua=1&tp=1&tpn=Resolution

[307] http://www.un.org/News/fr-press/docs/2010/ECOSOC6419.doc.htm

[308] http://www.un.org/womenwatch/daw/daw/index.html

[309] Judith Lachapelle, « Femmes, séismes et manœuvres politiques », *La Presse*, 21 avril 2010. http://www.cyberpresse.ca/international/201004/21/01-4272589-femmes-seismes-et-manoeuvres-politiques.php

[310] « La Libye élue au Conseil des droits de l'Homme », *Le Monde*, 13 mai 2010 http://www.lemonde.fr/international/article/2010/05/13/la-libye-elue-au-conseil-des-droits-de-l-homme-de-l-onu_1351318_3210.html

[311] http://www.webcitation.org/5dViuhEdA

[312] http://daccess-dds-ny.un.org/doc/UNDOC/GEN/G10/140/88/PDF/G1014088.pdf?OpenElement

[313] http://paris1.mfa.gov.il/mfm/web/main/document.asp?DocumentID=82644&MissionID=31

[314] Jared Malsin, « UN expert Richard Falk: PA told me to quit », *Ma'an News Agency*, 9 mars 2010. http://www.maannews.net/eng/ViewDetails.aspx?ID=267176

[315] http://www.interlinkbooks.com/product_info.php?products_id=1326

[316] Eli Lake, « UN Officials Calls for Study of Neocons' Role in 9/11», *The New York Sun*, 10 avril 2008 http://www.nysun.com/news/foreign/un-official-calls-study-neocons-

role-911

[317] Natasha Mozgovaya, Shlomo Shamir and Reuters, « Ban Ki-moon condemns UN Palestinian human rights official for backing 9/11 slurs », *Haaretz*, 25 janvier 2010 http://www.haaretz.com/news/international/ban-ki-moon-condemns-un-palestinian-human-rights-official-for-backing-9-11-slurs-1.339181 et Agence France-Presse, « Ban critique un Rapporteur de l'ONU pour des propos sur le 11 Septembre », 25 janvier 2011 http://www.24heures.ch/depeches/communales-2011/ban-critique-rapporteur-onu-propos-11-septembre

[318] Pour en connaître plus sur l'ONU, le site www.unwatch.org est un bijou. De plus, le directeur de UN Watch, Hillel Neuer, est non seulement brillant, rigoureux et éloquent, il est aussi un Montréalais.

[319] http://www.un.org/News/fr-press/docs/2006/SGSM10796.doc.htm

[320] Joseph Facal, « La fabrique de la haine », 30 septembre 2009 http://www.josephfacal.org/la-fabrique-de-la-haine

[321] Voir entre autres l'excellent travail, documenté et rigoureux, du Jerusalem Center for Public Affairs à http://jcpa.org/JCPA/Templates/showpage.asp?DBID=1&LNGID=1&TMID=84&FID=452&PID=3131

[322] « Israel's bombardment of Gaza is not self-defence – it's a war crime », *The Times*, January 11, 2009 http://www.timesonline.co.uk/tol/comment/letters/article5488380.ece

[323] « Goldstone walks a fine line in an ancient war zone », *Business Day*, 4 août 2009, http://www.businessday.co.za/articles/Content.aspx?id=77618

[324] Tehiya Barak, « Judge Goldstone's dark past », Ynetnews, 6 mai 2010 http://www.ynetnews.com/articles/0,7340,L-3885999,00.html

[325] Anshel Pfeffer et Danna Harman, « UN report co-author: Hamas fired 2 rockets before Gaza op », *Haaretz*, 11 février 2010, http://www.haaretz.com/hasen/spages/1149044.html

[326] Taguieff, Paul-André, *La nouvelle propagande antijuive*, Presses Universitaires de France, Paris, 2010, p. 37

[327] Richard Goldstone, « Reconsidering the Goldstone Report on Israel and war crimes», 1er avril 2011 http://www.washingtonpost.com/opinions/reconsidering-the-goldstone-report-on-israel-and-war-crimes/2011/04/01/AFg111JC_story.html

[328] Pour d'autres articles à ce sujet, voir: Jeannie Gosselin, « Goldstone se rétracte », *La Presse*, 4 avril 2011, http://www.cyberpresse.ca/international/moyen-orient/201104/04/01-4386146-goldstone-se-retracte.php?utm_categorieinterne=trafficdrivers&utm_contenuinterne=cyberpresse_B9_international_29810_accueil_POS4 , et Ethan Bronner et Isabel Kershner, « Head of U.N. Panel Regrets Saying Israel Intentionally Killed Gazans », *The New York Times*, 2 avril 2011, http://www.nytimes.com/2011/04/03/world/middleeast/03goldstone.html?_r=1

[329] David Bernstein, « Human Rights Watch Goes to Saudi Arabia », *The Wall Street Journal*, 15 juillet 2009 http://online.wsj.com/article/SB124528343805525561.html

[330] *AFP* Infos Mondiales, vendredi 11 juin 2010.

[331] On parle ici de l'Égypte et de l'Irak.

[332] Robert L. Bernstein, « Rights Watchdog, Lost in the Mideast », *The New York Times*, 19 octobre 2009 http://www.nytimes.com/2009/10/20/opinion/20bernstein.html

[333] Nicholas D. Kristof, « The World Capital of Killing », *The New York Times*, 6 février 2010 http://www.nytimes.com/2010/02/07/opinion/07kristof.html?scp=4&sq=kristof&st=cse et Nicholas D. Kristof, « The Grotesque Vocabulary in Congo », *The New York Times*, 10 février 2010 http://www.nytimes.com/2010/02/11/opinion/11kristof.html?scp=4&sq=kristof&st=nyt

[334] En août 2010, le dirigeant de la branche finlandaise de Amnesty International, Frank Johanson, a qualifié Israël de « *scum State* » sur son site web : Benjamin Weinthal, « Amnesty Int'l Finland: Israel scum state », *Jerusalem Post*, 24 août 2010 http://www.jpost.com/International/Article.aspx?id=185846

[335] À ce sujet, voir le très mordant et très bon article de la chroniqueuse britannique Melanie Philips, « The moral blindness of the 'human rights' industry », 16 février 2010 http://www.spectator.co.uk/melaniephillips/5777877/the-moral-blindness-of-the-human-

rights-industry.thtml

[336] Les restes de ces trois militaires ont été rendus aux autorités israéliennes en même temps qu'un civil israélien victime d'enlèvement en échange de 436 prisonniers et des corps de 59 militants, en janvier 2004.

[337] http://www.cbc.ca/world/story/2010/11/19/f-rfa-macdonald-lebanon-hariri.html . Pour la version française, voir : http://www.radio-canada.ca/emissions/enquete/2010-2011/ Reportage.asp?idDoc=125761

[338] Ceci a un peu changé en août 2010; cependant la nouvelle loi ne fait qu'accorder aux réfugiés palestiniens les même droits que ceux accordés aux travailleurs étrangers au Liban, ce qui est complexe pour les Palestiniens car le droit d'accès aux professions pour les travailleurs étrangers est souvent soumis à des ententes de réciprocité entre le Liban et leurs pays d'origine. Or, comme il n'y a toujours pas d'État palestinien, il est impossible d'avoir de telles ententes de réciprocité. Voir : http://www.google.com/hostednews/ap/ article/ALeqM5gG-zpmVkw-1nfyIUVZsjsAy8s2wgD9HLB7000 et Le Monde avec Reuters, Le Liban octroie des droits civiques aux Palestiniens, 18 août 2010 http://www. lemonde.fr/proche-orient/article/2010/08/18/le-liban-octroie-des-droits-civiques-de-base-aux-palestiniens_1399982_3218.html

[339] Natacha Yazbeck, « Lebanon grants Palestinian refugees work rights » , Agence France-Presse, 17 août 2010 http://www.google.com/hostednews/afp/article/ ALeqM5hQgEbOn5jFd44coMyjIDf-Jt2FvQ

[340] Un rapport financé par l'Union européenne rendu public le 14 décembre 2010 arrive à la même conclusion : Simona Sikimic, « Living conditions of Palestions refugees worse than believed – study », The Daily Star, 15 décembre 2010, http://www.dailystar.com.lb/ article.asp?edition_id=1&categ_id=1&article_id=122554#axzz18AfNl3Gg

[341] Thomas Abgrall, « Ahmadinejad accueilli en héros à Beyrouth », La Presse, 14 octobre 2010, p. A31.

[342] « Nasrallah: No peace in Middle East as long as Israel exists », Haaretz, 11 septembre 2008, http://www.haaretz.com/news/nasrallah-no-peace-in-middle-east-as-long-as-israel-exists-1.253594

[343] Voir entre autres : Amos Harel et Avi Issacharoff, 34 Days: Israel, Hezbollah, and the War in Lebanon, Palgrave Macmillan, New York, 2008, p. 102-103.

[344] Ibid. p. 98.

[345] « The immediate crisis results from efforts by extremist forces to destabilize the region and to frustrate the aspirations of the Palestinian, Israeli and Lebanese people for democracy and peace. In Gaza, elements of Hamas launched rocket attacks against Israeli territory and abducted an Israeli soldier. In Lebanon, Hizbollah, in violation of the Blue Line, attacked Israel from Lebanese territory and killed and captured Israeli soldiers, reversing the positive trends that began with the Syrian withdrawal in 2005, and undermining the democratically elected government of Prime Minister Fuad Siniora. » http://en.g8russia.ru/docs/21.html

[346] http://sisyphe.org/spip.php?breve671

[347] http://www.melaniephillips.com/diary/?p=1291

[348] « If we searched the entire world for a person, more cowardly, despicable, weak and feeble in psyche, mind, ideology and religion, we would not find anyone like the Jew. Notice, I do not say the Israeli ». Saad-Ghorayeb, Amal, Hizbullah; Politics and Religion, London, Pluto Press, 2002, p. 170.

[349] http://www.camera.org/index.asp?x_context=7&x_issue=11&x_article=1158

[350] « But let us also be very clear – a democratic state like Canada cannot be neutral as between a democratic state and terrorist organizations. There is no honest broker between those two. » http://www.liberal.ca/newsroom/speeches/speech-to-the-inter-parliamentary-coalition-for-combating-anti-semitism

[351] « Wikileaks : Les liens entre Téhéran et le Hezbollah », Le Monde, 29 novembre 2010, http://www.lemonde.fr/international/article/2010/11/29/teheran-a-utilise-des-ambulances-pour-passer-des-armes-au-hezbollah_1446273_3210.html

[352] Pour un article récent sur l'état du Hezbollah, voir : Thanassis Cambanis, « Stronger

Hezbollah Emboldened for Fights Ahead », *The New York Times*, 6 octobre 2010 http://www.nytimes.com/2010/10/07/world/middleeast/07hezbollah.html?_r=1

353 George Malbrunot, « Dans le secret des caches du Hezbollah », *Le Figaro*, 25 octobre 2010 http://www.lefigaro.fr/international/2010/10/25/01003-20101025ARTFIG00681-dans-le-secret-des-caches-d-armes-du-hezbollah.php

354 « Lebanon hails militants freed in prisoner swap », CNN, 17 juillet 2008, http://www.cnn.com/2008/WORLD/meast/07/16/israel.swap/index.html et « Kuntar receives a hero's welcome », *Jerusalem Post*, 15 juillet 2008, http://www.jpost.com/Home/Article.aspx?id=107755 et « Hezbollah celebrates swap with Israelis », *The New York Times*, 16 juillet 2008 http://www.nytimes.com/2008/07/16/world/africa/16iht-mideast.4.14552483.html

355 Jonathan D. Halevi, Talking to Hamas? - Increasing Expressions of Genocidal Intent by Hamas Leaders Against the Jews, JCPA, Vol. 10, No. 19 3 January 2011, http://www.jcpa.org/JCPA/Templates/ShowPage.asp?DRIT=1&DBID=1&LNGID=1&TMID=111&FID=379&PID=1861&IID=5576&TTL=Talking_to_Hamas?_%E2%80%93_Increasing_Expressions_of_Genocidal_Intent_by_Hamas_Leaders_Against_the_Jews

356 Acronyme hébreu signifiant « Forces de défense d'Israël », nom officiel de l'armée israélienne.

357 http://www.terrorism-info.org.il/malam_multimedia/English/eng_n/html/hamas_e133.htm et http://www.crif.org/index.php?page=articles_display/detail&aid=22731&artyd=121. Voir aussi : « Hamas confirms losses in Cast Lead for first time », *Jerusalem Post*, 1er novembre 2010 http://www.jpost.com/MiddleEast/Article.aspx?id=193521 et Evelyn Gordon, « Hamas Finally Admits Most Gaza Fatalities Were Combatants, Not Civilians », *Commentary*, 1er novembre 2010 http://www.commentarymagazine.com/blogs/index.php/evelyn-gordon/379742

358 Sabrina Tavernise et Anderw W. Lehren, « A Grim Portrait of Civilian Deaths in Iraq», *The New York Times*, 22 octobre 2010 http://www.nytimes.com/2010/10/23/world/middleeast/23casualties.html?_r=2 . Voir aussi : Evelyn Gordon, « WikiLeaks and the Gaza War », *Commentary*, 25 octobre 2010 http://www.commentarymagazine.com/blogs/index.php/evelyn-gordon/377631

359 Exceptions notoires : Monique Richard du Parti québécois et Amir Khadir de Québec solidaire.

360 Voir notamment http://qic-cqi.org/spip.php?article169 et http://www.youtube.com/watch?v=eXgMbZwUBeI

361 Rima Elkouri, « Sus au terrorisme intellectuel », *La Presse*, 18 janvier 2009, http://www.cyberpresse.ca/chroniqueurs/rima-elkouri/200901/17/01-818631-sus-au-terrorisme-intellectuel.php

362 Richard Martineau, « Feu l'objectivité », *Journal de Montréal*, 22 janvier 2009 http://www.canoe.com/infos/chroniques/richardmartineau/archives/2009/01/20090122-090200.html

363 Pour un excellent documentaire de la BBC sur la flottille de Gaza, voir http://www.youtube.com/watch?v=SXrzF0IOQYE et http://www.youtube.com/watch?v=Nfo91FQVr7M

364 http://www.qic-cqi.org/spip.php?article208

365 http://palwatch.org/main.aspx?fi=676&fld_id=676&doc_id=2337

366 Mario Roy, « Un plan simple », *La Presse*, 5 juin 2010, http://www.cyberpresse.ca/place-publique/editorialistes/mario-roy/201006/04/01-4287033-un-plan-simple.php?utm_categorieinterne=trafficdrivers&utm_contenuinterne=cyberpresse_BO40_editoriaux_199_accueil_POS2

367 Richard Hêtu, « Est-ce ainsi que les pacifistes agissent? », *Cyberpresse*, 31 mai 2010 http://blogues.cyberpresse.ca/hetu/2010/05/31/est-ce-ainsi-que-des-pacifistes-agissent/?utm_categorieinterne=trafficdrivers&utm_contenuinterne=cyberpresse_bloguesaccueilcp_BO3_accueil_ECRAN1POS2 et http://www.youtube.com/watch?v=bU12KW-XyZE&feature=player_embedded

368 http://www.terrorism-info.org.il/malam_multimedia/English/eng_n/html/ipc_e130.htm

[369] http://www.mfa.gov.il/MFA/HumanitarianAid/Palestinians/Humanitarian_aid_flotilla_transferred_Gaza_1-Jun-2010.htm

[370] http://ht.ly/1T5PL

[371] http://www.mfa.gov.il/MFA/About+the+Ministry/Behind+the+Headlines/Israeli_humanitarian_lifeline_Gaza_25-May-2010.htm

[372] C.-à-d. comprenant 260 pièces.

[373] Gabin Ribinowitz, Agence France-Presse, « Israël allège le blocus de Gaza », *Cyberpresse*, 20 juin 2010 http://www.cyberpresse.ca/international/moyen-orient/201006/20/01-4291791-israel-allege-le-blocus-de-gaza.php?utm_categorieinterne=trafficdrivers&utm_contenuinterne=cyberpresse_B13b_moyen-orient_291_section_POS4

[374] http://www.qic-cqi.org/spip.php?article214. La provenance des données du Comité Québec-Israël est le très crédible *World Fact Book* de la CIA. Voir : https://www.cia.gov/library/publications/the-world-factbook

[375] « Chemicals used in making explosives caught at West Bank checkpoint », *Haaretz*, 29 décembre 2007, http://www.haaretz.com/news/chemicals-used-in-making-explosives-caught-at-west-bank-checkpoint-1.236148

[376] http://www.navy.forces.gc.ca/cms/4/4-a_fra.asp?id=504

[377] http://news.globaltv.com/canada/Canadian+navy+fights+terrorism/2782546/story.html

[378] http://www.mfa.gov.il/MFA/HumanitarianAid/Palestinians/Legal_aspects_Gaza_aid_26-May-2010.htm et l'article 67A du Manuel de San Remo sur le Droit applicable en cas de conflits armés en mer.

[379] http://www.middle-east-online.com/english/?id=44055

[380] Courant de l'Islam fondé au 19e siècle et qui compterait près de 20 millions de fidèles.

[381] Jane Perlez, « Pakistani Taliban Carried Out Attack on Lahore Mosques, Police Say », *The New York Times*, 29 mai 2010, http://www.nytimes.com/2010/05/30/world/asia/30pstan.html

[382] « Female suicide bomber kills dozens in Iraq », BBC, 1er février 2101 http://news.bbc.co.uk/2/hi/middle_east/8490819.stm

[383] http://www.google.com/hostednews/afp/article/ALeqM5j3hkp5QaMaIGyTFmFG77iNPHWkcQ

[384] Mohamed Sifaoui, « Aux promeneurs du samedi et à leurs copains d'une certaine gauche », 11 janvier 2009 http://www.mohamed-sifaoui.over-blog.com/article-26644084.html

[385] Burak Bekdil, « Why is Palestine a 'Second Cyprus' for Turks? », *Hurriyet Daily News*, 3 juin 2010, http://www.hurriyetdailynews.com/n.php?n=why-is-palestine-8216a-second-cyprus8217-for-turks-2010-06-03

[386] C'est ce qui amené le chef d'État du Qatar , l'Émir Hamad bin Khalifa al-Thani, à affirmer lors d'une réunion avec le sénateur américain John Kerry le 23 février 2010 : « *On ne peut pas blâmer les Israéliens de ne pas faire confiance aux Arabes, ils ont été tant trahi* » , JSSNews, « L'Emir du Qatar : "Israël doit être félicité pour toujours vouloir la paix" », 1er décembre 2010 http://jssnews.com/2010/12/01/lemir-du-qatar-israel-doit-etre-felicite-pour-toujours-vouloir-la-paix et « WikiLeaks cables: You can't blame Israel for mistrusting Arabs, says Qatari ruler » , *Haaretz*, 30 novembre 2010 http://www.haaretz.com/news/diplomacy-defense/wikileaks-cables-you-can-t-blame-israel-for-mistrusting-arabs-says-qatari-ruler-1.328061

[387] Sur la justification d'une demande d'une telle reconnaissance de la part des Palestiniens, voir : Michael B. Oren, « An End to Israel's Invisibility », *The New York Times*, 13 octobre 2010 http://www.nytimes.com/2010/10/14/opinion/14oren.html

[388] Ceci étant dit, il est intéressant tout de même de noter, à titre de comparaison, qu'il y a 26 États officiellement musulmans sur la planète. Il y a aussi 18 États officiellement chrétiens (principalement en Europe). Mais il n'y a qu'un seul État juif. De plus, l'accusation selon laquelle l'État d'Israël est intrinsèquement raciste parce qu'il se définit comme « État juif et démocratique » est d'autant plus ridicule que, la plupart du temps, cette accusation provient des pays arabo-musulmans et leurs alliés. Or, regardons aussi les noms officiels de certains pays : Libye (la Jamahiriya *arabe* libyenne populaire et

socialiste), Syrie (République *arabe* syrienne), Égypte (République *arabe* d'Égypte), Iran (République *islamique* d'Iran), Émirats (Émirats *arabes* unis) et ceci, sans parler des États qui portent le nom d'une *famille* comme l'Arabie *Saoudite* et le Royaume *hachémite* de Jordanie.

[389] http://en.wikipedia.org/wiki/List_of_Arab_members_of_the_Knesset

[390] Sur le sujet de la croissance de la population chrétienne en Israël, voir aussi : Benny Avni, « Bethelem's Exodus », *The New York Post*, 23 décembre 2009, http://www.nypost.com/p/news/opinion/opedcolumnists/bethlehem_exodus_jH6iVNuarsPLBceXPzHO6I

[391] « Le calvaire des chrétiens », *Le Point*, n° 1999, 6 janvier 2011, p. 42.

[392] http://www.theisraelproject.org/atf/cf/%7B84dc5887-741e-4056-8d91-a389164bc94e%7D/20101213_CHRISTMAS_PRESS_KIT_UPDATED-PRINT.PDF

[393] http://cjcuc.com/site/2010/06/08/cjcuc-statement-on-christians-in-the-middle-east

[394] « Irshad Manji, « Modern Israel is a far cry from old South Africa », *The Australian*, 9 février 2007, http://www.theaustralian.com.au/news/opinion/irshad-manji-modern-israel-is-a-far-cry-from-old-south-africa/story-e6frg6zo-1111112964516

[395] Edward Said, « Israël-Palestine, une troisième voie », *Le Monde diplomatique*, août 1998, http://www.monde-diplomatique.fr/1998/08/SAID/10786).

[396] http://www.latimes.com/news/opinion/opinionla/la-oew-dayan-20100527,0,4680781. story

[397] Alain Dieckhoff (Centre d'études et de recherches internationales, CNRS), *Sociologie et sociétés*, vol. XXXI, n° 2, automne 1999, cité par Ghez, Fabien et Messika, Liliane dans *La Paix impossible?*, L'Archipel, Paris, 2006, p. 489-490.

[398] http://content.ksg.harvard.edu/leadership/index.php?option=com_content&task=view&id=511&Itemid=115

[399] Brian Henry, « Shiny happy Israelis », *The National Post*, 17 août 2010 http://fullcomment.nationalpost.com/2010/08/17/brian-henry-shiny-happy-israelis

[400] Jackson Diehl, « Why Palestinians want to be Israeli citizens », *The Washington Post*, 12 janvier 2011 http://voices.washingtonpost.com/postpartisan/2011/01/_one_of_the_givens.html et http://pechterpolls.com/?p=317

[401] Tarek Fatah, *The Jew Is Not My Enemy*, Éditions McClelland & Stewart, Toronto, 2010, p. 95-96 et 179-180.

[402] Chaim Levinson, « Top rabbis move to forbid renting homes to Arabs, say 'racism originated in the Torah' Haaretz », *Haaretz*, 7 décembre 2010, http://www.haaretz.com/news/national/top-rabbis-move-to-forbid-renting-homes-to-arabs-say-racism-originated-in-the-torah-1.329327

[403] « Peres: Rabbis' petition against renting to Arabs creates moral crisis in Israel », *Haaretz*, 8 décembre 2010, http://www.haaretz.com/news/national/peres-rabbis-petition-against-renting-to-arabs-creates-moral-crisis-in-israel-1.329505

[404] Barak Ravid et Chaim Levinson, « Netanyahu slams top rabbis' call to forbid renting homes to Arabs », *Haaretz*, 7 décembre 2010, http://www.haaretz.com/news/national/netanyahu-slams-top-rabbis-call-to-forbid-renting-homes-to-arabs-1.329384

[405] Lidor Grave-Lazi, « Rabbis sign petition against religious discrimination », *Jerusalem Post*, 14 décembre 2010,http://www.jpost.com/JewishWorld/JewishNews/Article.aspx?id=199360

[406] Jack Khoury et Eli Ashkenazi, « Public outcry ensues after rabbis tell Jews not to rent to Arabs », *Haaretz*, 21 octobre 2010 http://www.haaretz.com/print-edition/news/public-outcry-ensues-after-rabbis-tell-jews-not-to-rent-to-arabs-1.320336

[407] http://cicweb.ca/media/news_101210.cfm

[408] « These are not the values of Israel », 28 février 2011, http://www.cjnews.com/index.php?option=com_content&task=view&id=20506&Itemid=86

[409] « PA court: Sale of Palestinian land to Israelis is punishable by death » , *Haaretz*, 20 septembre 2010, http://www.haaretz.com/news/diplomacy-defense/pa-court-sale-of-palestinian-land-to-israelis-is-punishable-by-death-1.314735

[410] Voir entres autres documents la Déclaration d'indépendance israélienne http://www. mfa.gov.il/MFAFR/MFAArchive/1900_1949/La%20Declaration%20d-Independance%20 d-Israel

[411] Voir l'article « Israel is only place I can live openly gay », écrit par Mike Hamel, président du groupe de défense des gays et lesbiennes Aguda dans le *Ottawa Citizen* du 10 mars 2010
http://www.ottawacitizen.com/opinion/Israel%20only%20place%20live%20 openly/2664530/story.html

[412] Mario Roy, « La hiérarchie des causes », *La Presse*, 3 juillet 2010, http://www. cyberpresse.ca/place-publique/editorialistes/mario-roy/201006/30/01-4294645-la-hierarchie-des-causes.php

[413] Voir article 25(2) de la Constitution bulgare : http://mjp.univ-perp.fr/constit/bg1991.htm

[414] Voir : http://www.citizensinformation.ie/categories/moving-country/irish-citizenship/ irish_citizenship_through_birth_or_descent

[415] Voir article 116 de la Loi fondamentale de la République fédérale d'Allemagne.

[416] Voir : http://athens.usembassy.gov/uploads/7z/Z4/7zZ4A6EyE4dMjph5dNxFew/ citizenship_code.pdf

[417] http://en.wikipedia.org/wiki/Right_of_return

[418] Voir chapitre 1, article 4 de la Loi fondamentale de l'Autorité palestinienne.

[419] Jeffrey Goldberg, « Is Israel Still A Democracy », *The Atlantic*, 17 janvier 2011, http:// www.theatlantic.com/international/archive/2011/01/is-israel-still-a-democracy/69377

[420] Lysiane Gagnon, « La toile de fond », *La Presse*, 3 février 2011, http://www. cyberpresse.ca/chroniqueurs/lysiane-gagnon/201102/01/01-4365906-la-toile-de-fond.php

[421] Ces lignes sont écrites à un moment où la rue se soulève dans plusieurs pays arabes, suite à la « Révolution du Jasmin » en Tunisie. Ce qui sortira de ces mouvements populaires est encore inconnu.

[422] À voir ces chiffres, il est aisé de comprendre pourquoi jamais au grand jamais les Israéliens n'accepteront la « solution d'un seul État » ou un État binational juif-arabe au Proche-Orient. Le taux de natalité étant plus élevé du côté arabe, les Juifs deviendraient rapidement une minorité dans un État arabe qui, si les autres États arabes sont une indication, deviendrait rapidement non démocratique.

[423] Rami G. Khouri, « The Arab State : durable and vulnerable », *The Daily Star*, 15 mai 2010 http://www.dailystar.com.lb/article.asp?edition_id=10&categ_id=5&article_ id=114876 . L'article a été repris dans le journal canadien *The Globe and Mail* : Rami G. Ghouri, « The Paraxodical Arab World », *The Globe and Mail*, http://www. theglobeandmail.com/news/opinions/the-paradoxical-arab-world/article1576423

[424] C'est cette même Ligue arabe qui, en avril 2011, continuait d'appuyer la Syrie dans sa quête d'un siège au Conseil des droits de l'homme de l'ONU alors qu'elle massacrait allégrement des centaines de manifestants pro-démocratie. Colum Lynch, Civilian massacres don't disqualify Syria from joining Human Rights Council , *Foreign Policy* (online), 27 avril 2011 http://turtlebay.foreignpolicy.com/posts/2011/04/27/ongoing_ civilian_massacres_dont_disqualify_syria_from_seat_on_human_rights_council

[425] Bien entendu, mettre la Palestine ici est une erreur de fait importante puisqu'un tel État n'a jamais existé, même avant la création de l'État d'Israël.

[426] Voir note précédente.

[427] http://www.idrc.ca/fr/ev-160226-201-1-DO_TOPIC.html

[428] Pour voir le texte complet, voir :Jean Mohsen Fahmy, « La tragédie occultée des chrétiens en pays musulmans », *Le Devoir*, 16 mars 2010, http://www.ledevoir.com/ international/actualites-internationales/285020/la-tragedie-occultee-des-chretiens-en-pays-musulmans

[429] www.state.gov/g/drl/rls/irf/2008/108492.htm

[430] Ils ont leurs centres mondiaux à Haïfa et à Acre en Israël.

[431] Voir le Rapport du Comité permanent des affaires étrangères et du développement international de la Chambre des communes du Canada intitulé « L'Iran d'Ahmadinejad : Une menace pour la paix, les droits de la personne et le droit international », qui date de

décembre 2010, surtout pp.15-17. http://www2.parl.gc.ca/Content/HOC/Committee/403/
FAAE/Reports/RP4835870/403_FAAE_Rpt03_PDF/403_FAAE_Rpt03-f.pdf
[432] Voir son excellent éditorial sur le sujet : Serge Truffault, « Les chrétiens d'Orient – Le désarroi », *Le Devoir*, 11 janvier 2010 http://www.ledevoir.com/international/actualites-internationales/280813/les-chretiens-d-orient-le-desarroi
[433] Pour un excellent article sur la situation des Coptes en Égypte, voir aussi ce qu'a écrit Moheb Zaki, ex-directeur du Ibn Khaldun Center, une organisation sans but lucratif qui appuie la démocratie et les droits de la personne en Égypte et au Moyen-Orient dans son article intitulé Egypt's Persecuted Christians, The Wall Street Journal, 18 mai 2010, à http://online.wsj.com/article/SB10001424052748703745904575248301172607696.
html?mod=WSJ_latestheadlines . Sur le même sujet, voir aussi Raymond Ibrahim, « Egypt Cuts a Deal: Christians Fed to Muslim 'Lions' », Hudson Institute, 18 octobre 2010 http://www.hudson-ny.org/1608/egypt-christians-lions
[434] http://la-croix.com/afp.static/pages/101128151821.zsdcm5pg.htm
[435] « Le calvaire des chrétiens », *Le Point*, n° 1999, 6 janvier 2011, p. 42.
[436] http://www.state.gov/g/drl/rls/irf/2006/71431.htm
[437] www.state.gov/g/drl/rls/irf/2008/108481.htm
[438] http://democratie.francophonie.org/IMG/pdf/Egypte_const_revisee_2005.pdf
[439] « Le calvaire des chrétiens », *Le Point*, n° 1999, 6 janvier 2011, p. 42.
[440] Boles, Imad, « Egypt – Persecution, Disappearing Christians of the Middle East », *Middle East Quarterly*, Winter 2001, pp23-29.
[441] Agence France-Presse, « Les chrétiens égyptiens débutent 2011 dans le sang », *La Presse*, 31 décembre 2010 http://www.cyberpresse.ca/international/afrique/201012/31/01-4356554-les-chretiens-egyptiens-debutent-2011-dans-le-sang.php?utm_categorieinterne=trafficdrivers&utm_contenuinterne=cyberpresse_vous_suggere_4356581_article_POS1.
Voir aussi: « Égypte : un attentat fait 21 morts devant une église d'Alexandrie », *Le Monde*, 1er janvier 2011 http://www.lemonde.fr/afrique/article/2011/01/01/un-attentat-fait-21-morts-devant-une-eglise-d-alexandrie_1460063_3212.html#ens_id=1460085
[442] Reuters, Sécurité renforcée en Egypte sur fond de tensions religieuses, *L'Express*, 9 mai 2011, http://www.lexpress.fr/actualites/2/monde/securite-renforcee-en-egypte-sur-fond-de-tensions-religieuses_990818.html
[443] Jacques Julliard, Chrétiens persécutés : l'Occident fait l'Autruche, *Le Nouvel Observateur*, octobre 2010 http://hebdo.nouvelobs.com/sommaire/edito-et-chroniques/101334/la-chasse-aux-chretiens.html
[444] De tefila, « prière ». Désigne les deux cubes de cuir monté sur des lanières qu'on place sur son front et sur son bras gauche au moment de la prière du matin. Ils renferment les passages de la Torah relatifs à l'institution de leur usage. www.mjlf.cours.free.fr/glossaire/glossaire.htm
[445] Ronen Medzini, « No yarmulkes allowed in Jordan », 28 octobre 2010, http://www.ynetnews.com/articles/0,7340,L-3976092,00.html
[446] La réaction du professeur canadien musulman modéré Salim Mansur est éloquente.
Voir : Salom Mansur, « Disgusting silence on church bloodbath », *The London Free Press*, 6 novembre 2010 http://www.lfpress.com/comment/columnists/salim_mansur/2010/11/05/15992756.html
[447] « Jour après jour : l'exode des chrétiens d'Orient », *Le Monde*, http://www.lemonde.fr/idees/article/2010/11/02/jour-apres-jour-l-exode-des-chretiens-d-orient_1434238_3232.html
[448] http://www.crif.org/index.php?page=articles_display/detail&aid=22921&artyd=108
[449] Ron Csillag, « Christianity arguably the most persecuted religion in the world », *The Toronto Star*, 4 décembre 2010, http://www.thestar.com/news/insight/article/901492--thrown-to-the-lions
[450] http://www.cidcm.umd.edu/mar/assessment.asp?groupId=65202
[451] Ghez, Fabien et Messika, Liliane, *La Paix impossible?*, L'Archipel, Paris, 2006, p. 472
[452] « PA Court : Sale of Palestinian land to Israelis punishable by death », *Haaretz*, 20 septembre 2010 http://www.haaretz.com/news/diplomacy-defense/pa-court-sale-of-

palestinian-land-to-israelis-is-punishable-by-death-1.314735

[453] Les exemples étant trop nombreux, j'invite le lecteur à aller voir le site de l'organisation Palestinian Media Watch : http://www.palwatch.org

[454] http://www.jcpa.org/JCPA/Templates/ShowPage.asp?DRIT=3&DBID=1&LNGID= 1&TMID=111&FID=624&PID=0&IID=741&TTL=The_Development_of_Arab_Anti-Semitism

[455] http://www.forcedmigration.org/guides/fmo018

[456] Khaled Abu Tomeh, Palestinians no longer welcome, says Lebanese Mufti, *Jerusalem Post*, 16 juin 2011, http://www.jpost.com/MiddleEast/Article.aspx?id=225297

[457] Pour un excellent article sur la discriminations arabe contre les Palestiniens, voir: Ben Dror Yemini, The Arab Apartheid, *The Daily Telegraph*, 18 mai 2011 http://my.telegraph. co.uk/actuality/realdeal/15813560/the-arab-apartheid-ben-dror-yemini/

[458] http://www.unhcr.org/refworld/topic,4565c2252,4565c25f5f,49749cfcc,0.html

[459] Voir le Rapport des Nations Unies sur le développement humain de 2002 à http://hdr. undp.org/fr/rapports/regional/etatsarabes/RBAS_ahdr2002_EN.pdf

[460] https://members.weforum.org/pdf/gendergap/rankings2010.pdf

[461] Cette situation de seconde classe à laquelle sont confinées les femmes saoudiennes n'a pas empêché l'Arabie Saoudite d'accéder, le 10 novembre 2010, au conseil d'administration de l'ONU Femmes, la nouvelle agence des Nations Unies consacrée à la condition féminine. Pierre-Antoine Donnet, Agence France-Presse, « ONU Femmes : l'Iran écarté du conseil, l'Arabie Saoudite élue », *Cyberpresse*, 10 novembre 2010 http:// www.cyberpresse.ca/international/moyen-orient/201011/10/01-4341263-onu-femmes-liran-ecarte-du-conseil-larabie-saouditeelue.php?utm_categorieinterne=trafficdrivers& utm_contenuinterne=cyberpresse_lire_aussi_4341508_article_POS3. Si on avait besoin d'un autre exemple du ridicule du système onusien, nul besoin de chercher plus loin. C'est, pour reprendre l'expression de Richard Martineau, comme si on élisait Dracula au hconseil d'administration de la Croix Rouge !

[462] Agence France-Presse, « Émirats arabes – battre sa femme, oui, mais sans laisser de trace », *Le Devoir*, 19 octobre 2010 http://www.ledevoir.com/international/proche-orient/298282/emirats-arabes-battre-sa-femme-oui-mais-sans-laisser-de-trace

[463] Voir ce que Freedom House a à dire sur les femmes du monde arabe : www. freedomhouse.org/template.cfm?page=163

[464] Voir l'entrevue de sa mère avec Denis Lévesque à http://videos.lcn.canoe.ca/ video/68768665001/levesque-emission-du-25-fevrier-2

[465] Ghez, Fabien et Messika, Liliane, *La Paix impossible?*, L'Archipel, Paris, 2006, p.449.

[466] *Ibid*. p. 450.

[467] *Ibid*. p. 465.

[468] Pour voir un reportage intéressant sur le sujet des crimes d'honneur en Jordanie diffusé sur les ondes de l'*Australian Broadcasting Corporation*, voir : http://www.youtube.com/ watch?v=Iq5J1M2dNIU . Voir aussi ce reportage de CNN : http://www.youtube.com/ watch?v=iVRvQtGTv-s&sns=fb

[469] « Daughter raped by brothers, murdered by mother », *World Net Daily*, 18 novembre 2003, www.worldnetdaily.com/news/article.asp?ARTICLE_ID=35663

[470] http://news.bbc.co.uk/2/hi/middle_east/1874471.stm . Une abaya est le vêtement porté « au-dessus des autres » chez les musulmans.

[471] Mathieu Szeradzki, « Pour Ahmadinejad, "il n'y a pas d'homosexuels en Iran" », *Rue 89*, 25 septembre 2007 http://www.rue89.com/2007/09/25/pour-ahmadinejad-il-ny-a-pas-dhomosexuels-en-iran

[472] www.iranian.com/BTW/2005/August/London/index.html

[473] Voir notamment : http://fr.wikipedia.org/wiki/Droits_des_personnes_LGBT_ en_%C3%89gypte http://www.amnesty.org/fr/region/egypt/report-2009 ou http://www. hrw.org/en/news/2008/02/14/egypt-spreading-crackdown-hiv-endangers-public-health

[474] Michelle Douglas est la femme qui a fait renverser, par ses batailles judiciaires, l'interdiction des homosexuels dans l'armée canadienne.

[475] Maire de Winnipeg de 1998 à 2004, élu à la Législature ontarienne le 4 février 2010 et

maintenant ministre.

[476] Ce nom est bien entendu inspiré du nom du réseau qui amenait les esclaves noirs américains au Canada, qui s'appelait *Underground Railway*.

[477] http://www.pcpsr.org/domestic/2001/conste1.html. La plupart des articles ici traduits le furent par le Professeur Shmuel Trigano à http://www.controverses.fr/blog/blog_trigano_12082010.htm. En fait, tout cet article de Trigano mérite d'être lu attentivement pour voir le caractère exclusiviste de l'État dont rêvent les Palestiniens.

[478] Roee Nahmias, « MK Ganaim calls for Islamic caliphate in Israel », *Ynetnews*, 5 octobre 2010, http://www.ynetnews.com/articles/0,7340,L-3887468,00.html

[479] http://cicweb.ca/media/news_100312.cfm

[480] John Ivison, « Layton hopes Israel issue disappears », *The National Post*, http://www.nationalpost.com/opinion/columnists/story.html?id=b634b778-e525-4190-8117-9a89adf22725

[481] Nommé ministre dans le cabinet Harper le 18 mai 2011.

[482] http://www.liberal.ca/fr/newsroom/media-releases/17617_declaration-du-chef-liberal-michael-ignatieff-sur-la-semaine-contre-lapartheid-israelien . Il est allé dans le même sens dans son discours devant la Conférence internationale d'Ottawa sur la lutte contre l'antisémitisme le 8 novembre 2010 : http://www.liberal.ca/newsroom/speeches/speech-to-the-inter-parliamentary-coalition-for-combating-anti-semitism

[483] http://www.unhcr.org/refworld/country,,,CHRON,CAN,,469f3877c,0.html : « South African Archbishop Desmond Tutu visits Osnaburgh Ojibway Reserve in northwestern Ontario. He says that Canada's treatment of its Native people is similar in many ways to South Africa's treatment of blacks under the system of apartheid. »

[484] Frank James, « Jimmy Carter Apologizes For Criticizing Israel », NPR, 23 décembre 2009, http://www.npr.org/blogs/thetwo-way/2009/12/jimmy_carter_apologizes_for_cr.html; Ron Kampeas, « Carter offers Jewish community 'Al Het'», JTA, 21 décembre 2009, http://jta.org/news/article/2009/12/21/1009832/carter-offers-jewish-community-al-het;

[485] Caroline Fourest, *La dernière utopie : menaces sur l'universalisme*, p. 95.

[486] C'est le chiffre rendu public lors du lancement du programme « Défi Montréal » le 2 mai 2010 par la ministre québécoise de l'Immigration et des Communautés culturelles Yolande James, Sarah-Maude Lefebvre, Agence QMI, « Intégrer les immigrants au travail », 2 mai 2010, http://www2.canoe.com/infos/quebeccanada/archives/2010/05/20100502-145105.html

[487] Pita Aatami et Maggie Emudluk, « Les leaders inuits lancent un cri du cœur », *Le Soleil*, 18 mars 2010 http://www.cyberpresse.ca/le-soleil/opinions/points-de-vue/201003/18/01-4261904-les-leaders-inuits-lancent-un-cri-du-coeur.php

[488] Louise Leduc, « La situation des jeunes autochtones inquiète », *La Presse*, 26 juin 2010, http://www.cyberpresse.ca/actualites/quebec-canada/sante/201006/26/01-4293487-la-situation-des-jeunes-autochtones-inquiete.php

[489] Caroline Montpetit, « Le racisme au Québec, un certain déni », *Le Devoir*, 23 février 2010 http://www.ledevoir.com/societe/actualites-en-societe/317403/le-racisme-au-quebec-un-certain-deni

[490] À sa décharge, Khadir a de la suite dans les idées puisque, lors d'une manifestation tenue à Montréal le 14 mai 2011, il a affirmé que le Québec était une société d'apartheid. Voir : http://www.youtube.com/watch?v=DJ2APhs2hA0&feature=player_embedded

[491] Daniel Amar, Le triangle des solitudes, dans, Une réalité méconnue : les Juifs au Québec, *Cap-aux-Diamants*, no 105, pp. 33-36

[492] Jérémie 29:5-7.

[493] Denis Vaugeois, Tricotés serrés : Les premiers juifs québécois (1760-1860) dans Une réalité méconnue : les Juifs au Québec, *Cap-aux-Diamants*, no 105 pp. 4-9

[494] Editions Denoël, Octobre 2007. 256 pages.

[495] *Home to Stay* et *Coming Together, Coming Apart*.

Autres publications aux Éditions du Marais

Essais

Achille, Théodore E. *Les Haïtiens et la double nationalité.* 56 p. ISBN 978-2-9809556-6-2

Bensoussan, David. *Anthologie des écrivains sépharades du Québec* .656 p. ISBN 978-2-923721-13-2

Elbaz, André E. *La tentation de l'occident, itinéraire d'un juif Maghrébin.* 378 p. ISBN 978-2-9809556-8-6

Étienne, Gérard. *La femme noire dans le discours littéraire haïtien.* 306 p. ISBN 978-2-9809556-9-3

Étienne, Gérard. *Le créole une langue.* 414 p. ISBN 978-2-923721-10-1

Marceau, Richard. Juif, une histoire québécoise. 346 p. 978-2-923721-22-4

Nerson, Annette. *Une âme dépareillée tome I Guerre et vie. Lettres d'Annette Espinas Nerson à sa mère, Jeanne Gide-Espinas 1940-1963. Établissement du texte et préface d'Evelyne Nerson-Meron.* 384 p. ISBN 978-2-923721-02-6

Piquion, Henri J. & Prophète, Jean L. *Paul Eugène Magloire (1907-2007) La République était belle sous était belle sous l'empire.* 124 p. ISBN 978-2-9809556-7-9

Régnoux, Philippe. *Nous tracerons des horizons.* 172 p. ISBN 978-2923721-20-0

Sansaricq, Bernard. *Le pouvoir de la foi.* 396 p. ISBN 978-2-9809556-4-7

Poésie

Benayoun-Szmidt, Yvette. *Échos de souvenance.* 70 p. ISBN 978-2-923721-14-9

Étienne, Gérard. *Lettre à Montréal.* (Texte, CD interprété par Philippe Régnoux). ISBN 978-2-923721-18-7

Étienne, Gérard. *Natania.* 116 p. ISBN 978-2-923721-01-9
Feuerwerker, Hillel. *Feuille de route.* 70 p. ISBN 978-2-9809556-1-7

Leger, Dyane & Savoie Paul. *L'incendiaire.* 74 p. ISBN 978-2-923721-04-0

Redouane, Najib. *Le Blanc de la parole.* 70 p. ISBN 978-2-923721-00-2

Redouane, Najib. *Ce soleil percera-t-il les nuages.* 74 p. ISBN 978-2-923721-06-4

Redouane, Najib. *Lumière fraternelle*. 70 p. ISBN 978-2-923721-05-7

Redouane, Najib. Ombres confuses du temps. 74p. ISBN 978-2-923721-17-0

Redouane, Najib. *Paroles éclatées*. 70 p. ISBN 978-2-9809859-3-5

Redouane, Najib. *Songes brisés.*70 p. ISBN 978-2-9809859-4-2

Young, Lélia. *Aquarelles, la paix comme un poème*. 68 p. ISBN 978-2-9809556-3-1

Young, Lélia. *Réverbère*. 80 p. ISBN 978-2-9809859-2-8

Romans Récits Nouvelles

Bensoussan, Fiby. *De Marrakech à Montréal*. 178 p. ISBN 978-2-923721-12-5

Étienne, Gérard. *Un ambassadeur macoute à Montréal*, 2^c édition. 228 p. ISBN 978-2-923721-19-4

Étienne, Gérard. *Le Nègre crucifié*. Préfaces 2^c édition Franck Laraque, 3e édition Gérard Étienne, Lexique Max Manigat, Postface 4^c édition Keith Louis Walker, Dartmouth College. 198 p. ISBN 978-2-9809859-6-6

(Aussi disponible aux Éditions Métropolis à Genève et en Haïti aux Presses Nationales d'Haïti.)

Étienne, Gérard. *La Reine Soleil Levée*. 200 p. ISBN 2-7601-1974-2

Étienne, Gérard. *Vous n'êtes pas seul*. 186 p. ISBN 978-2-9809556-5-5

Gallego, André Gérôme .*Le Fennec*. 398 p. ISBN 978-2-923721-15-6
Kattan, Naim. *Le premier amour de Daniel*. 58 p. ISBN 978-2-923721-07-1

Lacasse, Lise. *Les Battants*. 258 p. ISBN 978-2-923721-03-3

Lacasse, Lise. *Pour qui tu te prends ma fille*. 308 p. ISBN 978-2-923721-16-3

Lasry, Pierre. *Don Juan et les moulins à vent*. 304 p. ISBN 978-2-9809859-5-9

Théâtre

Étienne, Gérard. *Monsieur le président*. 132 p. ISBN 978-2-9809859-1-1

Kattan, Naïm. *Avant la cérémonie*. 128 p. ISBN 978-2-9809556-0-0

De Paola, Paolo. *Donald, sa muse. 112 p.* Traduit de l'anglais par Janik Tremblay. ISBN 978-2-923721-09-5

De Paola, Paolo. *Soleil Rose*. 142 p. ISBN 978-2-923721-08-8

Toumi, Alek Baylee. *Madah-Sartre*. 164 p. ISBN 978-2-923721-11-8

In English

Black, Ayanna. *Invoking the spirits*. 68 p. ISBN 978-2-9809859-0-4

Étienne, Gérard. *Crucified in Haiti*. Translated by Claudia Harry, introduction by Keith L. Walker. 180 p. ISBN 978-2-9809556-2-4

Aussi disponibles

Feuerwerker, David. *L'émancipation des juifs en France de l'ancien régime au Second Empire.*
ISBN 2-226-00316-9

À paraître

Étienne, Gérard. *Une femme muette* ,2ᵉ édition. Roman

Étienne, Gérard. *Le Bacoulou2.Roman*

Grysman, Rabbi Charles. Essai

Latour, François. *Regard sur Haïti. Essai*

Nerson, Annette. *Une âme dépareillée tome II. Enfer et bonnes intentions. Essai*

Redouane, Najib. *Peu importe. Poésie*
Toumi, Alek Baylee. *Albert Camus entre la mère et l'injustice. Théâtre*

Young, Lélia. *Lettres au pied du lit.* Nouvelles

Young, Lélia. *Regard sur des textes francophones.* Essai

Young, Lélia. *Failles.* Poésie

Young, Lélia. *Le désert.* Théâtre

www.editionsdumarais.ca

Les livres des Éditions du Marais sont disponibles dans toutes les bonnes librairies et en France à la librairie du Québec à Paris.